映画でみる
移民／難民／レイシズム

中村一成
NAKAMURA Il-song

影書房

◉目次

第1章 難民とはなにか

†

第2章 越境する民

映画でみる移民／難民／レイシズム

中村一成

【凡例】

・本書は、月刊『ヒューマンライツ』㈳部落解放・人権研究所）掲載の「難民とは何か」（2011年6月～12年2月）、「越境する民」（12年3月～14年2月）、「映画で考えるレイシズム」（14年3月～連載中）の原稿に大幅に加筆・修正を加えたものと、書き下ろし原稿（第2章『そして、私たちは愛に帰る』、第5章『移民の記憶』、終章『11'09"01/セプテンバー11』）を収録したものです。
・雑誌初出年月は各タイトル下の（　）内に記しました。
・本文中の映画のセリフ等は、国内で販売されているＤＶＤ版の字幕を参考にさせていただきました。

第1章
難民とはなにか

1 人権の彼岸を生きる者たち〔2011.6〕

『太陽の男たち』

監督・脚本：タウフィーク・サーレフ
出演：モハマド・ベイル・ヘルワーニー 他
原題：The Dupes Al makhuduoun
製作年：1972年
製作国：シリア

難民であるとはいかなることなのだろうか？——

2004年夏、私は中東・ヨルダンでイラクからきた難民たちに聴きとりをしていた。きっかけはその前年、ヨルダンと国境を接するイラクで、米英と同盟国がはじめた「戦争」である。

2001年9月11日の出来事を受けた「テロとの戦い」の一環として、「フセイン政権による大量破壊兵器の保有」を口実に開戦準備が進められ、世界中で上がった反戦の声を無視して侵略がはじまり、日本など米国の従属国は即座に開戦を支持した。

この蛮行で、かつては米国と蜜月だったイラクのサッダーム・フセイン大統領は見る間に独裁者の椅子からひきずりおろされた。圧政の重しがとれ、一転して無政府状態の混沌となったイラクから、大勢の者たちが難民となって隣国ヨルダンをめざして押し寄せてきた。

最初はソマリア人らイラクで働いていたアフリカ人労働者がやってきた。続いてフセイン政権下で弾圧されていたクルド人たち。その後にきたのは、在イラクのパレスチナ人たちだった。「アラブの盟主」を自称するフセインは、「パレスチナ問題への積極的態度」——すなわち、パレスチナ人たちの苦境の原因であり「帝国主義の手先」にほかならぬイスラエルとの対決姿勢——を国内外にアピールするため、彼・彼女らに住居の提供や社会保障の適用、教育保障など一定の優遇措置をとっていた。独裁政権の「タガ」がはずれたことで、労働市場の最底辺を担っていた外国人労働者——イラク人ら地元の貧困層にとって、彼・彼女らは自分たちのパイを奪う敵だった——や、前体制から厚遇されていた者たちが、フセイン体制に不満や怒りをもっていた者たちの攻撃対象にされたのである。

国民国家という統治形態において、その国の国民ではない者の出入国や居住、就労の可否は、本質的に当該国の裁量次第である。ヨルダンは、入国をめざす難民たちの受け入れをいったんは拒んだ（念のため書くが、全世界でもっとも周辺国からの難民を受け入れてきた国のひとつはヨルダンである）。だが、拒まれた者たちはどうすればいいのか？　イラクを逃れてきた彼・彼女らにとって、来た道をイラクへとひき返すことは再び迫害を受ける、へタをすれば殺されることを意味する。実際、逃げてきた難民のなかには、無政府状態のイラクでヘイト・クライムに遭い、無我夢中で抵抗した結果、逆に相手を殺してしまった者もいた。

行き場のない彼・彼女らはどうしたか？　難民たちはイラクに戻ることを拒み、イラク、ヨルダン両国の国境上に帯のように伸びた幅1キロほどのノー・マンズ・ランド（No Man's Land＝NML、緩衝地帯）に、もち出した荷物とともにとどまったのである。

NMLとは「誰のものでもない場所」を意味する。国家の主権がおよばぬ番外地に、国民の枠組みから排除された者たちが、まるでピンで留められた昆虫のように貼りつけられた。そここそが地上で彼・彼女らに許された唯一の場所であるかのように。

国連はNMLに難民キャンプを設置した。猛暑の砂漠である。焼けたフライパンのような場所に設けられた収容所は、皮肉なことにアラビア語で「尊厳」を意味する「カラーメ」難民キャンプと名づけられた。

しばしの滞在の後、庇護国をもつアフリカ人は「帰郷」した。国連や他国からの要請か、あるいは自主的判断なのか、ヨルダンはその後、自国への受け入れ枠を設け、一部の者たちは越境を許された。その幸運に恵まれた人たちに私は聴きとりをして、彼・彼女らの苦境の一端を知ったのだ。しかしそれとてわずかな人数である。砂漠のキャンプには、庇護国をもたぬ者たちばかりがとり残された。行き場がない者たちのキャンプ暮らしは長期化する。聴きとり当時、キャンプにはイラン系クルド人を中心に135人が収容されており、そこでの生活は1年が経過していた。

1世帯に割り当てられたのは2・5メートル四方の敷地とテントだけ。レストランはもちろん、水が出る蛇口すらもない。キャンプの周囲には2メートル近いフェンスが張り巡らされ、警察官が出入りを管理する。まるで囚人扱いだ。それまではごく普通に市民生活を送っていた者が、炎天下、砂嵐が吹きつける場所に囲いこまれ、「尊厳」とは程遠い、そして出口の見えぬ暮らしを強いられるのである。

NMLを行きかう軍人やNGO職員たちに小物を売って、その金で検問所近くの売店にあるコーラを買おうと、幹線道路に出ていた12歳のクルド人少年が車に轢き殺される悲劇も起きた。「なぜわざわざそんな危険なことを」、「たかがコーラを我慢できなかったのか」と思うかもしれない。でも少年たちが奪われた「日常」を想像してほしい。彼はほんの1年半前、みずからがあずかり知らぬ事情で難民となるまでは普通にコーラが飲めた。多少の制約はあっても自由に外出し、行きたいところに行けた。少年はただ、大国の都合で奪われた「日常」を求めただけなのだ。

劣悪な処遇の改善を求める抗議の声が高まった。

しかし、どうやってこの窮状を訴えるのか？　彼・彼女らが決行したのはなんとハンガー・ストライキだった。国境地帯のNMLである。戦乱の地とヨルダンを行き来する国連機関やNGO、報道、軍関係の車両が猛スピードで駆けぬける場所で、誰がその「断食行為」に関心を払うだろうか。見る者もいないハンストは、笑いを誘うほど悲しい示威行為だった。だがそれこそが、政治的な意思表示はもちろん、国民ならさしたる困難も伴わずに享受できる、基本的な人権の枠外に棄てられた者たちのとりうる、ほとんど唯一の手段だった。難民とは、このような者たちのことをいうのだろう。その後も続く無関心に業を煮やした一部の者は、みずからの暮らすキャンプに火を放った[*1]——

1948年の5月14日、パレスチナでイスラエルの「独立」が宣言された。前年の47年11月の国連決議からパレスチナ各地ではじまり1年以上にわたり続いた、ユダヤ人軍事組織による民間のパレスチナ人たちへの虐殺やレイプは、「とどまっていればおまえもこうなるぞ」との見せしめ、パレスチナ人を故郷から追い出す計画的犯罪だった。イスラエルの独立記念日とは、「勝者」(=虐殺者)の手によって歴史が書きはじめられた日である。「ユダヤ国家」の独立を寿ぐイスラエルのユダヤ人たちにとっては「祝日」だが、パレスチナ人たちにとってそれは、「ナクバ」(大災厄)の符牒である。

1度に80万人という近現代史上最多の難民が生まれてから63年を経ても[*2]、事態は悪化の一途をたどり、難民生活の終焉も、故郷パレスチナへの帰還も目途すら立たない。本稿を執筆しているまさにいま、このときも、国連に登録されているだけでも470万人[*3]ものパレスチナ人が難民として、人権の彼岸を生きている。

「難民」という現代の「ホモ・サケル(聖なる人間)」(=法の外におかれ、あらゆる権利をはぎとられた者)たち。数多の映画作家たちはみずからの創作を通して「難民とはなにか」を思索し、その過程をフィルムに刻みつけてきた。それは「強者」が押しつけ、「弱者」に是認を迫る「正しい歴史」に、人間に最後に残された武器「想像力」で立ち向かうアーティストたちの可烈な闘いの結果でもある。

その嚆矢であり、頂点をなすのは72年のシリア映画「太陽の男たち」(タウフィーク・サーレフ監督)だ。原作はパレスチナ難民の作家、ガッサーン・カナファーニー。イギリス委任統治下のパレスチナに生まれ、レバノンを経てダマスカスで育ち、作家として数々の傑作を生み出す一方で、「パレスチナ解放人民戦線」(Popular Front for the Liberation of Palestine = PFLP)のスポークスパースンとして政治運動に従事し、映画が完成した72年の7月8日、自家用車にしかけられた爆弾で、姪とともに爆殺された。36歳の若さだった。[*4]

舞台はナクバからおよそ10年を経た50年代後半、ナツメヤシの一大産地として知られ、2003年の「イラク戦争」では戦地となったイラク・バスラに、ヨルダンからきたパレスチナ人の男3人が集まってくる。共通項はパレスチナ難民であり、とにかくも金を稼ぐ必要があること。

彼らの目的は産油国クウェートでの就労である。難民、すなわち特定の主権国家がその人物を自国民と証明するパスポート（旅券）をもたない——それは庇護国がないことを意味する——彼らは、国家の承認（入管手続き）を受けずに国境を越えようとする。再婚した父が家族の養育を放棄し、母と弟や妹を養わねばとの責任感できた少年マルワーン（サラーハ・ハルキー）。アスアド（バッサーム・ルトゥフィ・ガザーラ）はヨルダンでの政治活動で治安当局からマークされているという込みいった事情はあるものの、やはり経済的困窮を抱えた人物だ。とりわけ印象深いのは、夫が出稼ぎに行っている隣近所の「豊かさ」を羨む妻のまなざしに耐えかねて、もう若いとはいえないからだに鞭打って出稼ぎを決意した初老の男性、アブー・カイス（モハマド・ベイル・ヘルワーニー）である。

男たちが越境をめざすクウェートは、オスマン帝国と、湾岸地域への進出をはかる欧米列強とのせめぎあいのなかで基礎づけられ、61年に独立を果たすまでイギリスの保護領だった地域である。目の前に横たわる「国境」とは、「力がすべて」の価値観が刻んだ、植民地主義の痕跡にほかならない。それはこの日本の近現代史をも照射する。後発の帝国主義国として近隣諸国を侵略、国境線を大陸に広げたこの国は、国体護持（天皇制の維持）のため、いたずらに降伏を引き延ばし、朝鮮分断の直接原因であるソ連参戦と、米ソによる朝鮮の分割統治をもたらした。それだけではない。むりやり日本国民の枠にひきずりこんだ朝鮮人、台湾人に対し、謝罪はおろか、その被害に対するなんの償いや原状回復措置もとらないまま、国民の枠外に放り出し、無権利の「半難民」にしたのである。

それぞれのルートで密入国ブローカーたちと交渉していた3人の軌跡は、給水タンクの運転手で、やはりパレスチナ難民であるアブー・ハイズラーン（サナーア・デブシー）のもとでひとつに束ねられる。10年前、イスラエル建国に対する抵抗闘争に参加して負傷し、男性機能を失った彼は、もはや「パレスチナの大義」などどうでもよく、金を稼ぐことにしか興味がない。いや、そうして幾重もの喪失の痛みにフタをして、かろうじて正気を保っているのだ。彼が自信満々でもちかけた手段とは、カラの給水タンクに身を隠して国境の検問所を通過すること。日中、灼熱の砂漠を走れば鉄製タンクの中は焦熱地獄となる。夜なら楽だが日没後は国境警備の巡回が厳しくなるという。死と隣りあわせの危険な越境手段だが、金のない3人に選択肢はなかった。彼らはこの案に「未来」を託す。

タンク車にゆられ、イラク側の検問所が視界にはいる直前、車は道をそれて停車し、男たちは覚悟を決めてタンクに身をひそめる。生きていられる限界値は7分。時間との戦いがはじまる。車を急制動させるや、運転席からはじき飛ばされたように事務所に飛びこみ、公布された許可証をワシづかみにして運転席に駆けあがり、車を急発進させてNMLをひたすら疾走し、検問所の視界から離れるや車を止める。滴り落ちる汗が音を立てて蒸発する。焼けたフライパンのようにカンカンに熱されたフタを開けると、蒸し焼き寸前の男たちがはい上がってくる。半死半生、憔悴しきってことばも出ない。だが十分な休息をとる時間はない。無情にも日はますます昇るのだ。クウェート側の検問所に向けて車を飛ばし、脇にはいる。「ここさえ越えれば」と男たちは意を決し、疲労困憊したからだでタンクにはいっていく。ほんのあと数分、もう少しの辛抱のはずだった……。

〔写真協力　公益財団法人川喜多記念映画文化財団〕

しかし、その計画は、あまりにもバカげた事情で大きく狂っていく。ヒマをもて余していたクウェートの入国管理官がアブー・ハイズラーンをからかい、事務所にひき止めるのだ。いたずらに時間が過ぎ、タンクの中から鉄の壁を叩く音が聞こえてくる。だがそれは事務所を、ヒマつぶしをしたくなるほど快適に保つためのエアコンの室外機の音にかき消され、男たちは焦熱地獄のタンクの中で事切れていく。黙って死んでいったのではない。うすれゆく意識のなかで、男たちは必死にタンクの壁を叩いたのである。

実はこの描写は映画と原作では異なる。3人の悲劇的な末路は同じだが、原作では3人の遺体をゴミ捨て場に横たえたアブー・ハイズラーンが、「なぜおまえたちはタンクの扉を叩かなかったんだ。なぜだ。なぜだ。なぜだ」と絶叫し、物語は終わる。だが、映画版では、男たちは外部に「限界状態」を伝えようとする。それは原作が書かれた当時と、映画が制作された当時の政治状況の違いが関係している。原作が執筆された62年当時は、イスラエル建国にともなう不条理へのパレスチナ人の抵抗自体が弱体化していた。アブー・ハイズラーンの性的不能はもちろんそのメタファーである。そして「金」に命を賭ける男たちには、他者から無視されるか、あるいは国を追われた「哀れな存在」としてまなざされる現実に順応し、みずからの力によるみずからの解放に踏み出せない者たちの姿が重ねられている。原作でのアブー・ハイズラーンの絶叫は、「キャンプ」での「難民生活」に甘んじ、周辺諸国や国際世論――パレスチナ分割決議をしたのはその国連だった――による「祖国解放」を期待しつつ、「生き残り」に汲汲《きゅうきゅう》とする者たちに向けた、カナファーニーの叫びだったのだろう。彼はこういいたかったのだと思う。「それが『解放』の名に値する解放ならば、その主体は私たち自身でしかありえない」、「難民キャンプでこのまま黙して窒息するのか?」、「黙って野垂れ死ぬな」と。

だが映画化された1972年の状況は違った。ライラ・ハリッド[*5]に象徴される「ハイジャック闘争」などを通して、パレスチナ人は世界にメッセージを発していた。原作では砂漠に吸いこまれていったハイズラーンの叫びに応答する者たち、「解放戦士(フェダーイーン)」と呼ばれる闘いの主体がパレスチナ人のなかからあらわれていたのだ。だからこそ映画版のあの場面には、パレスチナ人が解放を求めて声を上げても、国際社会にその叫びの正当性を黙殺されるばかりか、アラブ諸国の「同胞」たちからも見殺しにされるという政治的状況が表象されているのだ。タウフィーク・サーレフ監督が最終的に映画化を決断した契機が70年、ヨルダンが国内に拠点を置いていたパレスチナ解放機構

（PLO）を武力で追放した「黒い9月事件」だったというのもそれを裏付ける。[*6] あの、ヒマをもて余した入国管理事務所の職員たちのただれきった姿は、豊富な石油資源がもたらす「富」にうつつを抜かし、パレスチナ人たちの苦境に目を背けて恥じぬ者たちの醜悪極まる姿に通じている。

　そこで作品は、私たちが生きる現在と切り結ばれる。この映画が世に出てからいったい何年が経ったのか。その歳月を通してパレスチナをとりまく不正は1ミリでも改善しただろうか？　真逆である。国家樹立や故郷帰還の目途どころか、占領と封鎖には集結の目途すら立たない。一方でパレスチナ自治区ヨルダン川西岸地区には巨大な分離壁が築かれ、１９６７年からの占領に続き、２００７年からイスラエル軍の完全封鎖下にあるガザでは、08年暮れから09年1月にかけて、イスラエル軍による大虐殺がなされた。[*7] 日々最悪を更新する状況に、パレスチナ人たちは黙していたのか？　違う。彼・彼女らは、タンクの中で、絶命するまで鉄の壁を叩き続けた男たちのように、可能な限りの手段を使い、みずからをとりまく危機を発し続けてきた。

　映画の原題は「欺《あざむ》かれし男たち」。時代から切り離せば、よりよい生を求めて越境をはかった者たちが、アブー・ハイズラーンの口車に乗せられて、より過酷な状況に陥るさまを指しているととれなくもない。監督自身はこの変更について、シリア映画公社がその直前、原作に酷似したタイトルでパレスチナ物の映画を制作していたため、別の作品名にせざるを得なかった配給上の事情、そして、エジプト映画界で活躍しながらも権威権力に臆さない言動で表現の場を奪われ、シリアに移住したが、そこでエジプト以上の不当な扱いを受けたみずからの思いが反映されていたと語っている。[*8] だがそれだけではないだろう。アラブ諸国がイスラエルに惨敗、いまに至るパレスチナの占領がはじまった第

3次中東戦争から5年目である。あえて原作のタイトルを変えたのは、前述したように、アラブ諸国の政権に見捨てられ、裏切られるパレスチナ人の状況を告発するためだと思う。しかし本作の射程はそこにとどまらない。彼・彼女らパレスチナ人たちを欺いてきたのはアラブだけか？　今、このときも発し続けられているパレスチナ人の声を聞かずにいるのは誰なのか？　毎年やってくるナクバ記念日（5月15日）とは、私たちが半世紀以上もその不正を黙認し、沈黙で共謀している欺瞞と裏切りの符牒である。

救いを求めて鉄板を叩いても誰にも聞き届けられず、現在の安寧を貪る者たちに裏切られていく者たちのイメージは、報道もされないNMLの難民キャンプで、絶望的なハンストをする者たちのことだ。それはパレスチナ人、アフガニスタン人、クルド人と、2つの世紀をまたいでなお、人類史に刻まれ続けている難民の物語へとつながっていく。

そしてもうひとつ押さえておかなければならないことがある。カナファーニーがこの小説を書いた62年ごろ、パレスチナ難民のクウェートへの越境は、合法、非合法を問わず大半が成功していたという事実だ。みずからを解放する主体たれと呼びかけるため、カナファーニーは現実とは距離のある設定をあえて選び、その作家的想像力をもとに「難民のイメージ」を構築したのである。そこで省みるべきは半世紀後、あるいは映画化から40年後の現実だ。ふたりの作家——カナファーニーとタウフィーク・サーレフ——が描いた地獄は、まるで予言のように世界の至る所で現前している。*9 言うなれば「沈黙の共謀」を続ける世界の現実は、作家的想像力が描いたこの世の煉獄をも上まわってしまった。これもまた「欺き」の結果だ。われわれはいつまで彼・彼女らを「欺き」続け、この欺瞞から目を背け続けるのか。この退廃の極みにある世界を「生きるに値する」それへと解放すること。その主体はもちろん、私・私たち以外ではありえない。

註

*1 2004年11月2日、UNHCRは「職員への執拗な襲撃」を理由に、カラーメ・キャンプでの活動停止を発表。翌日、スウェーデン政府は当時、744名にまで達していた収容者のうち、384人の受け入れを発表したが、そのほかの者たちの処遇については不明。

*2 記事執筆は2011年5月。

*3 2017年時点で、国連登録のパレスチナ難民は約587万人（国連パレスチナ難民救済事業機関）。

*4 この年5月30日、PFLPと日本赤軍の共同作戦として実行された、テルアビブ空港での乱射事件に対するイスラエルの報復といわれている。

*5 元PFLP活動家で、現在はパレスチナ民族評議会会員。1944年、パレスチナのハイファ生まれ。69年以降、複数のハイジャック事件を実行。「ハイジャックの女王」と呼ばれた。

*6 山本薫「映画『欺かれし者たち』と小説『太陽の男たち』」（2010年11月28日『太陽の男たち』上映会＋徐京植さん講演会〔京都大学〕のリーフレットに収録された監督インタビュー〔2010年3月に実施〕）

*7 その後、2012、14年と大規模空爆はくり返され、この3度の攻撃による犠牲者は3700人以上にのぼる。その後も封鎖は続き、ナクバから70年の2018年3月には、帰還の実現や封鎖の解除、米国大使館のエルサレム移転反対を掲げ、イスラエル領との境界線に向かう非暴力デモ（「帰還の行進」）がはじまった（2019年5月末現在も継続中）。イスラエル軍はこのデモにも発砲をくり返し、現段階で200人以上の死者と、2万人を超える負傷者が出ているという。70年が経ったいまもなお、彼・彼女らはパレスチナをあ

きらめず、私たちに向けて、焼けた鉄の扉を叩き続けているのである。問われているのは私・私たちだ。

＊8　山本薫さんの前出インタビュー。

＊9　従来のアフガニスタン、イラク、ソマリアなどに加え、雑誌連載時に進行したアラブ革命を経て、政権崩壊したリビアや、内戦になったシリアなど、アラブ圏からの難民が急増した。とりわけシリアでは諸勢力が入り乱れての戦闘が泥沼化、2019年5月現在も、終結の目途は立っていない。在英NGO「シリア人権監視団」によると、内戦が起きた11年3月から8年間で、民間人11万2000人を含む37万人以上が死亡。1300万人が避難や亡命を余儀なくされているという。国連難民高等弁務官事務所の統計（2017年）では、祖国を追われたシリア難民は630万人。実に国外に出た難民全体（2540万人）の約4人に1人をシリア難民が占めているが、国際社会は内戦の終結どころか、避難民の保護についても有効な手が打てないままだ。一方で難民受け入れをめぐり排外主義が広がり、欧州などでは移民排斥を訴える極右政党が躍進している。

2 『イン・ディス・ワールド』

「異郷の死」からつむがれた物語 〔2011.7〕

監督：マイケル・ウィンターボトム
脚本：トニー・グリソーニ
出演：ジャマール・ウディン・トラビ他
原題：In This World
製作年：2002年
製作国：イギリス

人は会ったこともない他人の境遇に思いを馳せ、その死を悼むことができる。「祈り」が日常となっている2011年3月11日以降の日本社会は、それを証明している。他人と同じ行動が「正解」とされるこの日本社会の精神風土もあるだろうし、失われた命への追悼は、遠からず多くの者たちの意中からは退場していくだろうが、11年6月のいまも、集会や研究会などではまず黙祷が捧げられる。

だが目を閉じつつも私はその祈りに、どこか抵抗感を覚える。人と同じ行為をすることへの抵抗感ではない。では私、私たちは「他者の死」にいかほどの思いを馳せてきたのかとの思い。その根底にあるのは「うしろめたさ」であり、「恥」である。国境を越えられない想像力への「恥」、国境の外で起きた出来事、あるいは「日本人」以外に降りかかった災厄を日々のニュースとして消費し、忘れさってしまうことへの「恥」である。

2005年パキスタン、08年四川、10年ハイチでの大地震災害、「この世界」で起きたはずのこれらの出来事を私たちはどれほど記憶しているだろうか。災害だけではない。毎年、ひとりひとりの名前が読み上げられる9・11の死者たちがいる一方で、アフガニスタン、イラクでは、その「米国の悲劇」が正当化した侵略戦争で殺される人びとが、いまこのときも増え続けている。「この世界」では数ですら語られないそれらの者たちに私たちはどれほど思いを馳せているだろう。「9・11」から28年前の1973年9月11日、民主的選挙を経て、中南米初の社会主義政権として誕生したサルバドール・アジェンデ政権が、ほかでもないその米国の謀略で転覆させられた。この「もうひとつの9・11」ともいうべき悲劇と、その後に続いた圧政は、「この世界」の出来事として記憶されているだろうか。あるいはガザ。完全封鎖された「地球最大の収容所」で数年前に起きた虐殺は、「この世界」の出来事として語り継がれているだろうか。悼まれる死と悼まれぬ死、思い起こされる死と思い起こされぬ死、記憶される死と忘却されていく死……。

たとえばこんな死があった。2000年6月、ベルギーから英国に渡るフェリーに積まれたコンテナが上陸した。中から発見されたのは中国人58人の変死体だった。*1 中国内陸部の貧しい生活にあえぎ、より豊かな外国での暮らしに「いまよりまし」な生を求めて――たとえそこにあるのは激しい搾取と差別であったとしても――越境をはかった人びと。58人は、密航ブローカーである蛇頭（スネーク・ヘッド）の手引きで中国を出た後、各国で待機するブローカーの手によって、荷物さながらに欧州各地をひきつがれながら運ばれた。海峡越えのため果物箱に閉じこめられた彼・彼女らは、たがいの「息」を奪いあうという、まさに資本主義社会における人間存在を象徴するような地獄のなかで、熱気と酸欠によって命を落としていった。生存者は2人のみ。死体となって新天地に到着した人びとは、パスポートをはじめ、身元につながる一切を取りあげられていた。庇護国をもたぬ存在であることを体現するかのように。

絶望的な経済格差のなかで、命を賭けて「この世界のなか」にはいろうと試み、果物箱の中で息もできないまま事切れていった者たち。日々のニュースで、「不法移民」の悲劇として消費され、忘れ去られていく出来事。だが、構造的貧困を強いられる者たちが豊かさを求めて越境をすることがなぜ「不法」とされるのか。この事件に衝撃を受けた英国のマイケル・ウィンターボトム監督は、難民をとりまく現実を映画にする意志を固める。欧州やパキスタンでリサーチを重ね、そこからイギリスまでを脚本家トニー・グリソーニとともに取材旅行し、出会った難民たちの経験を、キャンプから英国をめざす少年の旅路に凝縮してみせた。映画『イン・ディス・ワールド』である。

主人公はパキスタン・ペシャーワールの難民キャンプに暮らすアフガニスタン難民だ。彼らの故郷の近現代史は、強国による蹂躙と内戦、飢餓と貧困の歴史だった。旧ソ連の侵略（1979―89）が終結した後も、この国では軍閥間の闘争が収まらず、内戦に加えて深刻な旱魃や飢饉が人びとを苦しめた。いっときは100万人以上が飢餓状態にあったともいわれる中央アジアの最貧国に、「この世界」の人びとの目が向いたのは2001年のこと。人びとの苦境に注目が集まったからではない。当時、アフガンを統治していたタリバン*2が、イスラームが禁じる偶像崇拝に当たるとして、バーミヤンの仏像破壊を表明したからだった。西洋の側は、「人類史上の貴重な遺産」の破壊停止を求めて声を上げ、それでも石仏の爆破を実行したタリバンを「野蛮」、「文明への挑戦」などと罵った。

たしかに石仏破壊は愚行以外のなにものでもない。だが、100万人以上が飢えた現実にさしたる関心を払わなかった国際社会に「文明」を口にしてタリバンを批判する資格があるのか？「人類史上」の人類に、戦乱と旱魃、圧政に苦しむアフガンの人びとは含まれていないのか。石に刻まれた仏の眼には、はたしてどちらが「野蛮」と映るのか。

イランに流入したアフガン難民の自転車乗りを主人公にした映画『サイクリスト』（1989年、イラン）や、カナダに亡命したアフガン人ジャーナリストが、手紙で自殺を予告して来た故郷の妹を探しに行く『カンダハール』（2001年、イラン・フランス）など、劇映画でアフガンの現実を世に問うてきたイラン出身のモフセン・マフマルバフ監督。彼は、この国際社会の無関心と非情を「アフガニスタンの仏像は破壊されたのではない　恥辱のあまり崩れ落ちたのだ」と喝破した（同名のルポルタージュ、現代企画室、2002年）。

マフマルバフはいう。バーミヤンの石仏は、タリバンによって爆破されたのではない、みずからの偉大さなど人びとになんの救いももたらさぬことに嘆き悲しみ、その「恥」の大きさに耐えきれず自死したのだと。この一文が含有するのは、石ですら涙する人びとの苦難に無関心を決めこむ「人間」とは、はたして人間と呼ぶに値する存在なのかという根源的な、そして映画や文学だからこそ可能な問いかけである（仏像が慟哭するこのイメージは、モフセンの娘であるハナ・マフマルバフ監督のデビュー作『子供の情景』（2007年）に、よりダイレクトに描かれている。作品のラスト、石仏が噴煙を上げてはじけ飛ぶ姿とはまさに、言葉化などできぬ仏の絶叫である)。しかもこの国を無政府状態にし、「世直し運動」としてのタリバンの台頭を招いたのは、現在の「世界秩序」を築きあげた2国、この地を侵略した旧ソ連と、そのソ連と闘うイスラーム主義勢力を支援し、撤退後の内戦を準備した米国なのだ。

「対テロ」を掲げた米英の空爆は２０１１年のいまも続き、群雄割拠する軍閥間の対立は収束の見通しすら立たない。侵略と内戦、圧政の次は無政府状態である。国境をめざす者も後を絶たない。ソ連侵攻以来、２０１１年現在までに流出した難民は、帰還した(させられた)者も含め７００万人を超えたという。人びとの苦難はいま、このときも進行しているが、「国際世論」はさしたる関心を払うこともなく、戦乱と天災の死者は名前どころか、正確な数ですら語られない。

ウィンターボトム監督は、この者たちを個々の顔と名をもった人間として描こうとする。物語の起点は、１００万人ものアフガン難民が暮らすペシャーワルの難民キャンプ。「未来に希望のある社会で息子を暮らせるようにしてあげたい」と、密航業者に大金を払った親の計らいで、20代の青年エナヤット(エナヤトゥーラ・ジュマディン)はロンドンをめざすことを決意する。英語を話せない彼に通訳を兼ねて同行するのが従弟のジャマール(ジャマール・ウディン・トラビ)だ。

認定難民としてキャンプで暮らし、国連機関を通して第三国の定住ビザを得られたならば、「難民」として合法的に越境できる。だが欧米などの第三国が用意する受け入れ枠と、越境を希望する者の数には絶望的なままでの開きがある。「よりましな生」を得るためには、密入国など「違法」とされる手段を含めて越境し、その政府に、自分が「人種、宗教、国籍、若しくは特定の社会的集団の構成員であることまたは、政治的意見を理由に迫害を受けるおそれがあるという十分に理由のある恐怖を有するために、国籍国の外にいる」（難民条約1条A2項）[*3]者だと認めさせる必要がある。ことばも文化も違う国で、それとてハードルは恐ろしく高い。

ふたりは密入国に賭ける。同様の越境を試みる者は年間約100万人を数えるという。法外な金をかき集め、犯罪組織とつながっている場合も多いブローカーに命を託しての危険極まりない旅路である。キャンプの外にユートピアがあると思っている者はほとんどいないだろう。ただ「よりましな世界があるかもしれない」、「キャンプでの暮らしよりは尊厳があるはずだ」と、それだけを信じているのだ。

この世界の外部とされた難民キャンプから、この世界のなかへ。キャンプをぬけ出し、国境を越えようとする彼らは、もはやそこにいること自体を「不法」とされる存在である。怪しげなブローカーの間を荷物のようにひき渡され、パキスタンからイラン、トルコ、そして欧州へと6400キロのルートを駆けぬけようとする。死を賭した旅路の緊張感の一方で、彼らが初めて目にする「この世界」“This world”は輝いている。1日1ドルの仕事しかなく、劣悪な住環境ゆえに「先進国」なら服薬程度で完治する類の病気でも死亡してしまう。そんなキャンプとは異次元の、この世界のきらめき。まるで目で詠まれた詩のような映像が挿しこまれる。だが、その美しさは、彼らを世界の外に排除して、みずからの安穏を享受して恥じることのないこの世界の醜悪さと表裏一体なのである。

大半の映像は手持ちのデジタル・カメラで撮影されている。手ブレ気味のざらついた映像や、赤外線カメラの白黒画像までもが作品にとりこまれていく。前者は手探りで右往左往しながら異郷を進む若者の目線であり、後者は監視・管理のまなざしである。それらは本作の出発点であるニュース映像のような「現実感」で映画を染め上げると同時に、「密入国者」とされる不安感や、どこに行っても「よそ者」としてまなざされる緊張感を醸し出す。

実際、ふたりの越境は本作最大の難関だった。主演のジャマールは、入管手続きを経ずにパキスタンとアフガンを行き来してアフガンのパスポートを入手し、現地スタッフが手配した偽造ビザでイランに渡ったという。仮に日本なら、これが発覚しただけで大問題とされ、制作者は「お詫び」を表明し、映画自体が「お蔵入り」に追い込まれる可能性も否定できない。トルコやフランスなどでは許可が下りないなかで撮影を強行した[*4]。彼らにとって「越境」とはいかなるものか。その緊張までもがカメラに写りこんでいる。

一方でストーリーラインは単線で、映画的な「見せ場」もほとんどない。淡々とした語り口で映像スケッチがつなぎ合わされていく。「娯楽」に背を向け、難民をとりまくリアルを描くことがなにより優先されているのだ。キャスト面でもそれは徹底されている。密航ブローカーから国境警備の警察官まで、登場人物の大半は「現地調達」の素人で、ほとんどは実生活でも同じ仕事をしている人だった。セリフや演技内容も厳密には決めず撮影にのぞみ、「役者」にはアクション（演技）ではないリアクション（反応）を求めた。行く先々で出会った難民たちの体験談も次々と作品に盛りこんだという。その結果、本作はプロットを重視しない断片の連なりになっている。欧州から「人権の彼岸」にきた白人であるウィンターボトムは、難民をとりまく具体的な現実を映画という虚構の世界に吸収していくことで、21世紀における「難民の現実」を「この世界」で生きる者たちに体験させようとしたのだ。みずからも難民だったガッサーン・カナファーニーが『太陽の男たち』で、自身と同胞の難民たちの生の経験を総動員して作品世界を構築し、同胞たちにともに立たんと呼びかけたのとは対照的である。

朴訥《ぼくとつ》で温和な年長のエナヤットと、利発で明るいジャマールの旅路は続く。パキスタンからイラン・イラク国境地帯へ。戦争と植民地支配、強国による領土割譲の痕跡たる国境を越えながら、ふたりが「初めて」の経験を重ねていく一方で、「この世界」は、2人の闖入者にその暴力性を露わにする。やっとイラン領内にはいったと思えば、テヘランへ向かう路線バスで検問にひっかかり、パキスタン国境地帯に置き去りにされて振り出しに戻る。再度の挑戦で、今度はテヘランにたどり着き、果物とともにトラックに積まれてクルディスタン（クルド人居住地域）にたどり着くと、次は雪山を越えてのトルコへの越境である。国境警備隊の銃撃をかわし、今度は家畜の居場所たる荷台にひそみ、イスタンブールへと向かう。

旅の高揚に身をゆだね、従兄に創作の小噺を語り聞かせていたジャマールはやがて無口になり、目つきは鋭く、表情には次第に険が出てくる。現実の酷薄さを毛穴から吸収していくほどに、少年は「物語ること」を忘れていくのだ。逆説的にもこのくだりは、なぜ人間は物語を欲するのかを示していると思う。現実が苛烈だからこそ、人間には物語が必要なのだ。自分は人間であることを確認するために。最後の尊厳を手放さないために。

そして彼の変化は、演出の域を超えた現実のものなのかもしれない。ふたりは実際にペシャーワールの難民キャンプで育った難民である。オーディションで選ばれ、おそらくは初めて「この世界」に足を踏みこんだジャマールは、「難民」であることの意味を知る数々の出来事を演じるだけでなく、行きかう「国民」たちから侵入者としてまなざされる経験を経たのだ。そのなかで彼は、年齢不相応な、甲虫の鎧のような硬い殻を身にまとったのではないか。それは「成長」と呼ぶにはあまりにも酷薄である。

　とはいえ、殺伐とした出来事ばかりが並ぶわけではない。排除や管理、監視に染め上げられた世界とは対極のそれも本作には登場する。イラン国境のクルディスタンにふたりが滞在するシーンだ。

　クルド人とは「国をもたない世界最大の民族集団」である。彼らが生をつむいできた故郷は、与《あずか》り知らぬままに引かれた国境線でイラク、イラン、トルコ、シリアなどにひき裂かれ、居住国の政府からはたび重なる迫害を受けてきた。イラン出身のクルド人監督バフマン・ゴバディが、かつて『酔っぱらった馬の時間』（２０００年、イラン）で提示してみせたように、国境のもつ暴力性や、国をもたない民族の悲哀を、いわば集合的記憶としてもつからなのだろう、国境地帯のクルド人たちは、突然来訪したふたりを歓待し、その過酷な体験を想像し、そしてねぎらい、それでも目的地に向けて歩むしかないふたりの幸を祈るように、新しいスニーカーをプレゼントする。それは旅路に咲いた人間性という花である。同世代の子どもたちとサッカーに興じるなかで、ジャマールの表情からは、まるで憑き物が落ちたように険が消え去り、年相応の笑顔と無邪気さをとり戻していく。

　実はこのシーンは、撮影クルーがクルディスタンで受けた思わぬ歓待に感激し、急遽つけ加えたのだという。制作条件の過酷さを逆手にとり、出たとこ勝負で撮影を進めたがゆえに得られた僥倖だった。現実が作り手の想像力を超え、作り手がそれを作品に焼きつけたのだ。カントが『永遠平和のために』で記した「訪問の権利」、外国人が、他国の地で平和にふるまうかぎり、敵対的な扱いを受けることがあってはならないという理想を地で行く*5（カントは18世紀の哲学者ゆえ、そこで語られるのは「難民」ではなく「外国人」であるが）このくだりは、ふたりが「この世界」で受ける非人道的な対応や、彼らに注がれるまなざしと強烈なコントラストを醸し出す。

ときにひき返し、ときに蛇行する。まるですごろくゲームのように大陸を移動するふたりは、密航ブローカーによって、イタリア・トリエステ行きの貨物輸送コンテナにほかの密航者とともに詰めこまれ、地中海を渡る船に乗せられる。「乗客」には幼な子を抱えた夫婦もいる。密閉されたコンテナ内はやがて酸欠状態と化す。難民たちは内側から力の限りコンテナの壁を叩くが、その音も、さまざまなことばによる断末魔の叫びも、船のエンジン音にかき消されていく。およそ40時間後、上陸したコンテナから発見されたのは、越境を果たせず息絶えた者たちの変わり果てた姿である。助かったのはジャマールと、母の胸に抱かれていたあの赤ん坊のふたりだった。大人より酸素消費量が少ないことが生死を分けたのだ。

イラクからクウェートへの越境を果たせず、主権権力の外側の地（ノーマンズランド）で、鉄の給水タンクの中で蒸し焼きにされて死んでいったカナファーニー原作、タウフィーク・サーレフ監督の『太陽の男たち』。彼らの無残な最期が描かれてから約30年後、当たり前の権利すら認められず、物のように運ばれ、助けを求める叫びを聞きいれられることなく、息もできずに死んでいった者たち。コンテナで死んだ彼・彼女らは、同じルートに命を賭すアフガニスタン難民たちの象徴であるとともに、世紀をまたいでいまもなお世界中で生まれ続け、世界の無関心のなかで放置されている難民の生を表象している。タンクの中を描かなかった『太陽の男たち』と違い、ウィンターボトムがコンテナ内の阿鼻叫喚にもカメラを向けたのは、みずからの体験から生まれた『太陽の男たち』と、メディア報道からはじまった本作の違いだろう。40年前[*6]の虚構は21世紀の日常なのだ。

そして、イギリスをめざすアフガン難民の同行ルポのように撮られた本作が示すのは、難民にとっては命がけの越境が、イギリス人であるウィンターボトムたちにはなんの危険も伴わない行為だという事実である。国民国家制度がもたらすその不公平、不公正は後述する『君を想って海をゆく』（フィリップ・リオレ監督、09年、仏）でも告発されている。難民が命がけで越えようとする国境を、円満なフランス国民たる主人公は、欧州圏内というだけでなんらの手続きもなく越えられるのだ。これらの作品は、カメラを向ける側、そして映画を観る多くの観客が享受している特権——それは常にこの世界の「外部」を作る世界のゆがみと表裏だ——をも観る者の脳裏に投影するのである。

相棒の死から数日あるいは数週間後、カメラはトリエステの街角にジャマールをとらえる。彼は街で小物を売って口に糊していた。それは存在それ自体を「不法」とされた者たちのコミュニティに彼がアクセスしていることを示している。鋭いまなざしの奥に暗い光を湛えた彼は、ひったくりで得た金でフランスの難民キャンプへ渡り、目的を同じくする違法越境者たちとともに、イギリスに向かう長距離トラックの底に身を隠す。「ドーバー・エキスプレス」と称される手法でユーロトンネルをぬけ、やっとロンドンにたどり着いた彼は、ペシャーワルの難民キャンプに到着の電話をかけ、そして告げるのだ、エナヤットはもうこの世界にいない（He is no longer in this world）と。

ここでタイトルが一気に迫《せ》り出してくる。[*7] では「この世界」とはどこなのか。「もういない」のならば以前、彼らは「この世界」にいたのか。そのときの「この世界」とはどこなのか、それは私たちが空気のように享受している「この世界」なのか、私たちが自明視する「この世界」のなかに彼らはいたのか、いないとすれば「この世界」とはどこなのか、「この世界」の内と外の線は誰によって、どこに引かれているのか、それはなぜなのか……。これといった筋を設けず、手持ちカメラで切りとった日記のような断章を継いでいく、本作の淡々としたスタイルは、すべてはこの一瞬における強度を増さんがために採用されたものだったのだろう。あふれ出す無数の問いを観る者に残して、名も知らぬ者たちの死を起点にした映画は、終わる。

ニュースから着想を得て、現実の出来事をとりこみながら構築されたフィクション。だが事はそこで終わらなかった。本作完成後、ジャマールは期限切れ寸前のビザでロンドンにあらわれ、出演料でイギリスに難民申請した。映画がひとりの人生を変えてしまったのである。虚構の皮膜を食い破り、現実に闖入してきた者に対して、英国当局は却下で応じた。彼は特例として18歳まで数年間のロンドン滞在を認められたが、その後はわからない。居住する第三国で、難民条約にもとづく「難民」と認められればまだいい。そうでなければ彼らは不安定な在留資格で、あるいは「不法滞在者」として、いつ当局に拘束され、「犯罪者」としてきた道を追い返されるかと怯えつつ、労働市場を最底辺で担うことになるのだ。

撮影終了後もジャマールの生を規定し続ける出入国管理体制。9・11以降、世界のそれは「テロ対策」一色を強め、入管制度のもつ本質的な暴力性をむき出しにしている。その本丸、米国を舞台に、世界の現実を鋭く問うた『扉をたたく人』(トム・マッカーシー監督、08年、米)で、シリアから渡米したジャンベ奏者の友人が、「不法移民」として強制送還されるとき、主人公の米国人はこう叫ぶ。「人間だぞ！　人間をこんなふうに扱っていいのか」と。滞在する「非・国民」たちを細分化した在留資格――それは在留期間や就労条件をはじめ、彼・彼女らが享有できる権利と直結している――に振りわけ、管理・監視する。そこに収まらない者は、そこにいて、暮らすことそれ自体を犯罪とし、追放する。出入国制度とはポスト封建時代の身分制度である。近代国民国家が生み出したこの「自明」は、一刻も早く克服されねばならない。そのとき、問われるべきは、基本的人権という近代の「発明」が、一方では「国民」の専有物となっている国民国家体制そのものの問題である。人権とは、庇護国をもたないことで人間としての権利をはぎとられた彼・彼女らからこそ展望され、開かれていくべきなのだ。

註

＊1　『毎日新聞』2000年6月20日付朝刊31頁(第1社会面)など。
＊2　パキスタンの難民キャンプで育ったアフガニスタン人の「神学生たち(タリバン)」が1990年代に立ち上げた。内戦で荒廃した社会の世直し運動として勢力を拡大。1996年には首都カーブルを制圧し、アフガニスタンの大半を実効支配するに至った。9・11後、オサマ・ビン・ラーディン容疑者を匿っていると主張する米英の空爆を受け、タリバン政権は2001年に崩壊した。
＊3　外務省HPより。
＊4　日本語版DVDに収録された監督と脚本家のインタビューによる。

＊5 カント『永久平和のために』（岩波文庫、1985年）宇都宮芳明訳。

＊6 本稿の執筆は2011年6月。

＊7 監督によれば企画撮影段階のタイトルは『シルクロード』。トラブルに見舞われた際、「シルクロードについての映画です（＝政治的映画ではありません）」と言い逃れるためだった。次に考えたタイトルは、難民申請したジャマールに当局が割り振った番号「M118751」。ただそれはあまりにも直截で強すぎる（欧州でそれは、絶滅収容所に送られたユダヤ人たちの腕に彫られた入れ墨を想起させる）との思いがあったようだ。そんななか、彼はジャマールがパシュトゥン語でいった最後のセリフ「彼はすでに『この世界』にはいない」に出会ったという。「彼は死んだ」とはいわないジャマールの表現に感銘を受け、監督はタイトルを決定した。https://www.theguardian.com/film/2003/mar/30/features.review1 など、公開当時の英各紙の監督インタビューを参照した。

3 歓待の精神 〔2011.7〕

『君を想って海をゆく』『ル・アーヴルの靴みがき』

■君を想って海をゆく
監督・脚本：フィリップ・リオレ
出演：ヴァンサン・ランドン 他
原題：Welcome
製作年：2009年
製作国：フランス

■ル・アーヴルの靴みがき
監督・脚本：アキ・カウリスマキ
出演：アンドレ・ウィルム 他
原題：Le Havre
製作年：2011年
製作国：フィンランド・フランス・ドイツ合作

「夢見る自由」の発露が映画ならば、苛烈な現実はときに優れた作品の土壌となる。いや、そのような現実に対峙するなかで発せられた自由、尊厳への希求こそを芸術と呼ぶのだろう。

フランスの港町を舞台に、存在それ自体を違法とされる未認定難民（＝不法滞在者）と「国民」の出会いを描いた『君を想って海をゆく』（フィリップ・リオレ監督）と『ル・アーヴルの靴みがき』（アキ・カウリスマキ監督）は、そのひとつの例だと思う。難民の生を難民の目で描いた『太陽の男たち』と『イン・ディス・ワールド』とは違い、この2作は国民の目から難民的生を描いている。その立ち位置も含めて、今回、とり上げるこの2作は同じ現実の問題への批判から生まれている。それは欧州、フランス、そして全世界に疫病のように広がる排外主義だ。

「人権の祖国」たるフランスの社会的劣化を象徴するひとつの出来事は、2007年5月のニコラ・サルコジの大統領就任である。彼の人間性を示す典型例は、内相時代に起きた「フランス暴動」における好戦的な対応だ。2005年、強盗事件を捜査していた警察に追われて変電所に逃げこんだ、北アフリカにルーツをもつ青年が感電死したのを契機に、パリ郊外の若者たち（=「移民ルーツの人びと」ではない）が都市反乱を起こした。この背景には政治の失敗がもたらした貧困や失業、さらには彼・彼女らを潜在的犯罪者と見なす警察官による日常的な暴力、ハラスメントに対する怒りがあったといわれるが、当時、内相だったサルコジは、この若者たちを「社会のクズ」と罵り、移民への偏見を煽ったのだ。それだけではない、サルコジは移民の統合が社会問題となっていることの原因を『受け身』の移民政策」にあるとして選別と統合の強化を主張した。根底にある社会矛盾を切開せず、被差別の現実のなかから現象として噴出した出来事の責任を非・国民の側にのみ負わせる悪辣なすり替え。これはレイシストの常套手段である。

執拗な移民/外国人への差別扇動によって、日本の外国人登録制度を「理想」と公言していたフランスの極右政党「国民戦線」の創設者ジャン゠マリー・ル・ペンの支持層をもかすめとったサルコジは、大統領に就任。すぐさま「移民・統合・国家アイデンティティ・共同開発省」を新設、「フランス社会に有益な」高い技術を有する移民の入国を進める一方で、家族の入国や「不法滞在者」への対応を厳しくする方針を表明。フランス語の能力も移民の条件に加えた。なかでもひどかったのは、10年以上フランスで暮らした者に対する滞在証の公布制度（退去強制されない権利の担保）を廃止したことだった。その上、国内外の批判を無視してロマたちのキャンプを無理やりに撤去し、さらには移民ルーツのフランス人が一定の犯罪をした場合の「国籍剥奪」まで打ち出した。度を越した差別としかいいようのないこれら一連の移民／外国人政策に対しては、フランスの人権状況を審査していた2010年8月の国連人種差別撤廃委員会の場でも「人種や出身による差別の強化」、「国是の平等・博愛の精神を取り戻すべき」などの意見が相次いだ。なかには「ナチスまがい」という、欧州では「最上級」の批判を口にする委員もいたという。[*1]

この醜悪な流れへの「否」が生んだ最初の一本『君を想って海をゆく』の舞台は、フランス最北端、ベルギーとの国境近くにある港町カレーだ。ロダンの彫刻「カレーの市民」で知られるこの町には、1990年代中ごろからアフガニスタンやパキスタン、イラン、イラクなどから越境してきた人びとが集まりはじめ、その後、スーダンやソマリアなどアフリカ出身者が増加した。

『イン・ディス・ワールド』で描かれたように、彼・彼女らがめざすはドーバー海峡対岸、33キロ先のイギリスである。フランスと違い、比較的、政治亡命者としての身分を得やすく、労働許可証も出るのが理由である。1999年、赤十字国際委員会がカレーの隣町サンガットに難民センターを設置したが、収容人数600人の倍以上の1300人もの未認定難民（＝不法滞在者）がイギリスをめざして集まった。イギリス政府はフランス政府に中継点たるセンターを閉鎖するよう求め、2002年、内相だったサルコジの働きかけでセンターは閉鎖された。

それでも「よりよい生」を追い求め、人びとが越境する流れは止められない。カレーにはその後も未認定難民が押し寄せ、近接する植林地に次々とテントを張って集住生活をはじめた。林のなかに無秩序に張られたテントが林立し、移民たち（非・白人）が屯するさまは地元民から「ジャングル」と蔑称され、「治安悪化」を理由にフランス政府が強制撤去に乗り出す事態となった。以降、破壊と「復旧」がくり返されているが、多くは他に行く場所がないからそこにいるのだ。いまも少なからぬ人びとは周囲にとどまり、渡英の機会をうかがっているという[*2]。

その著書『永遠平和のために』でカントは、世界から戦争を根絶するために必要な条件として「歓待」の義務を挙げている。それは「訪問の権利」、すなわち「外国人が他国に足を踏みいれたからといって、それだけを理由に敵として扱われない権利」と表裏にある。だが「カレーの市民」ならぬ難民たちを迎えるのは、嫌悪と恐怖、敵意に満ちたまなざしであり、「歓待」とは似ても似つかぬ「潜在的犯罪者」としての処遇だった。

ファースト・ショットは鉛色の海と空である。対岸にはイギリスが見え、両国を行き来するコンテナを積んだトレーラーが行きかい、巨大タンカーがひっきりなしに出入りする。グローバル化を象徴する風景のかたわらで、「ジャングル」の住民たちが焚き出しに並んでいる。車や船、国民が当たり前のように行き来する国境線を越えられない移民たちである。本作の主人公で、17歳のクルド人青年ビラル（フィラ・エベルディ）もそのひとりだ。だが彼の動機は金ではない。故郷のサッカー仲間の妹で、家族とロンドンに移住したミナに会いたい、その一心で、4000キロを歩いてフランスに密入国したのだ。炊き出しの列で、自分より遥か以前に「よりましな生活」を夢見て故郷を後にしたはずの友人と出会ったビラルは、彼の誘いで、500ユーロの仲介料で密出入国を試みる。『イン・ディス・ワールド』と同じ経路をトラックの荷台にひそんで越境する、いわゆる「ドーバー・エキスプレス」と呼ばれる危険極まりない密航である。

夜の闇に乗じて、移民たちはまるでアシダカグモかヤモリのようにトレーラーの屋根を這いまわり、幌車の荷台へともぐりこむ。出航まであとわずか。入管担当者が車から車へと移動し、荷台を調べていく。鞭のような二酸化炭素検知器の先端が荷台に挿しこまれる直前を見計らい、彼らは頭からビニール袋をかぶる。呼気が反応するのを防ぐためだ。針の落ちる音すら聞こえるような緊張のなか、あともう少しの辛抱という段になって、なぜかビラルがパニックを起こし、全員が検挙されてしまう。実はビラルはカレーにくる前、トルコで地元の警察に捕まり、頭にビニール袋をかぶせられたまま、８日間も放置された拷問の経験があったのである。

国の許可を得ずに越境を試みた彼らは「犯罪者」とされ、流れ作業で「処理」される。後ろ手に縛られた者たちの手にマジックで番号が書かれるさまは、ナチスの強制収容所に送られた「囚人」たちが腕に「囚人番号」を彫られた事実を想起させる。現行の出入国管理制度とは、カントが唱えた「歓待」や「訪問の権利」とはほど遠い国家暴力そのものである。

クルディスタンへの強制送還を覚悟するが、ビラルは釈放される。故郷が戦乱にある彼の難民性と、未成年かつ「初犯」であることを考慮されたのだ。難民申請し、フランスにとどまり生活基盤を築くことも可能だが、対岸にはミナがいる。ビラルには渡英以外の選択肢はありえない。袋をかぶれない彼は、待機仲間の間では高額の越境費用を台なしにしかねない「厄病神」と見なされ、誰からも相手にされない。思い余った彼は、対岸のイギリスまでの33キロ、３００メートル級のタンカーが10分おきに航行し、国境警備隊の船が監視を続ける冷たい海を泳いで渡り切るという無謀極まる方法を思いつく。

だが海のないクルドの山間部育ちのビラルには水泳の経験もない。彼は、地元スイミング・スクールに飛びこみ、コーチのシモン（ヴァンサン・ランドン）に教えを乞う。かつて将来を嘱望された水泳選手だったシモンは、熾烈な競争に挫折し、いまはしがない水泳コーチで口に糊している。「シャワーを使わせてくれ」とスクールにきた難民をにべもなく追い払うし、スーパーのレジで難民とおぼしき者が店員に侮辱される光景を目の前にしても、「厄介事はごめんだ」とばかりに素知らぬ顔をする。そんな、「日常の継続」を「人間としての倫理」より優先して生きているシモンが、なぜかビラルの面倒を見はじめる。動機は妻マリオン（オドレイ・ダナ）だった。現職の教員で、幇助罪などによる逮捕、訴追のリスクを背負いながら、文字通り体を張って難民たちを支援している彼女は、愛したはずの男の冷え切った心に愛想を尽かして家を飛び出し、いまは離婚調停を申し立てている。シモンは「自分にも見どころはあるのだ」とマリオンを見返し、あわよくば彼女とヨリを戻そうと考えていた。

やたらと先を急ぐビラルの切羽詰まった表情に、シモンは彼の「ドーバー越え計画」を見ぬき、「あきらめろ」とくり返す。しかし「あきらめる」ということばは、やるか否かを選択できる、まさに国民という特権的な身分だからこそ口にできるのだろう。ビラルが呑めるわけがない。そして彼が秘していた「本当の動機」を知るに至り、シモンは、経験値にもとづくマリオンの忠告にも耳を貸さず、ビラルの国境越え計画の支援に没頭していく。目の前の愛する者を失いつつあるシモンみずからの境遇、まさにそれゆえに。だが、無防備なシモンはすぐに当局の捜査対象となる。警察は彼を端緒に、難民支援者としてマークしていたマリオンにも捜査の手を伸ばそうとする。来訪者と出会うこと、彼・彼女を歓待すること、それ自体が入管体制によってがんじがらめにされているのだ。

ドーバー海峡を泳いで越える。荒唐無稽に見えるかもしれないが、動機は違えど現実に同じことをした者はいた。劇中には、監督や脚本の共同執筆者らが入念に調べた現実がこれでもかとばかりに盛りこまれている。民間の炊き出しに催涙弾まで発射しての一斉検挙、ロス暴動の契機となったロドニー・キングへの白人警官のリンチを思わせる「不法移民」への集団暴行……。[*3]これが「人権の祖国」の現実である。本作の陰険極まる刑事がうそぶくように、「不法移民」への徹底した弾圧は、彼・彼女らを支援する「国民」のとり締まりにまで至っていた。マリオンがシモンにいう、「不法移民」支援行為の厳罰化（最高5年の実刑）も、サルコジ政権でなされたことだ。後述するエリック・ベッソン移民担当大臣との論争にからみ、監督が２００９年3月、『ルモンド紙』に送った公開書簡のなかでも、難民の携帯電話を充電した支援者が、それだけで警察に拘束された実例を挙げている。こうして権力は支援者を委縮させ、社会的マイノリティを孤立させていくと同時に、国民のなかにゼノフォビアを植えつけていくのである。それは「社会的平等」という民主主義の土台中の土台を内側から腐食させていく。

本作の原題“Welcome”は皮肉にも、ビラルとシモンに露骨な嫌悪と敵意をむき出しにし、その行動を逐一、捜査当局に密告していた隣人男性の、玄関マットに記された文言だ。監督はじめ、本作のスタッフたちを制作へと衝き動かしたのは、管理／監視と追放という「回路」を通してしか、来訪者を認識できなくなったフランス社会への怒りなのだろう。政府が強大な発信力で散布する「歓待の拒絶」という毒素が、いかに人びとの魂を汚染するか。それは、在日朝鮮人への抑圧政策をいっこうに改めず、世界でもっとも熱心に難民たちを水際で叩き落としているこの日本で、公の差別に勇気づけられた排外主義団体が、街中やサイバー・スペースでやりたい放題を重ねる現実を見れば十分だろう。差別は官民の間を循環増幅するのだ。

経済的、政治的事情で故郷を後にした人びとが、「不法移民狩り」で摘発され、強制送還される。そこには、1940年代のフランスで、ナチスのユダヤ人絶滅計画に便乗してヴィシー政権がおこなった「ユダヤ人追放」――ナチスに嫌々「やらされた」のではなく、むしろ率先して、ときにナチスよりも苛烈かつ残酷になされた――で、収容所に送られた人びとの姿が重なる。そしてその「人間狩り」を支えるのは、人助けを取り締まりの対象とすることで生じる支援者たち（＝「共生社会」の担い手）の委縮と、官の差別にエンパワーされ、率先して「不法移民」と「不法支援者」を見つけ、当局に密告する者たちの存在だ。本作の重要な要素として描かれるNGOメンバーらへの攻撃の数々と、隣人の態度に代表されるその効果は、まさにかつてフランスが手を染めた愚行の前段である。

実際に監督は、現在の移民政策とナチス時代の類似を指摘する発言をし、地元カレーの市長や、政権閣僚との論争に発展した。とりわけ過敏に反応したのは、サルコジ政権の移民担当相エリック・ベッソンである。社会党時代はサルコジの入管政策を批判したにもかかわらず、移民相に抜擢されるや否や排外政策の音頭をとり、「ジャングル」の撤去を強行した人物だ。監督がベッソンの、およそ節操とは無縁の提灯持ちぶりを批判したことへの恨みもあったのだろう、ベッソンは本作を「容認しがたく、不快で、耐えがたい」と非難した。「容認しがたく、不快で、耐えがたい」のは映画ではなく、彼ら権力者が強行する移民弾圧政策である。的はずれな非難は本作の誉れといっていい。

政治権力を刺激するほど現実社会の「恥」をえぐり出しながらも本作は、2組の恋愛、そしてシモンとビラルの擬似的な親子関係を軸に、あくまで現代世界を生きる「人間」からプロットが構想されており、「問題ありき」の図式的な作品にはなっていない。ことばを最小限に抑えた感情表現や、母語を異にする者同士の対話が、フランス語でもクルド語でもない英語でなされるある種のもどかしさも、グローバリゼーションの進展を象徴するにとどまらず、「他者」との出会いをリアルに描き出している。

「歓待」とは対極の現実のなかからビラルは、さまざまな思いとともに、シモンから手渡されたスウェットをまとい、水温10度の海に泳ぎ出す。「この国で、基本的な人間的価値が尊重されていないことを証明する」（監督）との意志でつづられた物語は、鉛色の空と海が一気に色づくような結末には至らない。だが、シモンは一難民の青年を息子のように歓待することで、自分自身を開いていく。度しがたい現状をリアリズムに徹して描きつつも監督はシモンの可変性に、国民国家体制によって分かたれた私・私たちの出会い直し、そしてその先の「あるべき世界」への希望を託すのである。酷薄な現実を描きつつもそこに沈んで没することはない。虚構で現実を描くひとつのあり方がここにあるように思う。

＊

同じくサルコジ政権でタガがはずれたフランスの移民排斥問題を題材にしつつ、『君を想って海をゆく』とは対極的なアプローチで現実と対峙するのが2本目の『ル・アーヴルの靴みがき』である。

監督は世界オンリーワンの個性、フィンランド出身のアキ・カウリスマキである。彼の物語に登場するのは、失業者や底辺労働者たち。「社会的上昇」への契機はなく、孤独で、金持ちやワルに搾取、利用されるばかりか、ツキにまで見放されている人びと。そんな踏んだり蹴ったりの境遇にありながら、彼・彼女らは街の片隅で、幸せを求め、人を思いやり、赦し、心に微かな灯りをともして生きていく。彼の作品、とりわけ「幸せの希求」という一貫したテーマが「故郷とはなにか」との問いへと接続されていく『浮き雲』（1997年）以降の作品群は、たまらなく愛しい。たとえていうならば、ささくれた現実に傷つき、血が滲んだ心の柔らかい部分に貼りつける絆創膏のようだ。

その魅力の秘密は、唯一無二の演出と映像にある。人びとはマネキンのように無表情で（だが、彼・彼女らの目は、なににもまして雄弁だ）、奇妙な間で短いセリフを発し（とはいえ思わずメモしてしまう名言が随所に散りばめられている）、動きはいくぶん、機械的だ。

彼にはセリフどころか「見ればわかる」表情もわずらわしいのだろう。だから作品の大半では「ことば」を発さぬ犬が重要な役を演じる。カンヌ映画祭で「パルム・ドール（グランプリ）」に輝いた『過去のない男』（2002年）では、主演女優賞とともに、実写、アニメと問わず、その年の映画で優れた演技をした役者犬に贈られる「パルムドッグ賞」もトリプル受賞している。ことばや表情を省くだけではない、カメラのうしろで物語を進める手法も好んで使う。とことん説明を排した作品世界は、巷間にあふれる1から10まで教えつくす映画の対極にある。

同業者のファンも多い。米国映画界からのオファーもあるが、カウリスマキは「ハリウッドは幼稚園だ」と公言し、それを拒んでいるという。作家性へのこだわりゆえだ。ハリウッドでは監督もプロデューサーに雇用された従業員の1人で、公開版の最終編集権（ファイナル・カット）も原則として製作者がもつ。監督は、ひとつひとつの場面で常に複数のカットを撮ることを求められ、テスト試写でのリサーチと検討を踏まえた上で、「より観客の欲望に沿うように」結末も決定される。作家性は二の次、三の次なのだ。カウリスマキはこのシステムを嫌悪し、みずからの世界にこだわり続けている。

カウリスマキ界隈での人びとの営みは、ロケでもセット臭い色彩とライティング、そしてノー・ジャンルな音楽を加えて作品化されていく。5分どころかワンカットで監督の察しがつく個性は、私が彼の作品と最初に出会った、そして私のオールタイム偏愛ベスト映画の1本である『レニングラード・カウボーイズ・ゴー・アメリカ』（1989年）以来、変わらない。

その世界にハマると、劇映画で人間を描くことについての常識がゆるがされ、「不自然」を排そうと努力しているほかの監督作品の登場人物が逆に、なにやら芝居じみて見えてくる。何本か観れば、私自身の動作まで登場人物に似てくるから始末に負えない。

本作も題材自体は『君を想って海をゆく』と共通するが、現代世界の深刻な課題を描いてもカウリスマキはカウリスマキ、静かでユーモアにあふれ、告発調にもならない。

舞台はフランスの港町ル・アーヴル。主人公マルセル・マルクス（アンドレ・ウィルム）は靴磨きをしながら、妻アルレッティ（カティ・オウティネン）と、愛犬ライカと仲睦まじく暮らしている。助手のベトナム人チャングと駅前で客を待っていると、電車を降りてきた怪しげな男が客になる。彼は実は殺し屋で、追っ手にとり囲まれているのを察知し、「もういい」と手を止めさせて金を払った後、「カメラのうしろ」で撃ち殺される。一見、本筋になんの関係もないシークエンスにも思えるが、これはカウリスマキ流の露払いなのである。人情劇である本作からは、市井に生きる小さき人びと以外の存在、たとえば悪質なヤクザや金持ちには冒頭の段階で御退場願うのだ。呆気なく殺された登場人物に「かわいそうに」とつぶやくチャングに、「金は払ってもらった」とマルセルが応じるブラック・ユーモアには思わずニヤリとする。とはいえ商売は不調である。靴屋の前に陣どれば店主に警察を呼ばれてしまう。「同じ靴屋じゃないか！」、マルセルの抗議は店主に届かず、商売道具を蹴散らされる。

だが世知辛い世の中にあってもカウリスマキ界隈は温かい。パン屋の叔母さんイヴェット（イヴリーヌ・ディディ）はマルセルのツケを大目に見てくれるし、はす向かいの雑貨店の大将とも軽口をたたきあう仲だ。なにより家に帰ればアルレッティが優しく迎えてくれる。「食事の準備ができるまで一杯呑んでくれば」と稼ぎから1枚を渡されたマルセルは、行きつけのカフェに赴く。どこかワケありのマダム、クレール（エリナ・サロ）はもちあわせのないマルセルに「もう一杯」をご馳走してくれる。こんな心地よいご近所があるだろうか。パリからなんらかの事情でル・アーヴルに移ったマルセル夫妻はこの地で「歓待」されている。カフェでくつろぐマルセルの一方で、自宅で玉ねぎにペティナイフを入れていたアルレッティが突然、腹を押さえてテーブルに突っぷす。良く構成された音楽のように、冒頭に作品の要素を凝縮する手練れは職人芸である。

そんなある日、港に並んだコンテナの中にアフリカのガボンからの密入国者たちが発見される。憔悴しきり、すべてをあきらめた様子の人びとのなかから少年イドリッサ（ブロンダン・ミゲル）がひとり、飛び出していく。警察の捜索を逃れ、港の橋げたのうしろに隠れているイドリッサに出会ったマルセルは、チーズサンドと水を手渡す。国家権力がその存在を不法としても、地域で生きる者にとって彼は、目の前にあらわれた腹を空かせた子どもにほかならない。「共生」はおたがいが顔を合わせる「地域」からはじまるのだ。周囲の者たちから「歓待」を受けてきたマルセルにとって、少年を助けるのは当然のこと。もっといえばカウリスマキ界隈の人びとは、自分たちが以前からそこで暮らしていることそれ自体に特権性を認めないのである。

〔© SPUTNIK OY〕

その夜アルレッティは病院に運ばれる。帰宅したマルセルは、庭にある犬小屋で、飼い犬ライカの布団に眠るイドリッサを見つける。彼がめざすのは『君を想って海をゆく』のビラルと同じロンドン。恋人と会おうとしたビラルと違い、イドリッサは先に渡った母を訪ねて命がけの密航を試み、摘発されたのである。地元警察署の警視モネ（ジャン＝ピエール・ダルッサン）と共和国保安機動隊の捜査が迫るなか、マルセルはイドリッサに渡航の実現を約束する――

「人権の祖国」の苛烈な現実が、『君を想って海をゆく』のリアリズムとは真逆の筆致で描かれる。冒頭で靴屋の主人がマルセルを追い払う際のセリフは「失せろ、このテロリスト」だ。着の身着のままで密航してきた者たちがひそむコンテナを開けるのになぜか警官は自動小銃まで携行したフル装備である。たかが密航ではないか。しかも警察官と、おそらくは事前のブリーフィングで群がってきたマスコミ記者たちの前から逃げ出したのは、年端もいかぬ少年ひとりなのだが、新聞は連日1面で、この逃亡事案をまるで大事件かのごとく報じる。しかも見出しは、「武器携行は？　アルカイーダとの関連は？」なのだからあきれるほかない。

とりわけ印象的なのは、カフェでマダムやマルセル、常連らが観るテレビで流れている、不法移民たちのキャンプ強制撤去についての現実のニュース映像である。「移民を狙い撃ちにしているわけではない」と移民相（『君を想って海をゆく』を的はずれに批判したサルコジ政権のエリック・ベッソンだ）が語るのを観たマダムがいまいましげにテレビを切るくだりは、カウリスマキ流の現実批判である。

不治の病と診断されたアルレッティがマルセルを悲しませまいとそれを隠す一方で、彼はイドリッサとの約束を果たそうと奔走する。同じコンテナにいて検挙された彼の祖父をカレーの難民収容所に訪ね、母の住所を聞こうとするのだが、係官は祖父との面会を認めない。そこをマルセルが押し切るくだりは妙技である。彼はなんと、少年の祖父（黒人）の弟と自称し、親族なのだから会わせろと主張するのだ。鼻で笑う係官にマルセルは続ける。「私はアルビノなんだ」。係官のあきれ顔を見逃さず、机上の法典を指しながらマルセルは一喝する。「肌の色による差別は法律違反ですぞ！」。たとえ創劇でも、「差別」のひと言で入管職員をやり込めてしまう場面は、おそらく日本では成立しえないだろう。その現実の差が情けない。

モネ刑事と密告者（ジャン＝ピエール・レオ）の監視網をくぐりぬけ、約束を果たそうとするマルセルをパン屋も雑貨屋もカフェのマダムも、自身もベトナムから渡仏した難民だった過去をもつチャングも応援する。チャリティ・コンサートで漁師に払う密航費用を工面し、野菜売りのリヤカーにイドリッサを隠し乗せるが、そこに密告を受けたモネ警視と保安機動隊が駆けつける。地域ぐるみの密航作戦は成功するのだろうか？　そしてアルレッティの病は……？

現実の酷薄さに迫れば迫るほど、カウリスマキの世界はユーモアにあふれ、温かくなっていく。「ペシミスト」を自称するカウリスマキは、だからこそ現実の苛烈さを写実的に描くことにドラマを創る意味を認めていないのだろう。むしろ「おとぎ話」で現実に対峙するのだ。その意味で彼の世界を訪れるとは、劇映画なるものの意味を根本から考え直す体験でもある。彼はたとえ小さくとも、観る者の心に灯をともそうとする。現実には難しくとも、人間も社会も、このようにもありえるのではないかという可能性を照らしだす灯を。それは、この度しがたい世界に生きる人間たちに最後に残された、そしてなにものにも奪えない自由であり、夢である。

「ある奇跡」で幕を閉じるエンディングには一瞬、戸惑うが、それは荒唐無稽で鼻白むという意味ではない。「テディ・ベア」とも称される「酔いどれ詩人」カウリスマキが、界隈の住民ひとりひとりに注ぐ限りない愛情と、彼の世界を訪れた客人への分け隔てない「歓待」に、心をゆり動かされるのだ。「不自然」な人びとが織りなす「非現実的」な世界はいつしか、映画が終わっても去りがたい、限りなく愛しいものになっているだろう。

註

＊1　『毎日新聞』2010年8月16日夕刊。
＊2　本稿執筆は2012年11月から翌年1月まで。その後も官憲による「ジャングル」強制撤去と、移住者と支援者たちの抵抗、そして周辺地域への分散はくり返されてきた。滞在場所となるフランスと、受け入れを渋る英国の間で、カレーとその周辺に留まる非正規滞在者たちは宙づりにされたままだ。
＊3　1991年、黒人青年のロドニー・キング氏がカー・チェイスの末、ロサンゼルス市警の白人警察官から袋だたきにされた。警官による過剰暴力は明らかだったが、陪審裁判は刑事責任を認めず、無罪を言い渡した。これを直接の契機に、92年4月29日、ロサンゼルス市南部でアフリカ系やヒスパニック系住民らによる放火などが起きた。騒乱は数日間続き、約50人が死亡、約2400人が負傷したとされる。コリアタウンと隣接した場所にあり、被害にあった商店はコリアンが経営する店が多かったという。

4 『第9地区』

人間、この非人間的なるもの〔2012.2〕

監督：ニール・ブロムカンプ
脚本：ニール・ブロムカンプ、テリー・タッチェル
出演：シャルト・コプリー 他
原題：District 9
製作年：2009年
製作国：アメリカ

ドキュメンタリーや現代ドラマにとどまらず、ＳＦにも難民は頻繁に登場する。

たとえばウルトラ怪獣の定番、宇宙忍者「バルタン星人」である。初登場は『ウルトラマン』の第２話「侵略者を撃て」。宇宙旅行中、マッド・サイエンティストの核実験でバルタン星が吹っ飛び、還る場所をなくして宇宙を放浪中、たまたま見つけたのが地球だった。科学特捜隊のハヤタ隊員（＝ウルトラマン）は話し合いによる解決を目指すが、移住をめぐる交渉は不調に終わり、巨大化して街を破壊するバルタン星人ひとり（？）をウルトラマンは「成敗」する。驚愕はそこからだ。ウルトラマンはそれで一件落着とはせず、バクテリア大になった20億３千万人ものバルタン星人が眠る円盤を

地球から離れたどこかへと押していく。映像では描かれていないが、空の彼方が光り、2度に渡って爆発音が響く描写からは、ウルトラマンが難民たちの眠る宇宙船にも必殺のスペシウム光線を浴びせたことが推察できる。

仏像をモデルに造形されたともいわれるウルトラマンが、たったひとりの大暴れを理由にして、罪のない20億3千万人もの難民を虐殺するのだ。将来の危険除去だとでもいうのか。少なくともこれは地球の国際法では禁じられている「集団的懲罰」である。しかも過剰極まる虐殺だ。とても「正義の味方」とは思えぬやり口である。以降の『ウルトラマン』シリーズで、バルタン星人がいく度も襲いかかってくるのにはまっ当な「理由」がある。

モダン・ゾンビの産みの親、ジョージ・A・ロメロ監督の代表作のひとつであるSFホラー『ランド・オブ・ザ・デッド』[*1]（2005年、米・加・仏）では、ゾンビが難民に擬せられる。

時は近未来、場所は地球のどこか。独裁者（デニス・ホッパー）と、彼を崇め奉る上流階層の者たちは高層タワーで瀟洒《しょうしゃ》な暮らしを享受している。それをとりまく形で、貧民たちが暮らすスラム街が形成され、いく層にも広がった輪の最周縁部に、リビング・デッドたちの居住区（解放区?）が存在している。

「主権」の内部から締め出され、人間によって射撃の的のように撃たれ、娯楽として消費される「死者」たちは、まさに近代国民国家がうみ出した「人にあらざる者」、国民ならば、国に求め、保障されるはずのすべての権利を剝奪された「難民」のイメージである。

周縁部の生ける死者たちは、ビッグ・ダディ（ユージン・クラーク）をリーダーとする。彼はロメロ映画史上初めて「自我」をもつに至ったゾンビで、射撃の的にされて脳髄を吹き飛ばされる同胞の「死」を悲しみ、ゾンビを面白半分に「殺して」恥じぬ人間というケダモノたちに怒りをたぎらせる「人間性」の持ち主だ。いや、それまでのゾンビにも自我はあったのだが、私たちが気づいていなかっただけかもしれない。ともかく彼に率いられたゾンビたちは、ケダモノたちの治世を終わらせるため、最周縁部から主権の中枢をめざして押し寄せ、特権を享受していた国民たちのゲーテッド・シティーは崩壊していくのである――

単なる荒唐無稽に終わる、あるいは無自覚な差別意識が噴出するリスクもあるが、現代世界が直面する複雑な問題に、意表を突いた形でアプローチするには、ＳＦは恰好のスタイルである。

南アフリカ出身のニール・ブロムカンプ監督の長編デビュー作『第９地区』（09年）はそれらの系譜に連なるブラックでキッチュ、そしてパワフルでグロテスクな1本だ。ここに登場する「難民」は、紛争や飢餓・飢饉、政治弾圧を逃れて越境してきたどこかの国の「元国民」ではない。宇宙を航行中、なんらかの疫病が船内でまん延し、死滅寸前に地球に降り立った、まさにエイリアン（Alien）、すなわち「外国人」である。

上昇するヘリコプターに乗ったカメラが南アフリカ・ヨハネスブルクの巨大な難民キャンプを真下にとらえる。黄土色の大地に敷きつめられたとび色の不揃いなタイル群、あるいは寄木張りのような平面は、カメラが頭を上げるにつれて巨大なバラック群として立体化していく。その巨大なバラック群の淵には、難民キャンプの内側と外側、国民と難民を分かつ堅牢な壁が建てられ、ときに曲線を描きながらスクリーンを縦にひき裂く。難民たちを現代のゲットーに隔離し、「国民の世界」への入場を拒む壁は、まるで津波から人びとをまもるため、海岸線に築かれた防波堤のようだ。そう考えれば、灰色の遮断壁に押し寄せるようにひしめいている粗末なバラック群は、壁の向こうにある「国民の世界」――難民たちの苦境を無視し、安寧を貪る者たちが住む世界――を呑みこもうと打ち寄せる大波にも見えてくる。

「世界最悪レベルの治安」……。本作の舞台、南アフリカ・ヨハネスブルクの現実世界での枕詞である。別の言い方をすれば、そこは世界でもっとも弱肉強食の論理が貫かれた、「人」と称する猛獣たちがうごめくジャングルである。有史以来そうだったのではない。植民地主義と戦争、人種差別と搾取に見舞われてきたこの地の歴史ゆえである。

17世紀、オランダ人が喜望峰に到達して以来、白人の入植が進み、18世紀以降は鉱物資源を求めるイギリス人が攻めこんできた。侵略者の懐を肥やすため、牛馬のように働かされてきたのは周辺諸国から集められた奴隷労働者である。植民地主義と奴隷制という、人道に対する罪と切っても切れない歴史をもつこの国で、白人絶対の統治形態を堅固なものにするために敷かれたのが、さらなる人類史上の犯罪、アパルトヘイト体制だった。白人の下に黒人がおり、黒人のなかでも階層がある。最底辺はアフリカ諸国から越境してきた不法移民、難民たちである。「アフリカの年」に象徴される脱植民地闘争のうねり、欧州のナチズム復活への危機感と並び、国連が人種差別撤廃条約を早期制定するエンジンとなったこのレイシズム国家は、60年代以降、国際的に孤立を深め、80年代以降の経済制裁で追いつめられ、体制転換を余儀なくされていく。そんななかでも南ア政府と緊密な友好関係を続け、名誉白人とされて恥じなかった例外的存在が日本政府であり、日本人だったことはいま一度、確認しておきたい。

この南アフリカを舞台に、常に「外部」を作り出し、人間を序列化する国民国家体制の問題と、人間という生き物の度しがたさをセミ・ドキュメンタリー・タッチでえぐり出してみせたのが本作である。主人公とその周囲を映す手持ちカメラの映像と、インタビューを多用したドキュメンタリー的映像に、実際のニュース映像をテンポ良く組み合わせ、ブラック・ユーモアに満ちたハチャメチャな世界に観客を引き込む。その映画体験は、たとえるなら四輪駆動の大型ジープに乗り、見たことのない生き物が生息するジャングルを猛スピードで走り抜けるようだ。

〔© GAGA Corporatiaon〕

１９８２年、宇宙船内で疫病がまん延し、ヨハネスブルク上空にエイリアンの乗った宇宙船が飛来、空中に停止する。政府は「人道的措置」（本音のところ彼らは、飛来してきたエイリアンに「人格」など認めていないにもかかわらず。この欺瞞もリアルに通じる）として彼らを難民キャンプに押しこめる。

それから28年後が映画の現在だ。囲いこまれ、放置された難民キャンプは巨大なスラムと化している。ゲートの入り口にはエイリアンと人間が手をつないだレリーフがあるのだが、事実はまったく逆だ。外の町では至る所に「エイリアン入店お断り」の看板が並び、彼らはその姿形からエビと呼ばれ（社会でもっとも低位に置かれた宇宙難民たちの状況と、海の底を這うエビの生態を掛けた部分もあるのかもしれない。海の底と社会の最底辺を掛け、日本では釜ヶ崎の日雇い労働者が「アンコ」と蔑称されるように）、人間からは侮蔑の対象とされる。

故郷に還る目途もないスラムでの生活は宇宙難民たちの人心（?）の荒廃をもたらしている。彼ら難民はナイジェリア人ヤクザたちのシノギの相手（カモ）となり、キャンプ内では賭博や異生物間の売買春が横行する。キャンプの外に進出し、軽重の犯罪に手を染める者もおり、周辺住民との摩擦も起きている。キャンプ周辺の貧困地域で生活する黒人や白人（いずれも役者ではないロケ地周辺で暮らす一般人だと思われる）は、インタビューに応えて口ぐちにいう。「早く帰ってしまえ」、「殺してしまえばいいんだ」、「外国人ならまだしも、ヤツらはエイリアンだぜ」と。荒唐無稽なSF映画だが、「国民」たちのことばは、とても演技とは思えない。

実はこのインタビュー場面は、役者だけでなく、実際に街頭で地元民に敢行した突撃取材を混ぜている。一般人への取材では、貧しい地域の住民たちに、あえて映画の内容を語らず、「エイリアン（＝外国人）をどう思うか」とだけ聞き、その回答を盛りこんだ。生きるために越境してきた者に対する敵がい心や排斥感情は、より彼・彼女らの境遇に近く、限られたパイを食いあう者になるほど激化しがちである。国民国家体制は常に、国民の枠組みから外れる外部（より低位の者）をつくりだし、差別し、搾取の対象にする。本作のことばは、虚構に仮託する形で語られた人びとの「本音」だと思う。そして愚劣な政治家たちは大衆の排外感情や他者への攻撃性を国民統治の手段として使う。日本において「北朝鮮」という魔法の杖が、政治家にどれだけ利用されているかを考えればいい。

さて、政府から「ゲットー」の管理を委託されていたのは、多国籍企業で、民間軍事会社でもある「マルチ・ナショナル・ユナイテッド（ＭＮＵ）」だ。

〔© GAGA Corporatiaon〕

実務を担うのは、民間軍事会社の社員（企業組織化された傭兵集団）である。これも南ア現代史を意識した設定だ。数の上では優位の有色人種を抑えこむため、白人統治者は暴力装置の増強に力を入れた。アフリカ諸国が白人支配を脱して独立を果たしていく１９６０年の「アフリカの年」以降、南ア軍は対国外戦争を視野に増強され、アフリカきっての反共国家の軍隊として存在感を増していく。その象徴が70年代の核開発である（アパルトヘイト撤廃に向かう89年、デクラーク大統領の決断で放棄された）。南ア軍は、周辺国との紛争はもちろん、東西対立がアンゴラで火を噴いた同国の内戦に参戦したほか、やはりアパルトヘイト体制をとっていた隣国ローデシアにも介入するなど軍事行動をくり返した。

だが80年代以降、近隣国との緊張が緩和。そしてアパルトヘイト体制の転換と同時に進められた軍縮によって、軍人たちは余剰人員となっていく。

そんな軍人たちを吸収してふくれあがったのが、南アで設立された「民間軍事会社」（Privatized Military Firm＝ＰＭＦ）の先駆けで、１９８９年に設立された「エグゼクティブ・アウトカム社」だった。彼らはアフリカ各地の政府と契約、その国の軍隊に戦争のノウハウ――とくに「平等」や「公正な社会」、「白人支配からの独立」を求める国内外の勢力との闘いで蓄積した「反ゲリラ作戦」のそれ――を伝授し、みずからも戦闘に参加した。

端的にいえば、レイシズム国家を維持し、周辺国の左派政権誕生を妨害するなかで研ぎすませてきた暴力を商品にしたのだ。同社は98年に解散したが*2、メンバーは世界各地の民間軍事会社に再就職し、社員として各地の兵士たちに戦闘技術や作戦立案、情報収集の仕方や尋問（＝拷問）の仕方を講じるだけでなく、さまざまな最新兵器を販売してきた。

私はそこに、膨張した癌が破けて体中に飛び散り転移していくさまを想像する。東西対立を経て、すでに戦争は「国家」がおこなう仕事ではなくなっているのである。――はたしてそれを「戦争」と呼ぶのかも考えなければいけないが。「対テロ戦争」を経て、彼らの存在感は増している。イラクで米国がおこなった戦争。占領民営化はその先駆けだった*3。

進展するスラム化と、地元住民との摩擦の激化を受け、ＭＮＵはより郊外の第10地区に、エイリアンたちを強制移住させることを決める。ＭＮＵの現場責任者を拝命した主人公ヴィカス（シャールト・コプリー）は、甘言と脅しを弄して難民たちに立ち退きを迫り、最後は傭兵を投入しての暴力で彼らを追い出そうとする。「入植」という行為に伴い、世界史上でいく度もくり返された光景である。人間たちのあまりの専横に激怒したエイリアンがヴィカスに叫ぶ「法をまもれ」とのフレーズは、世界各地の先住民たちがくり返し侵略者たちに叫び、かき消されてきたことばなのだろう。

エイリアンたちが人間から勝手に名前を付けられているさまもグロテスクだ。人間がエイリアンを対等の権利享有主体と見なしたからではない。日本が植民地出身者を戸籍制度で支配したように、他者を識別し、管理・監視するためだ。アメリカ奴隷主がみずからの財産（黒人奴隷）を管理する都合で、みずからの名を奴隷たちに割りふったように、あくまで支配者の都合なのである。

多国籍企業の人間たちはエイリアンに対して容赦ない。「敵である」、「危険」、「言うことを聞かない」、「脅威だから」、「命令されたから」——これらの動機づけがなされると、人間は想像を絶する残酷さを発揮する。それどころがその行為に充足すら覚えてしまう。その人間の「非人間性」は、歴史上に刻まれた数々の愚行が証明している。*4 本作でエイリアンを好き放題に撃ち殺す兵士や、ＤＮＡ解析のために生体実験をおこなう科学者たちはまさにその象徴である。

そして重要なのは兵士や科学者だけが残虐行為にいそしむのではないことだ。モチベーションを与えられたヴィカスは、意に反しての異郷暮らしを強いられた彼らが、それでもやっとの思いで築いた生活基盤をすら嬉々として破壊する。彼がとくに極悪非道というのではない。妻が唯一の拠り所で、これといった野心もなく、社命に従うばかりの小役人である。エイリアンの卵が大量にあった家を焼き、卵が爆《は》ぜる音を「ポップコーンみたい」とはしゃぐ彼の姿は、憎しみや怒りよりも、忠実さや勤勉さ、そしてなによりも他者への想像力の欠如が歴史上の大量虐殺を可能にしてきた事実を示す。彼は21世紀の南アに出現した「出来の悪い」アイヒマンなのだ。

おそらくは初めての「大役」に高揚しつつ、真面目に、忠実に役割をこなそうとするヴィカスは、エイリアンの家宅捜索時に謎の液体を浴びてしまい、彼自身が「エビ」へと変貌していく。これが本作の軸となる「変態」(＝他者化)である。いく度も映画化されたハエ男や狼男の恐怖はもちろん、人間が毒キノコの怪物になっていく日本映画史上の名作(迷作)、『マタンゴ』(1963年、実はバルタン星人の定番セリフ「フオッ、フオッ、フオッ」は、『マタンゴ』に登場するキノコ怪人の音声を流用したものだ)や、数々のゾンビ映画でも描かれてきた、ホラー、SFの王道であり、定番だ。

忌み嫌っていた者たちへとみずからが変身していく「他者化」の恐怖。映画ではあくまで異形の者への変貌だが、もちろん含意は国民から難民になることへの恐怖、「円満な国民」の状態から、「権利のための権利」(ハンナ・アーレント)である国籍をはぎとられることへの恐れである。

前述した『ランド・オブ・ザ・デッド』で、傭兵としてゾンビ狩りに明けくれていた登場人物がついにリビング・デッドに噛まれた際、ゾンビ映画の歴史を塗りかえる名(迷)シーンがある。このジャンルのルールとして、噛まれた人間はゾンビとしての「生」を拒否し、自分の手で頭を撃ちぬくか、近しい人に「死なせて」もらう。彼の仲間も、暴れだす前に彼を「射殺」する役目を申し出るのだが、主人公は「まだ撃つな。ゾンビになるのもいい」とその提案を断り、生ける死者として、憎き独裁者との闘いに乗りだす。そのキャリアを通しリビング・デッドを「殺し」まくった監督ロメロの反省なのか、主人公はなんと「他者化」を受け入れるのだ。しかしヴィカスにそれはない。ひたすら人に戻ろうとあがき続けるのだ。しかし、そもそも彼は「人間」だったのか……。

人間にとって絶対的な他者と化していくヴィカスは、多国籍企業や同じく武器を狙うナイジェリア人ギャングにも狙われることになる。企業とヤクザが文字通り彼を切り刻み、食らおうとする。両者は資本と権力のメタファーである。興味深いのは、ヤクザはエイリアンを食べ、彼らに「なろう」と思っていることだ。他者化の恐怖などもっていない。

ヴィカスは、自分が立ち退きを迫ったエイリアン、クリストファー・ジョンソンとその息子に助けを求める。クリストファーは、同胞が生体実験の検体にされている場面に衝撃を受けながらも、迫害者の一員にほかならないヴィカスの苦境に共感し、彼を「人間」に戻すと約束する。この度しがたいボンクラの「アイヒマン」を救うというのだ。エイリアンや怪物たちが「人間性」といわれるものを体現し、人間といわれる禽獣たちの「非人間性」を明らかにする。このジャンルでは定番のプロットだが、「使い古し感」はない。現実世界における「人間の退廃」は、ＳＦをも突きぬけている。この展開で観る者が想起する実例がいまも増え続けているのだ。この問いかけはむしろ、よりリアルで切実になっている。ちなみに本作で描かれた生体実験は、ナチスや七三一部隊、さらには南アフリカでおこなわれた人体実験をモデルにしているという。

故郷に戻り、地球の同胞たちを救助するよう求めた後、ヴィカスを助けに戻ってくると告げ、クリストファーは密かに修理した宇宙船に乗りこむ。それを阻止しようとするＭＮＵの残虐な兵士たちに、ヴィカスはついに立ち上がるのだった――

映画のラスト、ヴィカスがいなくなった元スイートホームである日、彼の妻が寝室におかれた造花を見つける。一方で第10地区に飛んだカメラは、なにかの切れはしを愛しそうに折り曲げ、同じデザインの花にしつらえるエビの姿を映しだす。はたして他者化したヴィカスの妻への「メッセージ」は伝わったのだろうか。これでジ・エンド。

撮影の大半は、スラム街育ちで、殺人も厭わない少年ヤクザが、ひょんな出会いで人間性をとり戻していく過程を描いた『ツォツィ』（ギャビン・フッド監督、2005年、英・南ア）の舞台ともなった、旧黒人居住区「ソウェト」でおこなわれた。劣悪なバラック住宅群がどこまでも広がる経済格差のシンボル。そして1976年、耐えかねた黒人たちの蜂起が圧倒的な武力で潰された人類史上の「不正の地」であると同時に、その弾圧が被抑圧者たちの怒りに火をつけた、アパルトヘイトの「終わりの始まり」の地だ。強制移住でゴースト・タウンになったソウェトのバラック群や、路上に散乱する汚物やアスベスト、ガラス片、腐敗した動物の死体、金採掘の後に残ったボタ山……。映像のあちこちには南アの「いま」が挟みこまれる。一方、終盤のクライマックスは『機動戦士ガンダム』か『エイリアン2』を思わせるパワード・スーツも登場する格闘シーンだ。荒唐無稽な設定でありながら、本作からリアリティが失われないのは、人間存在の醜さをえぐり出す筆致に加え、これら埃や匂いが漂うような映像群が活きているからだと思う。そして本作で注意すべきは、SF映画であるにもかかわらず、劇中の現在（2010年）が、ほぼ公開時点（09～10年）に合わせて設定されていることだ。これもまた皮肉だろう。「宇宙人」か「外国人」であるか否かを除けば、エイリアンへの態度はまさに世界の現実なのである。SFアクション映画に擬態した本作が痛烈に描いた南アのグロテスクな「未来」とは、実はこの世界の現在の姿なのである。

註

＊1　『私はゾンビと歩いた』（ヴァル・リュートン監督、１９４３年）や『吸血ゾンビ』（ジョン・ギリング監督、１９６５年）などに登場する旧来型ゾンビは、いずれもハイチの宗教、ヴードゥー教にちなんだ存在。モダン・ゾンビはこれらと違い、因果関係不明であらわれ、ひたすら人に食らいつく。脳を破壊しないと「殺せない」。噛まれれた者は必ずゾンビになるのもこのジャンルのルール。その歴史はロメロのデビュー作『ナイト・オブ・ザ・リビング・デッド』（１９６８年）にはじまる。

＊2　同社の社長で元軍人のイーベン・バーロウをはじめ、役員やスタッフの多くは軍人としてアパルトヘイト体制を支えた経歴をもつ。バーロウについていえば、西欧各国でＡＮＣ（アフリカ民族会議）についての中傷デマ情報を流す活動までしていた。アパルトヘイト後には多くの幹部が、人種隔離時代に手を染めた数々の人権侵害で告発されている。新政府にとって、アフリカ各地の内戦に介入、「成果」を挙げる彼らの存在が脅威だったことは想像するにかたくない。１９９７年には民間軍事会社の活動を規制する法律（＝傭兵禁止）が制定され、同社解散のひとつの契機になったという。

＊3　国際的批判にさらされた、イラク戦争におけるアブグレイブ刑務所での捕虜拷問にも彼らがかかわっていた。ケン・ローチ監督『ルート・アイリッシュ』（２０１０年）はこの問題を正面から扱っている。

＊4　宮地尚子『トラウマ』（２０１３年、岩波新書）など。

第2章

越境する民

1 歴史を逆なでする旅路〔2012.5〕

『メルキアデス・エストラーダの3度の埋葬』

監督：トミー・リー・ジョーンズ
脚本：ギジェルモ・アリアガ
出演：トミー・リー・ジョーンズ 他
原題：The Three Burials of Melquiades Estrada
製作年：2005年
製作国：アメリカ・フランス合作

アメリカ映画『メルキアデス・エストラーダの3度の埋葬』、メキシコからの不法移民の死をめぐるこの越境の物語を秀作ならしめているのは、第1には本作でカンヌ国際映画祭の脚本賞を手にした屈指のストーリー・テラー、ギジェルモ・アリアガ（『アモーレス・ペロス』『21グラム』『バベル』『あの日、欲望の大地で』）の力にある。

アリアガ・スタイルの特徴は変幻自在の構成にある。彼はまず物語の時間軸を徹底的に解体し、場所や時制を行き来しつつ、観る者の混乱などおかまいなしの奔放さで逸話の数々をつなぎあわせていく。まるで人間による愚行の数々が築き上げた「いまある世界」を再構築するかのように。あるいは時空や常識に縛られる人間存在それ自体を解放するかのように。

いきおいその脚本世界は、映画のために書かれたものであるにもかかわらず映像化が難しいという、実にパラドキシカルな性質を帯びる。凡百の監督なら振りまわされて終わりかねないそのアリアガ世界を監督デビュー作に選んだ「宇宙人」、トミー・リー・ジョーンズの大胆さも凄いと思うが、彼はその上で、癖のあるアリアガの世界を緻密で詩情あふれる映画に料理してのけた。

テキサスの砂漠地帯でハンティングに興じていた男たちが、コヨーテに貪られている男の死体を発見する。警察が殺人、死体遺棄事件として捜査し、遺体はメキシコから密入国して、地元の農場でカウボーイとして働いていた「メル」ことメルキアデス・エストラーダ（フリオ・セサール・セディージョ）と判明する。彼は何者かに射殺された上、おそらくは犯人の手で埋め隠されていたのだった。

物語はこの「異郷の死」から書き起こされる。被害者が「不法移民」と知った警察の動きは鈍い。乾燥地帯の砂煙と田舎町の倦怠《けんたい》が事件を呑みこもうとするなか、メルの同僚で独り者のカウボーイ、ピート（トミー・リー・ジョーンズ）は、独自に事件を調べ上げ、国境警備隊の若手隊員マイク・ノートン（バリー・ペッパー）の犯行だとつきとめる。ピートは旧知の警察官ベルモント（ドワイト・ヨーカム）に厳正な捜査を求めるが、濃密な人間関係で成り立つ田舎町の調和を乱したくない彼は、国境警備隊と談合して捜査を打ち切る。

出入国管理制度を内面化し、非・国民への人間的想像力を放棄した彼らにとって、「不法移民」の死などどうでもいいのだ。その上「解剖が終われば遺体をほしい」と懇願するピートの願いは聞きいれられず、警察は勝手に遺体を埋めてしまう。

いく重もの壁に阻まれ、犯人の検挙どころか遺体のひきとりもかなわない。能面のようでなにを考えているかうかがえないピートは、いきなり、度肝をぬく強硬手段に出る。彼は抜き身の拳銃を手にマイクの家に乱入、銃身で彼を殴り飛ばし、恐怖に慄《おのの》く妻ルー・アン（ジャニュアリー・ジョーンズ）を緊縛、マイクを拉致する。ピートはマイクに命じて掘り返させたメルの遺体を馬に乗せ、縛り上げたマイクを連れてメキシコに向かう。メルを故郷に埋葬するというのだ。彼のスピードは、観る者の感情を置き去りにする。警官に行っても無視されたとはいえ、「常識」を飛びこえるまでの飛躍がある。しかもあの「宇宙人顔」である。思考が見えてこない。

最後まで観てなお、ピートへの違和感を拭えぬ人もいるだろう。日本公開当時、ネット上に記された感想にも、「主人公に感情移入できない」、「内面がわからない」などの意見が散見された。だが、それはアリアガと、「（監督の自分が主演なら）演技指導もギャラもいらないから」と、みずから主役を演じたジョーンズの仕掛けなのだ。次第に明かされる「理由」を知ってなお、彼の言動に「違和感」を覚えるとすればそれはなぜなのか。各人が抱く「違和感」の根を問い直すこと。それも本作を観るおもしろさなのである。

下手人マイクも「感情移入できない」人間であるが質的に違う。中高生がそのまま成人したような彼はあまりにも「わかりやすい」のだ。「国境の番人」の日常に自足する彼は、他者との間にも境界線を築き、みずからの人間的な想像力を遮断している。「不法入国者発見！」の一報を聞けば「人間狩り」に駆けつけ、相手が「不法な存在」であれば、たとえ女性であっても顔面を拳で殴打して恥じない。彼にとってそれは給料の対価として要求されている「役割」であり、制服を脱げば忘れ去ってしまうルーティン・ワークなのだ。みずからの行為が、自身の尊厳をも傷つけているとの感覚は微塵もない。

家に帰れば彼の関心事は、晩飯とテレビ番組のメニュー、そして「排泄」である。欲情すれば料理中の妻をキッチンにうつ伏せにして、みずからの性欲を処理する。「早く終わって」といわんばかりの表情で居間のテレビに目を向ける彼女の気もちなどおかまいなし。この人物には、いわゆる「精神活動」が欠落している。「自己実現の未来」をナイーブに夢想していた10代や20代の若者が、実社会で日々強いられる妥協と順応のなかで感じる「こんなはずじゃなかった」との思い。それを感じる妻と、そのカケラもない夫との間にはすきま風が吹いている。

人ひとりが命を途絶された事件もあまりにも軽率で、バカげた経緯で起きていた。ひとりでのパトロールの最中、車中で手にとったポルノ雑誌に発情したマイクは、草原に降りて自慰行為をしようとズボンを下げる。そのとき、突如、銃声が聞こえる。不法移民の襲撃かと慌てふためいた彼は闇雲に発砲し、メルを射殺してしまう。だが彼が撃っていたのは、農場の羊を狙ってすきをうかがうコヨーテだった。ちなみにメキシコ人から法外な金をせしめて米国への密入国を斡旋するブローカーは「コヨーテ」と呼ばれる。冒頭で埋められたメルの遺体を貪っていたのもコヨーテだった。それは、貧者たちを骨の髄までしゃぶりつくす者たちの隠喩である。

無骨なカウボーイと彼の友人、彼を殺めた男「３人」の旅がはじまる。目の前には国境という見えないラインが伸びる。かつてメルが命がけで、向こう側から越えてきたその境界は、マイクにとっては疑う余地もない世界の果てだ。

この境界線は、歴史の始源からあったわけではない。その起源は、米国人入植者の蜂起でメキシコ領から独立した「テキサス共和国」が、米国の州となる事態をめぐって起きた米墨戦争（1846―48）である。米国の圧倒的な兵力に敗れたメキシコは、テキサスを含む当時の自国領の3分の1を米国に割譲する羽目になる。

その結果、自由に往来できた場所には境界が設けられ、かつての自国領土への出入りは、それを奪った米国家の許可が必要となった。それでも「持たざる人びと」は、よりましな生活を求めて国境の向こう側へと越境する。かつてブッシュ政権は、米墨国境線3145キロの3分の1に、ヨルダン川西岸地区にイスラエルが「テロ対策」として設けたアパルトヘイト・ウォール（「人種隔離壁」。日本のメディアでは「分離壁」と呼ばれる）を思わせる鉄壁を設けて、「不法入国」を防ぐ構想に着手したが、人の移動は止められるわけがない。オバマ政権は発足早々、「現実的ではない」とこの「妄想」を白紙にした。2012年の現在もその線を越え、毎年数百万人ものメキシコ人が高さ3メートルの鉄壁や砂漠、川を越え、命がけで、米国に奪われた彼・彼女らの土地に「不法入国」する。*1

かろうじて国境線を越えることができても、その先にあるのはいつ検挙され、送還されるかわからぬ不安定な身分と、無権利労働者としてのさらなる搾取、そしてその存在自体に向けられるいく重もの差別である。「3人」は人びとと世界をひき裂く境界線をその歴史的な侵略の軌跡をたどるように越えていく。本作は米国の暴力の歴史を逆なでする現代の『イージー・ライダー』（デニス・ホッパー監督、1969年、米）なのだ。*2

「3人」は険しい山肌を歩き、頂きを越えていく。危険なだけではない。法的手続きを無視した越境は、官憲が取り締まり対象とする違法行為である。それでも友人を故郷に運ぶピートの動機は、断片的記憶を無秩序に並べていくようなアリアガの手練れで徐々に開かれていく。牛を追い、商品に仕立てる仕事の間、つかの間の休息のおり、ありし日のメルが唐突にピートに語りかける。「約束してほしい。もし俺が死んだら故郷ヒメネスに埋めてくれ」。縁起でもないと取りあわぬピートに、真剣そのものの表情でメルは念押しするのだった。命がけで越境したメルが自分に吐露した「ここには埋められたくない」との思いに応えたかった。彼との約束をまもる、ピートにはそれ以上の理由などは必要なかった。友を故郷の土に戻すことが違法なら、それは世界のあり方が間違っているのだ。

「個人の生き方」と「世界のあり方」が対立するとき、物語は成立する。しがらみや既存の価値観、常識、制度、そして法律……社会関係を安定させる反面、人の生を制約するいく重もの檻に囲まれて暮らしながらも、人はどれだけ友情や愛情を貫けるのか。時に法に抵触し、秩序を破壊する行為であってもなお、相対する人間との義や約束に忠実に生きられるのか。アリアガの、そして本作の根本的テーマが一気にせり出してくる。*3

旅の羅針盤は、メルが遺した妻との写真。なぜかメルが横を向いて写っているその1枚を頼りに、3人は歩みを進める。その旅路は、貧者が富める社会へと向かう流れと行き違う。映画のそこかしこに、「人間狩り」の標的となる者たちの姿が挿入される。マジョリティが見ずにすませている数多のメルの経験に、ひとつの、あくまでひとつの「問い」が浮かび上がる。より良い生活を求め、本来メキシコだったテキサスにきたメルが「不法移民」とされるのはなぜなのか？　彼を故郷に埋葬しようとするピートの思いが地元では逸脱行為とされ、「密出国者」として追われるのはなぜか？　そして、国境や国籍という制度を自明とし、私たちが他者への想像力を放棄してしまうのはなぜなのか――

「秩序の番人」ベルモントはピートを追い、岩山の頂上から馬上のピートにライフルの照準を合わせるが、どうしても引き金をひけない。あきらめて仰向けになった彼の目に、空を飛ぶワシが飛びこんでくる。これだけは譲れない「思い」をもちえたピートを鳥に重ね、ベルモントはある種の羨望を抱くのだ。しかしこのとき彼の携帯に、カフェ経営者の妻で、彼（とピート）の不倫相手であるレイチェル（メリッサ・レオ）から電話がはいり、人妻との逢瀬程度の慰みしかないみずからのちっぽけな日常にひき戻されるのである。損得や世間の常識、法律に縛られるのではなく、義や約束にみずからをゆだねるピートの「自由」に憧れはしても、制度や常識の虜囚でもある凡百の人間にとってそれは、決して現実のものにはなりえない。アリアガのシニカルな人生観が刻まれたシークエンスである。

ピートと、メルを殺したマイク、そしてメル（の遺体）は、ヒメネスをめざす。マイクはいつピートに殺されるかと怯え、なんとか逃げ出そうとする。ピートの馬が砂漠に足をとられて倒れ、馬身と地面に挟まれたピートが身動きできなくなると、マイクは千載一遇のチャンスとばかりに逃走する。だが彼の視界の範囲には必ず自分を監視するピートの姿がある。岩穴にもぐりこむもそこはガラガラヘビの巣である。不法侵入に怒った「住民」に嚙みつかれ、マイクは卒倒する。死に瀕していた彼を発見したのは、皮肉にもかつて彼が検挙し、強制送還していたメキシコからの「不法移民」の一団だった。

彼が運びこまれたのは民間療法をおこなう民家、薬草を使う女の顔には折れた鼻骨を固定する白いテープが真一文字に貼ってある。彼女はかつてマイクが国境で捕え、殴り倒した人物なのだ。ピートの懇願に渋々治療をひき受けた女性は、黒く腫れ上がり、壊死していく患部を、焼いたナイフで怒りもろとも切り裂き、薬草を巻く。治療完了だ。彼女は、激痛に耐えてひと息つくマイクのもう片方の足に熱々のコーヒーをぶっかけると、絶叫とともに起き上がった彼を鉄のポットでぶちのめし、「これでおあいこよ」と吐き捨てる。ボーダーを越えるか否か、それだけで強者と弱者が入れ代わるのだ。痛快な意趣返しである。

このカットから場面は突然、環になってトウモロコシの皮をむく住民とピートの詩情あふれる光景に移る。回復しつつあるマイクも当たり前のようにその輪に加わり、あの女性の隣にすわってトウモロコシの皮をむく。「目には目」ならぬ「鼻には鼻」でノーサイドなのか。この非合理もアリアガならでは、なんの説明もない。国境を越え、生死の境をさまようなかで、身にまとった常識や価値観がマイクからはがれ落ちはじめる。他者への想像力を放棄し、性欲と食欲を満たすことばかりに充足してきた若者のケチな内面は、ピートとの旅路のなかで、少しずつ耕されていく。奇妙な旅物語のひとつの軸は、ハードボイルドで武骨な親父が、不出来なバカ息子にひとつひとつと課題を与え、いささか荒っぽくその成長を促していく過程でもある。

ピートを突き動かす「想い」。それは強ければ強いほどピュアで、現状を突き破る強度をもつ。だがそこに身をゆだねることは一方で、乱調や破壊、「世界との対立」というリスクをはらんでいる。すでに彼は、国家が設《しつら》えた秩序を破った犯罪者なのである。本作を観た者がピートに対して抱えたまま終わった「違和感」や「わからなさ」も、みずからの感情に忠実に、嘘を抱えずに生きる者に対するある種の「恐れ」や「反発」の表出ではないか。さらにいえば秩序に安住するみずからのありようを問われる「不快さ」をそこに感じているのだと思う。

眠ったマイクを部屋に置き、ピートはバーで痛飲する。なぜかテレビでは米国のＳＦ番組が流れ、ピアノはとち狂った音でショパンの「別れの歌」を奏でる。乱雑なおもちゃ箱のような世界から、ピートはレイチェルに電話し、唐突に結婚を申し込む。感情のままに何人もの男性と逢瀬を楽しむ彼女はそれゆえに、「感情」に身をゆだね切ることがいかに人を傷つけ、大切なものを壊してしまうかを直観している。だからこそ「複数」とつきあっているのだろう。そんな彼女がピートの申し出など受けるわけがない。大事な人たち、なによりも地道に働く夫を傷つけず、いまの生活をまもるため、彼女は嘘を抱えて生きる辛さを選んでいるのだ。

日常を生き抜いていく「支え」（レイチェルからすれば困った思いこみにすぎない）をはずされたピートは、みずからの突き抜けた行動がいかにレイチェルをも傷つけたかも想像できないまま、酩酊状態で異郷をさまよう。マッチョな映画だが、制作陣がそれを自覚するゆえだろう、男という生き物のバカさ加減が対象化されている。そして、復路なき旅に出たピートが、想いを寄せるレイチェルを帰る場所と夢想していたさまは、メルの故郷ヒメネスの謎を解釈する大事な伏線にもなっている。

そして彼らはメルが口にしていた町に到着する。だが道を聞きにはいった雑貨屋で、ピートは笑い者になってしまう。実はヒメネスという村など存在しなかった。写真に写っていた女性を探し出すが、メルとは一面識もなく、彼女はすでに別の男性と結婚して子どもを授かり、小さなまもるべき世界をもっていた。たった1枚だけの写真で、なぜかメルが横を向いている謎がここで解き明かされる。町の大御所に会ってたずねるが、彼はメルの存在自体を知らない。メルはこの村の出身でもなく、たまたま立ち寄った、あるいは村を通過した旅人にすぎなかった。そもそもメルキアデス・エストラーダという名前そのものが「本名」なのかどうかも怪しいのだ。

それでもヒメネスを探すピートの脳裡に、生前、メルが遠い目をして語ったことばがよぎる。「ものすごく美しい村だ。２つの丘の間にある。空気が澄みきっていて、山々を抱ける気がする。輝く透明な水は岩間から湧き出てくる。ヒメネスに行ったら、その美しさに心が張り裂けるだろう」。そう、これはおそらく、下半身から見上げた全裸の女性である。メキシコで暮らした経験をもつ方にご教示頂いたが、ヒメネスとは日本でいえば「鈴木」や「田中」のような、ごくありふれた名字である。

世界の構造がもたらす貧困のなかで、同胞ブローカーに搾取されながら命を賭けて越境する。砂漠や川で事切れずに「運よく」もぐりこめても、待っているのは無権利労働者としての生である。遺されたことばを反芻するピートはある日のメルを思い出す。

ライン管理された牛が商品として選別、出荷されていく牧場で、経営者は週末だけ現場を見にくると聞いたメルは、怒気をあらわにピートに訊くのだ。「金持ちの道楽なのか?」。命がけで働く必要もなければ、人間が命がけで働くということすら想像できない者に、おそらくは低賃金で使役される。そんな彼には理想郷が必要だった。ヒメネスはかつて故郷で愛を交わした恋人か？　あるいは愛ともいえない、もしかするとどこかの娼家で、金銭の対価としてのひとときをともにした女性の名だろうか？　あるいはそれすら彼の創り上げた空想だったのか？　たしかなのはその「故郷ヒメネス」こそが、メルにとって厳しい日常のなかでみずからを保つ、おそらくは唯一の拠り所だったということ。イマジネーションこそが、みずからの尊厳を冒そうとする世界と対峙する彼の唯一の武器だったのだ。

歴史をさかのぼる３人の旅は、人間にとっての故郷とはなにかという根源的なテーマへとつながっていく。

ピートは狂気すら醸し出しながらヒメネスを探し続ける。もはやマイクなど眼中にない。なぜなら彼はメルにとっての故郷の意味を知ってしまったから。そこに葬ってほしいといった彼の思いを知ったから。それが遺された者の義務だと知ったから。ピート自身、「越境して」しまったのだ。かたわらではマイクが「騙されたんだよ！」、「ヒメネスなんてありゃしねえよ！」と叫ぶ。愚息の最後の課題は、「故郷」の意味を知ることなのだ。

そして彼らは、川近くの廃墟にたどり着く。2つの丘の間にあり、空気が澄み、水が湧き出ていた場所……「ここだ、ここがヒメネスだ」。そう語るピートにマイクは目を潤ませていう。「そうだ……ここだ。ヒメネスがあったよ……」。マイクがヒメネスの意味を知り、メルとの境界をひとつ乗り越えたとき、この旅は終わりを迎える。彼はピートに詫び、3度目の、そして最後の埋葬がなされる。

ここからもアリアガらしい。過失とはいえメルを殺めたマイクの刑事責任は、少なくとも劇中では処理されない。消化不良を覚える人もいるだろうが、アリアガにとって和解や許し、償いは当事者の問題なのだ。相対《あいたい》で解決できるならば、国家などという無粋で目障りな存在に介入されるいわれはないと彼は考えているのだと思う。バカな「息子」の成長を見定めたピートは、よろりと立ち上がり、まだ、どこかにあるはずのみずからの故郷を求めて旅立つ。それを探すのは、もしかしてマイクかもしれない。「ひとりじゃ危ないだろう」、成長した息子が親父を案じる絶妙のひと言もいい。ふたりはどこに行くのだろうか。円環が閉じないラストも本作の魅力である。

註

＊1　米墨国境に壁を建設し、費用はメキシコ側に負担させると公約したドナルド・トランプ氏が2017年1月、米国大統領に就任した。民主党がみずからのプランに抵抗するとトランプ氏は19年2月、不法入国者によって国家が脅威にさらされているとして国家非常事態を宣言。連邦議会を経ない形で予算を獲得して壁建設を進めようとしている。当然ながらメキシコ側は、費用負担は拒否している。

＊2　主人公はワイアット（ピーター・フォンダ）とビリー（デニス・ホッパー）。西部劇の不動のキャラクター2人の名を冠した彼らは、メキシコ国境地帯での麻薬取引で軍資金を得て、ルイジアナ州ニューオリンズを目指す。アメリカの暴力の起源をたどる（逆撫でする）からこそ、彼らは唐突で悲劇的な最期を迎えるのである。（本書第4章を参照のこと）

＊3　そして私がピートの行動に思い描いたのは、すでに鬼籍に入った元朝鮮人徴用工たちから聞き取った「異郷の死」だった。意に反した渡航を強いられ、炭鉱や工事現場、工場での強制労働を強いられた挙句、異郷で命を落とした者たち。数万人ともいわれる彼らの遺体はどうなったのだろう。彼らに「ピート」はいたのだろうか。誰かと約束を交わしたのだろうか。日韓の政府間合意や民間団体の努力で、骨となって故郷に戻った者たちも少なくないが、徴用工と見られる無縁仏や、本籍がいまの朝鮮民主主義人民共和国にある者たちの帰還は進まず、日本各地の寺院や納骨堂に散在したままなのだ。ピートの歩みは、銀幕を飛び出してこの国の近現代史にも越境してくる。

2 バラを求めて──「不法移民」たちの闘い〔2012.8〕

『ブレッド&ローズ』

監督：ケン・ローチ
脚本：ポール・ラヴァティ
出演：ピラール・パディージャ 他
原題：Bread and Roses
製作年：2000年
製作国：イギリス・ドイツ・スペイン合作

メキシコ最大の都市は首都メキシコシティ、では2番目の都市は？　メキシコで約10年間暮らした日本人男性に教えてもらったメキシコ・ジョークである。

答えはロサンゼルス。ニューヨークに次ぐ全米第2位の人口規模をもつこの大都市は、その人口の5割近くをヒスパニック（「スペイン語を話す人」の意）が占める、全米最多のスペイン語話者が暮らす街である。でもなぜロサンゼルスをメキシコ第2の都市とするのがジョークになるのか？　それはこの地が、米墨戦争で奪われるまでメキシコ領だった歴史的経緯ゆえ。「力がすべて」の世界を笑い飛ばすユーモアなのだ。

だからロサンゼルスの語源も「天使たち」を意味するスペイン語“Los Angels”である。その日本人男性がメキシコで出会った人びとのなかには、同胞が仕事を求めてメキシコから米国へと不法、合法に赴き、場合よっては米国に定住する現状について、「俺たちは出稼ぎじゃない。俺たちの土地をとり戻しているんだよ」と笑う者が少なくなかったという。

ときにユーモアで包みつつ、踏まれた者たちはその痛みを記憶に刻む。米国＝世界と信じて疑わぬ者たち（そのなかには米国の顔色をうかがい、どこまでも付き従うことを「外交」や「安全保障」と勘違いしているこの日本の政治家や官僚、マスコミ、それを自明とする者たちも含まれる）にとっては、米国が措定した国境線こそが世界の秩序なのかもしれないが、少なからぬヒスパニックにとってみずからの往来を妨げる国境は「不正」の痕跡として記憶されている。

メルキアデス・エストラーダのように「コヨーテ」の手引きで密入国してきた女性を主人公に、パンを求めて越境してきた移民たちが、人間としてのバラ（尊厳）を勝ちとるために連帯し、資本に対峙していく姿を描いたケン・ローチ監督作品『ブレッド&ローズ』（２０００年）も、その歴史的事実と、その延長線上にある現在をぬきにしては語れない。

本作は１９９４年、ロサンゼルスに滞在していたケン・ローチの盟友、ポール・ラヴァティ（『カルラの歌』『Sweet Sixteen』『麦の穂をゆらす風』の脚本家）の体験からはじまった。深夜2時過ぎのバス停に並んでいると、周辺からスペイン語のアクセントが聞こえてきた。見ると制服を着た女性たちである。ホンジュラスやメキシコ、ニカラグアからきた彼女たちはみな、一流企業が集まるビルのジャニター、すなわち清掃労働者だった。彼女たちの権利をまもろうと、全米サービス従業員組合

(Service Employees International Union＝ＳＥＩＵ）が進めている運動「ジャニターに正義を（Justice For Janitors)」の存在を知ったラヴァティは、英国のローチにそれを紹介、企画がはじまったという。組合や多くの労働者に聴きとりを重ね、95年に最初のあらすじが完成、98年にクランクインした。

「ジャニターに正義を」運動の起点は１９９０年6月15日、、ロサンゼルス西部のオフィス街「センチュリー・シティ」で、処遇改善要求のデモをしていたＳＥＩＵ所属のジャニター約５００人と支援者たちがロサンゼルス市警に襲撃され、おびただしい労働者が逮捕、重軽傷を負わされた大弾圧である。プラカードを手にシュプレヒ・コールを上げる丸腰の労働者たちに、警棒を手にした官憲が襲いかかり、メッタ打ちにする光景は全米にテレビ中継され、警察への批判、非難が沸騰した。この弾圧と、それでも闘いを続ける労働者たちの姿は、ドキュメンタリー映画〝Justice for Janitors : Yes We Can〟を引用する形で作品にも流れる。本作にもこのときの闘いの記憶が刻みつけられている。

映画はケン・ローチならではのザラついた質感の映像ではじまる。国境警備の目をかいくぐるため、人をすっぽりと覆い隠すほどに生い茂った草木のなかを手探りで歩きながら、ブローカーが待機させている米国行きの車へとわれ先にと向かうメキシコ人たち。手持ちカメラのゆれが醸し出す息苦しい空気は、故郷での閉塞した生活と同時に、これからの生活が決して希望に満ちたものではないことを暗示している。マイクロバスに荷物のように積まれ、米国へと送りこまれるひとりが主人公のマヤ（ピラール・パディージャ）である。米国に渡り、故郷の家族への仕送りを続けてきた姉ローサ（エルピディア・カリージョ）を頼って、アメリカに密入国してきたのだ。妹の強引な来訪に困惑しつつもローサはマヤに仕事を紹介する。それは呑み屋のウェイトレスだった。だが勝気なマヤは、酔客からのハラスメントを受け流し、笑顔を振りまいて給仕することなどできない。彼女は姉と同じ清掃員になろうとする。

ビル内の事務所でローサが管理責任者ペレスと交渉する間、マヤは敷地外で待つよういいつけられる。敷地の端でぶらつく彼女を、おそらくはアフリカ奴隷の子孫である黒人の守衛が追い払おうとする。先にきた者にとってマヤはみずからの世界の安寧を脅かす存在でしかない。新天地に立った者たちが抱く期待と不安を抱え、そのキャリアの原点になるかもしれない巨大なビルを見上げる小柄なマヤをとらえたショット。彼女の前に聳《そび》えるビルとはまさに彼・彼女らを搾取する資本の象徴なのだ。

このショットに私が想起したのは（ルポライターの鎌田慧さんもたしか同じことを指摘していたと記憶する）、第一次世界大戦に伴う好景気の反動が影を落としていた１９２０年代の日本で、あるダム工事現場の労働者がセメント樽の中から見つけた1通の手紙だった。

――私はNセメント会社の、セメント袋を縫う女工です。私の恋人は破砕器へ石を入れることを仕事にしていました。そして十月の朝、大きな石を入れるときに、その石と一緒に、クラッシャーの中へ嵌りました。

仲間の人たちは、助け出そうとしましたけれど、水の中へ溺れるように、石の下へ私の恋人は沈んでいきました。そして、石と恋人の体とは砕けあって、赤い細い石になって、ベルトの上へ落ちました。ベルトは粉砕筒へ入っていきました。そこで鋼鉄の弾丸と一緒になって、細かく細かく、はげしい音に呪いの声を叫びながら、砕かれました。そうして焼かれて、立派にセメントになりました。

骨も、肉も、魂も、粉々になりました。私の恋人の一切はセメントになってしまいました。残ったものはこの仕事着のボロばかりです。私は恋人を入れる袋を縫っています。


プロレタリア文学作家、葉山嘉樹（1894―1945）の短編小説「セメント樽の中の手紙」（1926年）の一節である。[*1] 労災事故で26歳の生涯を終えた恋人を思い、セメント樽の中にそっと忍ばせた、ある女性の手紙が導く怒りと絶望、そして悔恨と無力感の物語……。

ヒスパニックたちを無権利労働者として呑みこんでいく大都会。世界一豊かな国の象徴ともいえる摩天楼の巨大なビルディングの中にも、労働者の血と肉と骨が練りこまれている、あるいは世界の不正がそこに埋め隠されている。そのコンクリートで築かれたオフィス・ビルをビジネス・パーソンたちが闊歩する。みずからがそこにいる根拠を問い直す必要すらない、それら国民たちが残した汚れの数々を払い落とすのが不法移民である。存在自体を「違法」とされた者たちが、国民様たちがアフターを楽しみ、休息している夜間にその掃除をする設定はあまりにも皮肉である。

彼・彼女らは、職制や経営者から「いつでもクビにできる」との脅し文句を突きつけられ、搾取構造の最底辺に置かれている。出入国管理制度に則らずに越境する者たちを不法移民としてとり締まる一方で、国の制度によって無権利労働者に「されている」彼・彼女らをしゃぶりつくし、使い捨てることで「この世界」は成り立っている。グロテスクの極みである。

そのご都合主義は、「この世界」に属している日本も例外ではない。政府は一貫して「労働市場の安定のため、海外からの単純労働者は受け入れない」と、外国人労働者の受け入れを拒むスタンスをとってきた。だが、土木工事などのいわゆる「3K」現場での労働力不足が深刻化すると、入管や警察当局は観光ビザなどで入国した者の就労（資格外労働）を黙認、暗黙の「ぬけ道」を用意してきた。

長野五輪（1998年）に向けた競技施設や道路の建設現場で、多くの外国人労働者が働いている実態を長野県警や入管当局が放置してきたのはその端的な例である。二重基準による搾取の黙認だった。さらに絶句するのはこの後の対応である。工事がほぼ終了すると長野県警は一転して摘発に乗り出し、数百人を検挙、国外に追い払ったのだ。人間を使い捨てにする薄汚い意図を糊塗するかのように、県警はこの迫害行為をあろうことか「ホワイト・スノー作戦」と名づけた。

さすがの日本政府もこんな「慣行」は対外的に拙《まず》いと考えていたのだろう。89年以降、「合法的」な労働力調達ルートを整備していく。それは「日系3世」を対象にした就労制限の撤廃、労働法規にまもられぬ働き手「研修生」の創設、「留学生」に対する一定枠のアルバイト許可、そして米国務省の人身取引に関する年次報告書でも、強制労働などの問題が指摘され続けている「外国人技能実習生」の導入などである。受け入れの条件に「血筋」を持ち込む1番目は発想それ自体がレイシズムである。2番目以降については働く者たちの権利など端から無視した経営者の「裏道」づくりというほかない。「合法的」ルートの整備とは、いわば奴隷労働の制度化だった。*2

ローサの交渉が実り、念願の（！）清掃員の仕事を得たマヤの、ジャニターとしての日々がはじまる。本作で注目すべきは、言語の「権力資源」としての機能だろう。異郷（本来、LAとメキシコに境界はなかったが）での暮らしに忙殺されるマヤは、ひとときの安らぎを得るため同郷者たちのパーティーに顔を出す。ヒスパニックで構成されたバンド「ロス・ホルナレロス・デル・ノルテ」――彼らは実際に、「ジャニターに正義を」キャンペーンの一翼を担う音楽集団だ――は「北部の日雇い労働者のために」と前置きしてスペイン語でこう歌う。

英語を習いはじめたよ、仕方がないもの
悪魔の白人と戦うにはことばが必要だから
仕事場ではヤツらにこき使われてばかり
なぜって俺が英語を話せないから
白人のボスは俺に怒鳴り散らす
〝おまえらウェットバックはなにひとつできねえ〟　（訳：ＤＶＤ版字幕より）

ウェットバック（濡れた背中）とは、中南米からの不法入国者を指す。体に荷物を縛りつけ、米墨国境のリオグランデ川を命がけで渡ってくる彼・彼女らの姿を揶揄した蔑称だ。軽快なリズムに乗って放たれることばの数々には、気位を露わにしては生きていけない日常への怒りや恨みがこびりついている。まるで米国の黒人奴隷とその子孫たちが歌いついできたブルーズの数々や、京都の被差別部落で歌いつがれてきた守り子唄を思わせる。

〝なにひとつできねえ〟と日々侮辱される人びとにとって英語とは、よりましな生へのチケットである。英語とは「力」なのである。だからそれは既存秩序への参入であり、誰かを踏みつけることと表裏一体なのだ。たとえばマヤたちを怒鳴り上げ、権力を誇示するかのように意に沿わぬ者たちを馘首するペレスである。彼は明らかにヒスパニックなのだが、彼が中南米からの移民を恫喝することばはスペイン語ではなく英語である。そして彼は英語を話せても、読み書きはほとんどできない。現場の最大権力者である彼も貧困層のヒスパニック社会から、もしかすると「不法移民」として米国での生活をスタートさせ、巨大資本の掌の上、あるいはそこですらない番外地での生存競争におけるとりあえずの「勝ち組」として、いまの地位をつかみとったのかもしれない。

資本主義構造のなかで「生き残る」とは、得てして他人の生を貶めることと同義である。巨大資本と富める者をさらに豊かにするために、弱い者がより弱い者をたたく非人間的な構造である。それを、まさに新自由主義の本丸で告発するのもケン・ローチらしい。

ジャニターの「制服」を着れば、不法移民のマヤはビル内でも「透明人間」となる。現業労働の再底辺を担う非・国民たちは、存在すら気にかけられない、「この世界」という舞台の黒子なのである。私が思い起こしたのは、2001年9月11日の出来事だった。ミサイルと化した大型旅客機が朝のWTCに突っこんだとき、あの場にいたのは国民だけだったのだろうか。颯爽とビル内を行きかうビジネス・パーソンの足元にしゃがみこみ、床にこびりついたガムをヘラではがし、得体の知れぬ汚れをモップで拭きとるマヤのような清掃労働者や、レストランの厨房奥で、油煙に濡れながら調理や皿洗いに従事する者はいなかったのだろうか。もしいたとすれば、彼・彼女らの死は愛する者たちにどのように伝えられたのだろうか。もし死者のなかに彼・彼女らがいたとすれば、グラウンドゼロでの追悼式典で、そのような者たちの名前は呼ばれているのだろうか――

そんなある日、仕事をするマヤの前に、ひょろりとした白人男性が飛び出してくる。労働運動家のサム（エイドリアン・ブロディ）である。無権利労働者であるマヤたちをオルグするため、ビルに忍びこんでいたのだ。サムはマヤが床に塗っていたバケツ入りのワックスを廊下に撒いて、追っ手たちを転倒させると、搬出されるゴミ箱に隠れてビルの外に脱出する。

シリアス極まりない内容でありながら、その合間にはまるで波状攻撃のように笑いが盛りこまれている。それは弱者が権力をからかう民衆のしなやかな笑いである。そこに私は、ケン・ローチが２００３年、15回目となる「高円宮殿下記念世界文化賞」を受賞した際の逸話を思い出す。スポンサーの筆頭はフジサンケイグループ。主催の日本美術協会は皇族が総裁を務め、会長は中曾根内閣の相談役で、元大本営参謀の瀬島龍三だった。しかも「国鉄処分」を強行し、日本最大の革新労組「国鉄労働組合（国労）」を潰し、日本の労働運動そのものを崩壊に追いこんだ中曾根康弘その人も顧問を務めている。同賞を受けたローチに対しては、私の周辺でも幻滅を口にする者が少なくなかった。ほかでもない私も一報を聞き「堕落したのか？」と思ったひとりだ。だが違った。授賞式で来日した彼は、そのときも不当解雇をめぐって闘いつづけていた国労闘争団に賞金の一部を寄付したのだった。「ナカソネたちからの賞金を民営化に抗う人たちにカンパするのはなかなかいいよね」と笑いながら。*3

新自由主義、そして商業映画の総本山で、労働者たちの闘いを撮ることも含めて、彼は「悪戯坊主」なのである。そして劇中の笑いは、怒ることすらできなかった「不法移民」たちの屈辱の軌跡や、資本との笑うしかない圧倒的な力の差をも表現する。

一本気で誠実だがやや軽率なサムは、マヤが身を寄せるローサの家にまでやってくる。組合に加入した者と比してあまりに劣悪なマヤたちの処遇を説明し、もし組合員になれば状況は改善すると力説するサムをローサは拒絶する。「〝もし〟なんかいらない！　クビになるチャンスも！　私たちは最低に貧しいけど精一杯生きてるのよっ！」。メキシコの親族を養うために「密入国」し、遮二無二働きようやく自分の家を手にいれた。だがいまも、彼女に医療保険はない。糖尿病を患う夫はまともな医療も受けられず、働けない彼と二人の子どもの暮らしは彼女の稼ぎにかかっている。そんな彼女のリアリティである。

彼女の軌跡には「もし」や「たら」は存在しない。ローサはサムを一喝する。「あんたや組合の金持ち白人になにがわかるの？　私は誰も信じない。信じるのは自分だけ。出てって。ここは私の家よ」。国民と不法移民の間に、安直な共同性など存在しない。だがマヤは違う。何度目かの遅刻と眼鏡を忘れたことを理由に、ペレスが年老いた労働者テレサをクビにしたことへの怒りから、サムを職場に招く。彼・彼女らは権利を奪われたみずからの境遇と不当性を知り、行動に移っていく。

ケン・ローチ作品の定番、陰鬱なイギリスの灰色の空とは打って変わった西海岸のカラリとした風景を舞台に、サムとマヤの恋路をからめながらドラマは展開する。だが、ケン・ローチは、国民と非・国民の「一足飛び」の「連帯」など描きはしない。たがいの立場をうやむやにした「共闘」は、得てして大目的を前にした「妥協」や、多数者の論理／方針への「同化」をほかでもない少数者に求めてしまう。底辺労働者やマイノリティの闘いを描いてきた彼は、より良い生をめざすはずのつながりが、新たな「抑圧装置」に転じてしまう場面をいく度となく見てきたのだと思う。

能天気なサムに「待った」をかけるのは、マヤが口にする「リスク」のひと言だ。不法移民の底辺労働者であるローサやマヤと、米国民の白人で大卒のサム、両者の立場はあまりにも違うが、彼はその深く長い溝への想像力が欠けている。ジャニターとして16年間働き、エルサルバドルの娘に仕送りをしてきた老女がサムの不手際でクビになったとき、マヤは彼にこういう。「あなたのリスクはなんなの？」。だがサムはことばを返せない。すべてを失うリスクを負う者たちに闘いを勧めつつも、彼女らと自分との「非対称性」を指摘されて二の句が告げないのである。彼は真摯だがあまりにも「軽い」のだ。

サムの横っ面をひっぱたきながら、ケン・ローチは本作を観るその社会のマジョリティにこういっているのだろう。彼女たちは決して、学のあるマジョリティたちに同情され、哀れまれ、「救済」される存在ではないのだ。低賃金で酷使され、踏みにじられる者たちの権利は、彼女らの外部からやってきた国民によってもたらされるのではない。彼女たちは誰かに助けられる客体ではなく、彼女たち自身が解放の主体なのだ。それをたがいが自覚したときに初めて、「私」は「私たち」となりうる。その「つながり」のなかでこそ、個はさらに覚醒の度を深めていく。暮らしの場から「ＮＯ」をいう者たちの連帯によってのみ歴史は転換され、「生きるに値する世界」が開かれていくのである。

本作のタイトルとなった至言もまた、そのようなつながりのなかから生まれてきた。１９１２年、羊毛工場で働くヒスパニック女性たちが、経営者の一方的な労働条件切り下げに抗議して、こう叫んだのだ、“We want bread, but we want roses too”、人間が人間として生きるには、パンだけではない、バラ（尊厳）が必要なのだと。

その命からの叫びが次代の闘いに絶えることなく引き継がれ、人間の尊厳を求める者たちによって新たな命を吹き込まれてきたのだ。この瞬間にこそ「人間の解放」がある。「労働運動」とは本来、まさにそのような場だったはずなのだ。経営者との「ボス交」や、政治道楽にウツツを抜かすなかで、運動自体も生活保守の下支えになりさがり、労働組合は本来の力を失い、無残に堕落していったのではないか（日本の労働運動、とりわけ「連合」の批判でもある）。

私が私たちになった「闘いの場」。そこには「違い」を見つめぬき、一段高い「つながり」を獲得したマヤやサムの姿がある。ジャニターたちの連帯が広がり、「不法移民」たちが立ち上がっていく。国によって「不法な存在」とされたからといって、レッテルを貼られた者たちがそれを内面化する必要などない。ビザの印が押されてなくとも、そもそも旅券自体がなくとも、われわれは権利の享有主体である。不当な扱いには声を上げ尊厳ある処遇を受ける権利がある――

運動が勢いづく一方で、ケン・ローチは踏み切れない者の立場にも目を向ける。組合活動を毛嫌いするローサ、そして英語もままならぬロシア移民マリーナもいる。不正と矛盾にがまんして遮二無二働けば、もしかすると4畳半程度の「アメリカン・ドリーム」は実現するかもしれない。それでも究極のリスクを負ってその構造自体に「否」を突きつけるのか？　その葛藤は、米国で弁護士になることを夢見て、つらい日常に耐えてきたマヤのボーイフレンド、ルーベンに象徴される。

組合運動を促すマヤにルーベンはいう。「こんなことでチャンスを失いたくない」。彼はあと少し稼げば大学にはいれるのだ。そんな彼にマヤはいう。「いま、行動しないと永遠に状況はこのまま。テレサがクビになったとき、あなたなんていった？『おふくろに似ている』と。私が闘う理由はそれよ。

姉はこの国にきてから1日16時間働いている。1日も休まず、夫は糖尿病だけど健康保険がないから。4千万人もの人に健康保険もない。世界一の金持ちの国で。私が闘う理由は彼らの子を育てても、彼らが私たちの正当な権利を盗んでいくから。そのことは絶対に忘れない」。説明調に読めるかもしれないが、セリフとしては決して無理はない。

ビル経営者のランチに乗りこんで不当な処遇を訴え、清掃会社の管理部長宅の窓辺で歌って踊る。大規模なデモをくり返し、会社の事務所に400枚ものファクスを送る――。次第に「過激」になっていく抗議手法は、周囲との摩擦をも激化させていく。そしてサムは、ビルのオーナーでもある有名弁護士のパーティー粉砕を計画する。ワイングラスを手にオードブルをつまむセレブたち――おそらくはジャニターの姿など見えない者たち――の世界に、「透明人間」たちが掃除機を手に乱入する場面は痛快である。だが「自由な表現」の代償は大きかった。妨害は成功するが、内部からの密告で「下手人」のうち数人がクビになってしまう。マヤはロシア移民マリーナを「犯人」とにらみ、彼女を問いつめるが、なんとか身につけつつある英語で彼女が告げた裏切り者は、マヤの姉ローサだった……。

それは事実だった。マヤから「裏切り者」と罵《ののし》られたローサは、堰を切ったように、誰にもいえなかった胸の内をぶちまける。故郷の家族を支えるために、実は体を売っていたこと。子どもたちの父親はそれぞれ違い、誰かわからないこと。突然やってきたマヤを働かせるために、ペレスにもみずからのからだを差し出したこと。それらすべてを夫は知りながら、働けぬわが身を省みて沈黙していること。そしてなによりも、故郷の家族がその事実を知ろうとせず、ローサの孤独と惨めさに声ひとつかけてくれなかったことを。そして泣きながら絶叫するのだ。「こんな世界、大っ嫌い……」。タイトルの「ブレッド&ローズ」のローズとは同時に、このローサ（スペイン語で「バラ」の意）のことであり、パンのために身を売る無数のローサたちのことだ。

みずからの思いを投げつけ、傷つけあった姉妹が、もう二度と会えないかもしれない状況に落ちこみながらもたがいへの深く、強い愛を確認する。その「つながり直し」のドラマを軸に、苛烈な現実のなかで生をつむぐ人びとの逸話の数々が、デモシーンを挟んでつづられていく。ケン・ローチの作品には珍しく、観終わった後には一抹のさわやかさも残る。とはいえハリウッド的な感情の消費には終わらない。本作はローチが初めて（そして現在のところ唯一）米国で撮った作品だが、資金は英・独・西から集めている。「多数者の欲望」に寄り添うことを求める「米国映画の常識」との闘いに、無用な労力を傾注することを避けたのだろう。

公開に寄せたメッセージで、SEIUのアンドリュー・スターン会長は本作を「登場人物のみがフィクション」と讃えた。そこには事実を超えた真実があったからだ。そしてほかのケン・ローチ作品同様、キャスト（登場人物）も職業俳優だけではない。実際にその仕事を経験し、役柄と同様の体験を経た者が多数起用されている。なかにはエルサルバドルの左派組織の主要メンバーだった者もいる。劇中ではデモで逮捕された者たちが、取り調べに当たった警察官に対し、黙秘の代わりに中南米諸国の英雄たちの名前を名乗って抵抗する場面（メキシコ革命の立役者、エミリアーノ・サパタと、ニカラグアの反米闘争の先導者、アウグスト・サンディーノである！）があるが、ケン・ローチはおそらくこう思っているのだ。「あなたたちこそが英雄なのだ」と。

映画には後日談がある。本作が1990年の闘いに触発されたことは冒頭にも述べた。そして本作の公開を祝福するように、今度は現実が映画に追いついた。撮影の完成とほぼシンクロする形で進んでいた「ジャニターに正義をキャンペーン2000」が全米に広がり、10万人ものビルサービス労働者が健康保険と賃上げ、フルタイム化を勝ちとったのだ。労使協調路線に埋没し、存在意義を失っていた米国の労働運動が、不法労働者という「異端」たちの闘いによって新たな一歩を踏み出したのだった。ケン・ローチにとって映画を撮るとは、創作活動による現実の歴史への参画にほかならない。それを地で行くエピソードだった。


「パンは必要だがバラの花だって必要だ。人生を彩る美しいものが」

「頭を下げるのをやめて手をつなごう」

「自分の権利を勝ちとるんだ」

「バラは無償ではない」――


これらはその闘いで、再び命を吹き込まれたことばたち、「不法移民」たちがオフィス街で唱和した闘いのスローガンである。彼・彼女らの武器は「正義」、「人権」、「尊厳」である。これらのことばは、それしか現状を開く契機をもちえない者たちの闘いのなかからこそつかみ出されなければならない。その先に浮かび上がるものこそ、あるべき、そして来たるべき「もうひとつの世界」である。

註

＊1　角川文庫版（２００８年）から引用。

＊2　その後も歪な「労働力調達」は続いている。２０１８年11月には、新たな立法措置で技能実習制度を延命。その上で政府は、19年４月、実習制度と接続される「新たな在留資格」、「特定技能」を設けた。建設、造船、農業、漁業など14業種での単純労働を認める１号と、うち５業種で家族滞在や在留期間更新が可能な２号からなる外国人労働者の事実上の解放である。法案審議を通して、技能実習制度をめぐる数々の問題、原発の除染作業にまで「技能実習生」が使われている実態や、「労災事故」の多発、自死事案の異常な多さなどが明らかになったが、なんの対策も設けずに、である。今回は正面から労働力受け入れを掲げた初の制度になるが、安倍首相らは、あくまで移民受け入れではないと強弁している。

＊3　その経緯は以下 http://www.jrcl.net/frame031124b.html など。

3 『この自由な世界で』

この「恥」なき世界で〔2012.10〕

監督：ケン・ローチ
脚本：ポール・ラヴァティ
出演：カーストン・ウェアリング 他
原題：It's a Free World...
製作年：2007年
製作国：イギリス・イタリア・ドイツ・スペイン合作

ケン・ローチが描き続けてきたのは、失業者や、合法／不法の移民、難民たち、そしてシングルマザーら、経済／社会構造の底辺に沈められた者が生きているこの社会の現実である。底辺で「よりましな生活」を求めることは得てして、さらに厳しい状況にある者たちを搾取することや、同じ階層に蠢《うごめ》く競争相手をひきずりおろし、その位置を奪いとることを意味する。マイノリティが椅子とりゲームに勝利する「秘訣」は、人が手を出さない分野に先んずること（すなわち危険をいとわないこと）、そしてみずからの行為を正当化、合理化すること、言いかえるならば「恥」を忘れ、倫理感を棄て去ることである。

社会の片隅に生きる人びとの物語を通し、彼はその構造を可視化してきた。彼の原動力は資本家や権力者への「怒り」であり、別の世界を展望する「理性」である。そして彼は同時に、「人は他者とつながれる」との信念をもっている。彼は夢見ているのだ、社会階層や属性によって隔てられた者たちが出会い直し、権力者の物語ではない「歴史」が書かれるときを。ヒリつく筆致で描かれた、ときに正視しがたいほどの過酷な物語は、得てして悲劇的な結末を迎えるが、それでもなお、彼の作品が観る者を惹きつけてやまないのは、「いつか」を夢見る「意志の力」、みずからを問い直す「理性の力」がその作品中に脈打っているからなのだろう。

その作品は、「恥」を忘れた官民のポピュリストたちが、歴史的思考のカケラもないマス・メディアにもて囃される[*1]この日本社会の荒廃を映しだす鏡でもある。彼らが進める競争至上主義、社会的弱者切り捨ての発想が、どれだけ人間を堕落させ、荒廃させるか。『この自由な世界で』は、それを示す格好のテクストだ。キーワードは登場人物の口をつく「恥」である。

ポーランドにあるイギリスの職業紹介所の面談場面で映画ははじまる。担当者の机の前に並ばされた人びとは、紹介所の女性職員によって次々と仕事を斡旋されていく。彼らの表情には不安と祈りが張りついている。看護師や教師など専門職の経験をもつ人も少なくないが、求人は建設や介護の現場でのいわゆる「3K」労働ばかり。故郷で培った知識と経験への敬意はもちろん、そこで得た働く歓びなどまるで無視した彼らの態度に、人びとは顔色と表情を失っていく。まるで「自尊感情など今後の生活の障壁でしかない」とのメッセージを送るように。これが紹介所による職場教育の第1弾なのかもしれない。

みずから「人買い」に出向いて、まな板の上に乗せた鯉のように、目の前の人間を次々とさばいていく女性が本作の主人公、アンジー（カーストン・ウェアリング）である。描かれない来歴がそうさせるのだろう、実力本位、強気、攻めをポリシーにしている彼女は、ある日、呑みの席で、ヒップに手を伸ばしてきたセクハラ上司の頬を張り飛ばし、おそらくはやっと見つけたその職場をクビになってしまう。

移民の将来をまるで神のように振りわけ、冷徹にふるまうと思えば、英語を多少話す青年には親近感を露わに「好条件」の仕事をまわしたりもする。そんな彼女も、家に戻ればローンに追われる33歳のひとりの女性である。高等教育を受けたはずなのに、非正規雇用者として貯金もできないまま、ただ年を重ね、将来への不安と焦りをふくらませてきたのだろう。「当たり前」の行為の代償として食いぶちを失ってしまった彼女は、ルームメイトのローズ（ジュリエット・エリス）にみずからが温めてきた起業計画をもちかける。ローズも高学歴ながら仕事がなく、いまはコールセンターで働いて、なんとか口に糊している状態だった。

アンジーのアイデア、それは東欧からきた労働者たちを対象にした人材派遣業だった。日本で言うところの「人夫出し」、あるいは「手配師」[*2]である。ローズは二の足を踏む。無理もない。立場の弱い者たちからの搾取で成り立つ仕事である。それぞれの事情を抱えて越境し、少しでも稼いで帰りたいと思っている人たちの上前をかすめとる行為にはトラブルがつきものだ。競合する同業手配師たちは海千山千の連中である。なかにはアウトローの息がかかった者、あるいはそのもののヤクザもいる。「成り上がり」をめざせば彼らににらまれ、危険な局面に出くわす可能性も高いはずだ。しかしアンジーは、後のない人間特有の強引さで、渋るローズを丸めこむ。

そこまで無茶をする動機はほどなく明らかになる。実はアンジーはシングル・マザーなのだ。最愛のひとり息子ジェイミーは父母の家に預けている。稼がなければ同居もかなわない。子どもと幸せに暮らしたいという切ないまでの思いが彼女を「吸血鬼」にしてしまう。

辛酸をなめ続けてきたであろうシングル・マザーに残るアドバンテージは、「国民」であること、それ一点。就労も自由だし、資金さえあれば起業だって簡単にできる。政治への意思表明の権利、言いかえれば政治家と出会い、うまくいけば自分たちのために動いてもらう「根拠」だって存在する。なにより「先進国」の国民である彼女は、低賃金労働力がひしめく東西欧州各地を自由に往来できる。国民とはひとつの特権にほかならない。

だからこそ、アルバニアからベルギーに移住し、国籍取得のため麻薬中毒者と形だけの結婚をするアルバニア人女性の苦悩を描いた『ロルナの祈り』（ジャン・ピエール&リュック・ダルデンヌ監督、2008年、ベルギー・仏・伊）など、「偽装結婚」をモチーフとした作品群が存在する。在日朝鮮人への差別を扇動する日本のレイシストたちが「日本に住む日本国民である自分」に依拠して声を張りあげるのも、意識的、無意識的にかかわらず、居住国で国民であることの特権性を自覚しているからだ。逆に言えばそれしかないことへの潜在的恐怖と劣等感が、あの攻撃性につながっているのだと思う。

国民の「強み」を活かして彼女は「敗者復活戦」に参入する。役割分担は決まっている。ローズは事務作業を、アンジーは渉外を担当する。レザー・スーツに身を包み、バイクで営業にまわる。「セクシー」で「哀れなシングル・マザー」であることも武器として、ゲリラ戦で次々と顧客を開拓していく。

「自立」、「競争」、「自己責任」……新自由主義のキーワードを体現するアンジーの日常がつづられ、本作のタイトル「この自由な世界で」（原題："It's a Free World…"）の意味が浮上する。ここでいう「自由」とは、より弱い者たちを食らい、肥え太っていく自由である。

斡旋する外国人労働者は、経営者の都合でいつでも雇えて切れる存在である。アンジーとローズが主催する人間市場は、ふたりが行きつけているパブの裏にある空き地で開かれる。その日のシノギを求めて集まってきた国籍も言語もバラバラな人びとをアンジーはときに怒鳴りあげながら、まるでとれたての魚や野菜のように振りわけ、ワゴン車に詰めこみ、現場へと送り出す。社会保障もなければ賃金も言い値、経営者にとっては究極の「買い手市場」である。

労働現場に「沈め石」を供給する彼女の行為は、「国民」をも含めた全体の賃金水準を抑えることにつながっている。イギリスと同じ「先進国」である日本もそうだ。前項でも述べたように、いわゆるバブル期の人手不足に悲鳴を上げる経営者たちに押される形で、日本はそれまでの「単純労働者は受け入れない」との方針に例外を設け、いわゆる「日系人」に対して職種制限を設けない定住ビザを出した。その後、バブルは崩壊したが、なおも人員確保に苦しむ経営者たちに政府が用意した「労働力」がアルバイト労働者としての「留学生」であり、技能実習生だった。「若者が働きたがらない仕事」[*3]があるのなら、賃金水準を筆頭にその環境を改めるのが筋だと思うが、この国は労働者の非正規化と外国人労働力の導入を通じて企業の支出削減をサポートしてきた。徹底した低賃金の維持である。私はここに労働者の「売り手市場化」を防ぎたい経営者たちの本音を見る。いく重もの意味でアンジーとローズは、労働市場の最底辺から資本家を応援する、搾取構造の補完物なのである。

「勝ち組」たちの靴底に、まるでドロのようにへばりついて生きる女性ふたりが、「非・国民」の弱みにつけこんで、搾取を重ねていく。派遣先の工場に出向き、経営者が「働きが悪い」という者たちをクビにするのもアンジーの仕事である。本来なら社会的弱者同士、たがいの境遇を分かちもち、つながれたかもしれない彼女が、ほかでもないその移民たちを食い物にして、彼・彼女らのやり場のない怒りと恨みの対象となる。それはこの日本社会も同じだ。ゆがんだ回路でしか、私たちは彼・彼女らと出会えないのだろうか？　「アンジー&ローズ職業紹介所」の会社のロゴが「共生」を意味する虹なのは皮肉というほかない。

そんなある日、アンジーはシャツ工場の経営者から「不法移民」の斡旋を勧められる。以前とは違い、移民労働者が「EU憲章だのと『権利』を口にするようになりやがった」とこぼす彼は、「(立場の弱い)不法就労者は従順でいい」と語る。躊躇するアンジーに彼は、不法移民斡旋の罰則が有名無実となっていることを示す新聞記事を見せるのだった。

1度は拒んだアンジーだが、結局、「不法移民」の売買に乗り出す。契機は、弾圧を逃れてイランから入国したマフムードとの出会いだった。イギリスへの難民申請は却下され、一家はいまや不法滞在者である。入管に捕まれば、処罰の待つイランへの退去強制は必定である。通報を恐れるマフムードは、ふたりの娘、11歳のシャーデーと9歳のシーヴァに学校を辞めさせ、都会の片隅で息を殺して暮らしていたのだ。そんな一家の苦境に心動かされた彼女は、不法移民たちが肩を寄せ合うトレーラー・ハウスを一家にあてがい、ついにビザの偽造と就労斡旋に踏み出してしまう。ジェイミーと同じ年頃の子どもを目の当りにして、アンジーの母としての情が出たのだった。不法滞在者への職業斡旋は最長で実刑5年が定められた犯罪行為である。「マザー・テレサにでもなったつもり！」ととがめるローズをアンジーは、ちゃっかり保存していた例の新聞記事を使ってやりこめる。

アンジーをして一線を越えさせたのは金銭欲ではない。優しさだった。「善意」を水先案内人にして泥沼にはまっていく彼女の姿は、目の前の人を助けたいという「人間性の発露」すら大口を開けて呑みこみ、さらなる搾取へと接続していく、「この自由な世界」の強固でグロテスクな構造をもえぐり出す。一線を超えれば後は転げ落ちるだけ。豊かさへの欲望と喪失への恐怖が彼女を後押しする。魑魅魍魎《ちみもうりょう》が跋扈《ばっこ》する同業他社のクセ者たちと競合し、より低賃金で仕事をとり、最後は首をタテに振らざるをえない移民たちの窮状につけこみ、その労働力を買いたたき、転売し、なけなしの賃金の上前をかすめとる。「私たちはチャンスをあげているのよ！」、「私たちは感謝されるべきなのよ！」とみずからに言い聞かせ、欺《あざむ》きながら。「ただ幸せになりたかった」との思いがさらなる悪行を呼びこんでいく。すでに「アウトロー」の世界を生きる彼女は、さまざまな危険と隣り合わせにある。派遣先には未払いで逃げられ、賃金を払えなかった労働者に路上で襲われ、「泥棒！」と書いた紙に包んだ石が自宅の窓ガラスを破って飛びこんでくる……。「復讐」の矛先はジェイミーにまでおよんでくる。

そんなときに飛び込んできたのが45人の手配依頼だった。人数の確保は十分可能だ。でも彼らが雨露をしのぐ場所が足りない。アンジーの脳裏に浮かんだのは、不法移民たちが暮らすあのトレーラー・ハウス。しかしあそこにはマフムード一家が住んでいるのだ。彼女は携帯電話を手にする。かけた先は入管である。そして彼女はついに、みずからの拠り所だった最初の、そして最後の人間性すら汚泥の中に投げこむのだった。

娘の仕事を知った父の「おまえとジェイミーさえよければほかは地獄に落ちてもいいのか?」との問い。アンジーの小さな拠り所だったが、最後は「移民」として生きる屈辱を打ち明けて、故郷へと戻っていく、ある移民青年のまなざし。みずから加担している行為の疚《やま》しさに耐えられなくなり「私は恥ずかしい」と語って去っていくローズとの別れ。故郷への仕送りを搾取された者たちの仕返し……。何度もあったはずの「生き直し」の機会を手放したアンジーは、己の「恥」を糊塗するため、さらなる自己正当化（＝嘘）を求めていく。

彼女の姿を通し、ケン・ローチは静かに問う。他人を踏みつけてのし上がる行為を「成功」と呼んでしまうこの社会の恥を。そしていうのだ。「われわれは、生き直すべきではないのか」と。脚本は『ブレッド＆ローズ』と同じ盟友、ポール・ラヴァティ。ケン・ローチ作品特有の、魅力と度しがたさを併せもった人間像を的確に描きこんでいる。

観終わった後に残るのは、鉛色の空のようなわだかまりと、問いである。それは欧州から遠いこの日本社会の「恥」にも接続されていく。植民地朝鮮の人びとを人間ではない「労働力」として呼びこみ、内地人の5〜7割程度の賃金で酷使し、大戦末期にはまともな賃金も払わずに死と隣り合わせの強制労働にまで就かせたあげく、敗戦後は本人の意思確認もせずに日本国籍を失わせ、なんの補償もせずに放り出したこと。その歴史的責任をなんら総括することもなく、財界の都合で再び海外から労働力（「日系人」）を「輸入」し、不況になれば「帰国支援」と称する「手切れ金制度」[*4]を設けて国外追放を目論んだこと。後を絶たぬ不当労働行為や人権侵害事件への対策をとらぬまま「技能実習生」という奴隷制度を維持し、新たに看護、介護労働者を「輸入」し、恥を上塗りし続けていること。*5

浮かび上がるのは、近代国家としてスタートして以降、この国はみずからの社会の底辺を支える存在としてのみ他者をとりこみ、人権の享有主体として遇してこなかった事実である。英国を舞台にした本作は、この「自由な社会」とそれを看過している私・私たちの政治的な責任、言いかえれば私たちが逃れることのできない国民としての「恥」をも射程に収めているのだ。

註

*1 本稿執筆は2012年10月。タレント弁護士出身で、新自由主義者、競争至上主義者の橋下徹氏（当時、大阪市長）がメディアの寵児だった状況を指す。彼は「慰安婦問題」について「慰安婦が軍に暴行、脅迫を受けて連れてこられた証拠はない」と発言しており、同年9月には、「元慰安婦」の金福童さんが発言の撤回と謝罪を求めて大阪市役所を訪れたことが報じられていた（結局、面会は実現せず）。この人物が立ち上げた地域政党は、2019年6月現在も大阪府・市議会では単独与党。頓挫したはずの「大阪都構想」の是非を掲げた今年4月の府知事、市長ダブル選挙でも、オール野党候補を抑えて圧勝している。

*2 「人夫出し」とは、宿舎などに労働者を住まわせ、業者からの要請に応じて建築現場に必要人数（出面）を派遣、業者の支払いから一定料を差し引き労働者に渡す業者のこと。明らかな中間搾取（ピンハネ）で、労働基準法とは相入れない「業種」だが、休業補償や福利厚生をせず、日々の必要人員を確保したい建設業者の都合に応える形で存在している。「手配師」は「釜ケ崎」（大阪市西成区）などで日雇い労働者に直接声を

かけ、職安を通さずに現場（だから劣悪／危険労働も少なくない）へ派遣、中間搾取で生計を立てる者たちのこと。近年は携帯電話に知り合った日雇い労働者の番号をストックしておき、建設業者からの要望に応じて必要人員を確保、派遣する手法が主流という。

＊3　日本経済団体連合会「外国人受け入れ問題に関する提言」（２００４年４月14日）https://www.keidanren.or.jp/japanese/policy/2004/029/honbun.html。提言では受け入れに際しての原則として、「外国人の人権や尊厳を損ねるものであってはならない。人間の尊厳に関わるような劣悪な労働条件や生活環境、あるいは賃金などをはじめとする差別が許されないことは当然のことである」などと謳っているが、実態は真逆である。

＊4　厚生労働省による「帰国支援事業」のこと。「事業実施（09年３月31日）以前に適法に入国・在留・就労し、その後離職し」、「（日本での）求職活動を断念し、母国に帰国し再就職等することを決意」した人に対し、本人30万円、家族20万円の支援金を支給する。「当分の間」同じ在留資格で入国しないことが条件とされており、その本質は失業の長期化による生活保護受給などを防ぎたい「厄介払い」だった。

＊5　問題だらけの外国人技能実習生制度を残したまま、この国は２０１９年４月、「新たな在留資格」を導入、言語・文化的マイノリティの教育保障や社会参加システム、さらには反差別の法制度など「共生」のインフラをなんら整備することもないまま「外国人労働者」の受け入れに舵を切った（前章も参照）。

4 『そして、私たちは愛に帰る』

国境と世代をまたぐ「死と再生」の物語〔2016.11・書き下ろし〕

監督・脚本：ファティ・アキン
出演：バーキ・ダヴラク 他
原題：The Edge of Heaven
製作年：2007年
製作国：ドイツ・トルコ合作

社会階層の底辺に置かれた者が表街道からの社会的上昇をめざすならば、不可欠の要素は教育である。民族性と居住地、国籍が一致した「国民」はもちろんのこと、他郷からやってきた難民、移民にとって教育機会の獲得は、より切実な課題となる。教育がなければ、世代をまたいで続く低学歴と貧困という負のスパイラルからぬけ出すことは難しい。

ファティ・アキン[*1]監督のドイツ・トルコ合作映画『そして、私たちは愛に帰る』。2つの「異郷の死」を通して、交錯しつつもすれ違いを重ねる3組6人の親子たちが出会い直しを果たしていく「死と再生の物語」は、周縁化された者にとっての教育について描いた作品でもある。最初に登場するのは在独トルコ人1世の老人アリ（トゥンジェル・クルディズ）と、2世のひとり息子、ネジャット（バーキ・ダヴラク）だ。

アリは出稼ぎ労働者としてドイツにはいり、定住した移民1世である。

ドイツが外国人労働者の受け入れを本格化させたのはフランスなどと同様、おびただしい就労人口を失った第2次大戦の後だ。当初、西ドイツ経済の復興を底辺で担ったのは、外地からの帰還者や、敗戦で分断された東側から流入してくる「同胞」たちだった。間もなく「奇跡的」とも称される経済成長にはいり労働力不足が深刻となると、ドイツは「ガスト・アルバイター」と呼ばれる外国人労働者の「輸入」に舵を切る。まずは1955年に労働者派遣協定を結んだイタリア、60年締結のスペイン、ギリシャからの労働者がこれに続き、西ドイツ経済の最底辺を担った。いずれも白人で多くがキリスト教徒である。

だが1961年、状況は変わる。西側への人口流出に危機感を抱いた東ドイツは、突如、西ベルリンをとり囲む形で壁を設けた。91年に破壊されるまで、東西対立を象徴し続けた「ベルリンの壁」である。東側からの安価な労働力の移入が困難になった西ドイツは非・白人、非・キリスト教徒の「輸入」政策に舵を切った。61年にトルコ、そして63年にモロッコ、64年ポルトガル、65年にはチュニジアとも二国間協定を結ぶ。トルコ移民が急増したのはこの結果だ。ファティ・アキンの父もこのころ（65年）にドイツ入りしたという。おそらくはアリもこのころに出稼ぎにきたひとりなのだ。

1973年のオイル・ショックで西ドイツ政府は外国人労働者の受け入れを停止したが、ドイツの都合で「輸入」したのはロボットではない、人間だ。国家の都合で「はい、帰ってください」とはならない。よりよい生活を求めての出稼ぎである。在日朝鮮人がそうであったように、生活が長期におよべば、少なからぬ者たちが家族を呼び寄せ、生活基盤を築くのは当然である。そうして在独トルコ人は異郷で世代を重ねてきた。

一方でトルコ移民の多くはムスリムである。ドイツでトルコ人コミュニティを形成し、故郷の生活慣習を維持する。右も左もわからぬ、おそらくはことばもまだできない異郷で、さまざまな不都合や差別に見舞われながら生きるのである。良し悪しあるが、肩寄せ合い、助け合うのは当たり前だろう。それをまるで「みずからの社会」を脅かす不安要因のように妄想し、在独トルコ人への反感を抱くドイツ人も少なくない。それは国連の人種差別撤廃条約などで禁止が求められている差別や排除、暴力の扇動としてあらわれ、差別にもとづく犯罪、いわゆる「ヘイト・クライム」をひき起こす。1990年代前半には、極右によるトルコ系住民殺害事件が頻発した。[*2]「前から住む」「国民」であることに、なんらかの特権があると信じる者たちが、みずからの世界に「侵入してきた」と見なした者たちを攻撃するのだ。米国のヘイト・クライム研究における典型的な犯罪類型のひとつ、「反応型」である。[*3]

アリも「よりましな」暮らしを求めて故郷を離れ、異郷で生きぬいてきたひとりだ。深い皺が刻まれた顔、ずんぐりとしたからだはいかにもタフそうで、これまでの労働の厳しさをうかがわせる。一見柔和な目の奥には相手の本音を見逃さない鋭さ、身もフタもない表現を使えば、一緒にいると苦痛を覚えるような猜疑心が宿っている。お人好しでは食い物にされてしまうシビアな世界を渡り歩くなかで、自然と身につけたのか。妻は息子ネジャットが生まれて半年で鬼籍にはいり、しばらく後に子連れ同志で再婚したが、相手はほどなく子を連れて逃げ出したという。逃げ出した相手に同情してしまうような雰囲気を醸し出す人物である。

故郷で社会的上昇の契機はなく、アリは男手ひとつ、重労働の現場で必死に働き、ネジャットを育ててきた。それゆえ彼は息子の教育にみずからの稼ぎをつぎこんできたのだろう。甲斐あってネジャットはエリートコースを歩み、いまではハンブルクの大学で教師を務める。専門はドイツ文学だ。2つの文化の間に生まれ、ドイツで高等教育を受け、先進国の人間として主体形成された彼の複雑な立ち位置を象徴する設定は、ドイツ、トルコにとどまらず、混じりあっていく世界の現実にもつながっていく。とはいえ設定は奇抜である。たとえば在日朝鮮人や台湾人、またはブラジルやペルーから渡日した移民たちの2世が日本文学を専攻し、日本の大学で教鞭をとるシチュエーションに置き換えてみればいい。トルコ移民2世の現実を考えればさらに「ありえない」設定だと聞くが、本作では不自然にもあざとくもならない。

さて、ひとり暮らしのアリをネジャットが訪ねる。年金生活者の父にお勧めの書籍をもってきたのだが、料理をしている父はさしたる関心を示さない。夜になればひたすら飯を食らい、ラク（トルコで愛飲されるアニスで香りをつけた蒸留酒）を浴びてベッドに轟沈する。ガタガタぬかすな。俺はひとり、異郷で稼いで、男やもめで息子を学校にやり、誰にも迷惑をかけずに生きてきた。俺の生き方になにか文句があるのか……そういわんばかりに。

アリの趣味は競馬だ。ネジャットを誘い、いかにも「おつきあい」然とした表情の息子をかたわらにレースに熱中し、勝った金で息子にアイスクリームを奢る。競馬場の前、噴水の端に並びアイスをほおばるふたり。ネジャットが幼少のころからくり返されてきた光景なのかもしれないが、彼が自慢の息子となったいま、ふたりの間にはこわばった空気が漂う。父子に会話がないのである。不意にアリが口を開く、「最近、誰と寝たんだ?」、「?」、「どんな女とヤッてる?」。沈黙を破ろうと絞り出した対話の端緒がこれなのだ。ネジャットは「紳士のする会話じゃない」と撥ねつけとりあわない。父子の残酷な距離が明らかになっていく。

アリの出身地は黒海沿岸の港湾都市「トラブゾン」だ。彼の成育歴や故郷での暮らしぶりについては語られないが、マッチョで性にあけすけな父と、インテリの息子に分かちもつ話題はない。口を開けばかえって溝を広げてしまう。アリはドイツでも飾り窓に足繁く通う。これとて「西欧の紳士」であるネジャットからすれば信じがたい習慣である。

マイノリティにとって教育は現状打開のカギである。その重要性は強調してもしすぎることはない。だがその結果、「粗野で下品、無教養な」アリは「欧州の紳士」となった息子との回路を喪失したのだった。冒頭と最終盤の2度、さりげなく示されるのだが、ネジャットは黒海沿岸部では知らぬ者はいないというトルコの流行歌手も知らない。父という存在を生み出した地域の文化（＝生活の蓄積）に、息子は肯定的なイメージをもっていない。ドイツで生きる彼にとってそれらはむしろ遠ざけたいものなのだろう。ここで教育のもつ二面性が露わになる。教育とは、生きるために必要な、読み書きなどの知識を教えると同時に、その地での価値観や文化、常識を刷りこみ、「国民」を育成する。移民にとって居住国の教育、とりわけ高等教育を受けることは、社会的上昇への不可欠な条件だが、一方でそれは、マジョリティへの同化（≒アイデンティティの喪失）をもたらす。それはときとして、みずからのルーツ性を色濃く残す父母や祖父母、第1世代を否定することにまで至ってしまう。

アリの沈黙に私が思い起こしたのは、在日朝鮮人1世と次世代との断絶である。植民地時代の朝鮮から渡日した者の多くは教育機会を奪われ（とくに女性はそうだ）、朝鮮語、日本語の読み書きもおぼつかなかった。いきおい彼・彼女らは底辺労働の現場に吸収され、日本人の5～7割ともいわれる低賃金を強いられる。だからこそ1世たちは、子どもにだけは教育機会を授けようと、恥も外聞もなく遮二無二働いたのだ。だがその結果、日本の学校に通い、「多数者の常識」を身につけた2世たちが抱いたのは、違う文化、習俗をもち、読み書きもできず、訛りの強いことばで、しかも得てして大声で話し、日本人が見向きもしない仕事で金を稼ぐ父母や祖父母に対するネガティヴな感情である。必死で働き、授けた教育がもたらしたのは、皮肉にも親子の断絶だった。私が聴きとりをした少なからぬ2世はときに涙して、かつて父母らに抱いた嫌悪感や忌避感を悔恨とともに振り返ったものだ。

それは1980年代以降、中南米から来日したいわゆる「日系人」労働者の家庭でも顕在化している。日本の学校で学ぶなかで母語を喪失し、親とのコミュニケーションがとれなくなっていく子ども。同調圧力の強い社会のなかで、マジョリティと同じくなりたいとの思いは強まる。どうすれば自分の名前を漢字にできるのか担任に聞いた子もいる。なかには友達が家に遊びにくる直前、母親に向け、人差し指を自分の口の前に立てた子もいた。日本語を話せない彼女に、友達の前ではポルトガル語を話すなと念押ししたのだ。

寄る辺なさか喪失感なのか、アリはトルコ人娼婦イェテル（ヌルセル・キョセ）に同居をもちかける。自分が望むときに性処理の相手をすれば、いまの稼ぎと同額を払うという。

2組目の親子がこのイェテルと、トルコの反体制活動家、アイテン（ヌルギュル・イェシルチャイ）

の母子である。イェテルが異郷で春をひさぐ理由も実は教育だった。「夫はマラシュで右翼に殺された」（これは彼女らがイスラムの少数宗派「アレヴィー派」であることを示唆する。異端扱いを受けることも多く、しばしば右翼の襲撃で犠牲者が出る）。生計手段のない彼女はドイツに渡り、トルコに残したひとり娘アイテンの学費を稼ぐため、娘には靴屋で働いていると偽り、からだを売っていた。

イェテルはアリの提案に気乗りしない。彼は、トルコで彼女を抑圧したであろう男社会の横暴を、異郷にそのままもちこんでいるような人物だ。彼女にとって彼との同棲は、いく重もの差別を受けながらもドイツでは得られたなにかしらの「自由」を棄て去る恐れを伴うものだったのだろう。だがイェテルは結局、アリの提示した条件を呑む。劇中ではごくサラリと描かれるにとどまっているが、特定の相手との契約を選んだ理由は、売春を続けるリスクである。トルコ人コミュニティがあるドイツでムスリムの彼女がセックス・ワークで稼ぐことは、抑圧や差別がつきまとう他郷で暮らすがゆえ、より教条主義的に生きる者たちから「同胞の恥」として攻撃される危険を伴うのである。

突然、女性と暮らしはじめた父。彼女の真意をはかりかね、最初はいぶかし気な眼差しをむけていたネジャットだが、みずからの境遇を率直に話すイェテルに魅かれていく。なによりも「娘のためならなんでもする」と語る彼女の思いに、彼の記憶にはない母の愛情を感じたのだろう（このことばは最終盤の伏線だ）。ドイツ社会の最底辺を生きる彼女もまた、欧州式の教養と知性、なにより人間としての優しさをもつネジャットと心を通わせる。

一方でアリは疎外感を強めていく。相棒がほしいと思って「買った」女が、かえってみずからの孤立を深めるのである。いつものように泥酔したあげく、心臓発作で倒れて緊急手術をするもその横暴はまるで変わらない。いや、それゆえ彼はよけい強圧的に振るまい、周囲を試すのだ。からだを案じてイェテルが作ったお菓子を拒み、帰宅するやタバコに火を点け、酒を呑むと言い張る。とがめたネジャットに「俺は俺、おまえはおまえ」とうそぶき、あげくの果てには自分の留守中、イェテルと寝たのかと問う。あまりに下品なのは、アリ自身もわかっている。でもそれしか思いつかないのだ。どう息子と関係性を作ればいいかわからない。それゆえのあがきが、ネジャットの嫌悪感を増幅させ、逆に関係を悪化させてしまう。

ほどなくアリに愛想を尽かしたイェテルも「契約解消」を通告するが、止めようと立ちはだかるアリと揉みあいになり殴られ、不幸にも死んでしまう。アリは殺人罪に問われ、刑務所にはいる。ただ子のためを思って生きてきたふたりの結末が、棺桶と狭い独房だった。

大学の職を辞したネジャットは、イェテルの棺とともにトルコに渡る。彼女の生前の願い、アイテンの教育を支援するためである。とはいえ彼女は行方不明だった。滞在して探す必要がある。ネジャットがその拠点に選んだのは、売りに出されていたドイツ語の本屋である。移民2世でドイツの教育を受けた彼にとって、どこかよそよそしいトルコで見つけた居場所は、周囲をドイツ語に囲まれた机と椅子だった。彼にとって「故郷」とはどこなのか。みずからも在独トルコ移民2世であるファティ・アキンならではのカットだろう。おそらくは幼き日のアキン自身が抱いた（そしていまも抱き続けているかもしれない）「私は何者なのか、どこからきて、どこに行くのか」との問いは、このカットだけでなくいくつかの細部にひそんでいる。いく度も挿入される線路と列車、道路と車のイメージもそこにつながっていく。

さて、ネジャット同様、親の労苦で教育の機会を得たアイテンは、それゆえにトルコ、そして世界の矛盾への感性を研ぎすまし、いまでは「反体制活動家」として官憲に追われていた。移民先で知識層になった息子と母国で犯罪者とされた娘は、表裏一体の存在である。イデオロギーでみずからの日常を規制して生きる（それはときに人が「生きること」を裏切るのだ）彼女が政府に徹底抗戦する大きな理由はまた、政府が国民に教育を保障しないことである。

アキンは、この複雑な物語にさらに、トルコからドイツに逃げたアイテンと出会い、彼女を自宅に匿うドイツ人女子学生ロッテ（パトリシア・ジオクロースカ）と、感情に身をゆだねるわが娘に危うさを感じつつ、その思いを伝えることができない母スザンヌ（ハンナ・シグラ）親子の物語をからめ、全体を織り上げていく。自宅内で汚いことばを吐いたアイテンを「ここはあなたの家じゃないのよ」とたしなめるスザンヌとのやりとりは、ドイツ人のトルコ人に対する認識、そして「世界」のありように対する持つ者と持たざる者の間の認識のギャップを象徴的に示している。トルコの人権状況を改善するために闘うと公言するアイテンに、スザンヌはさらりという、「EUにはいれば解決する」と。ではEUを構成している国とはいかなる国か？　奴隷貿易と植民地支配に手を染め、世界に死と破壊をまき散らし、国境線を引いてきた帝国主義国ばかりである。旧宗主国が世界の「秩序」を形作っている矛盾に、スザンヌは自覚的ではない。かつては反抗的な青春時代を送ったことが示唆されるスザンヌももはや、世界に順応している。これもまた教育の効果だろう。

社会変革を目指して活動するアイテンと、理屈抜きの感情に身をゆだねて行動するロッテは、たがいの欠落を補うように愛しあう。だがアイテンの母探しをはじめた矢先にふたりは当局に逮捕され、アイテンの申請した政治的保護は却下される。ロッテが空気のように国民としての権利を享受していた「わが国」が、愛する者を攻撃し、そこにいる権利を否定したのだ。ロッテは、強制送還され収監されたアイテンを救おうとトルコに渡る。運命のいたずらか、滞在先はネジャットが管理する古いアパートである。アイテンとの念願の面会がかなった彼女だが、そこでアイテンから託された「任務」を遂げようとした彼女は、犯罪にまきこまれ呆気なく殺されてしまう。彼女の命を奪った少年もまた、貧困ゆえに教育から疎外され、犯罪に生きていたのだろう。

　棺桶にはいって帰国したロッテと入れ代わりに、スザンヌはトルコを訪れる。通されたホテルの1室、ひとり残された彼女を天井から見つめるカメラのなかで、備え付けのミニチュアボトルを飲み干し、カーテンをひきちぎり、泣き叫ぶ……。短いカットを積み重ねたシークエンスが、娘の死という事実で世界が崩壊したスザンヌの哀しみと絶望を際立たせていく。

　娘が最後の日々を過ごした部屋を訪れ、彼女の服を抱き、遺した日記を読む。もはやこの世にはいない娘との「出会い直し」である。そしてもうひとつの物語も動きだす。場面はトルコのオープン・カフェ。海辺のテーブルにすわっているのは強制送還されたアリである。手にしている本は、事件が起きる前、ブレーメンに父の様子を訪ねたネジャットが、「お土産」に渡したドイツ語小説『鍛治屋の娘』のトルコ語訳だった。トルコ移民2世で、アキンの友人であるセリム・エッドガン（1971年生）の手によるこの長編[*4]は、彼らの親世代である女性ギュルを主人公に、アナトリアでの出生から夫とドイツに渡るまでを描いていた。愛おしむように本を置き、そっとメガネを載せると、おそらく人前で泣くなど恥でしかなかっただろうアリが、涙で一杯になった目で宙を見つめ小さく首を振る。

アリは気づいたのだ。ネジャットは親たちの世代、なにより亡き母の物語を求めていたこと。彼は父とそれを分かちもち、いつしか開いてしまった父子の溝を少しでも埋めたいと願っていたことを。

スザンヌは娘の思いをひきつぐことを心に決めアイテンに面会する。「赦して」と泣きじゃくるアイテンをスザンヌは赦す。ふたりの出会い直しを通して「死と再生」、「赦しと愛」という本作のテーマが一気に前景化してくる。アイテンは治安当局が求め続けてきた「転向」を受け入れ、元仲間の唾を浴びて出所する。すべてはスザンヌに会い、ロッテの死を契機に生き直すためだ。そしてもうひと組の親子が残る。「人殺しなど父ではない」とアリを拒絶するネジャットと、「息子の思い」を「仕方ない」と受け入れ、トルコへの強制送還後は、黒海沿岸の港町に引っこみ、釣りをしながらひっそりと暮らしているアリである。

朝、「ロッテの部屋」から階下を眺めるスザンヌがいる。目線の先ではアザーン（礼拝の時を告げる呼び声）が響く街を男たちが同じ方向に向いて歩いている。それは3日間にわたる「犠牲祭」の初日だった。寄り添うネジャットがスザンヌに説明する。「神がイブラヒムの信仰を試すため、息子を捧げよと命じた。イシュマエル（息子）を供物台へと載せ、短剣が振り下ろされる瞬間、刃先が丸くなった。イブラヒムの信仰心に満足した神は、息子の代わりに（生贄の）羊をくださった」。

スザンヌがいう。「私たちにも同じ物語が」。旧約聖書の創世記に記された「イサクの燔祭」である。ユダヤ教もキリスト教もイスラームも（誕生順）、もともとは同じ神を奉じ、同じ物語を各自の聖典に記している。いまはいくつもの壁で隔てられているが、存在の根には通じる物語をもっている。それは、エルサレムを聖地とするこれら3つの宗教にとどまるものではないだろう。たがいの物語に思いを馳せれば、人と人はわかりあえるのだ。

ネジャットに変化が生じる。彼は問わず語りで吐露する。「『ぼくを捧げるの？』と父さんに訊いたことがある。子ども心に怖い話だった。母が早死にだったので」。父への違和感と嫌悪、怒りを抑えこんでいた幼少の記憶がよみがえってくる。「お父様の答えは？」。スザンヌの問いに、ネジャットは応える。「父さんは、『おまえをまもるためなら神だって敵にまわす』と」。旅立ったロッテと語らい、アイテンとの和解を果たした彼女の愛が、かたくなだったネジャットの心から「愛」を引き出していく。「お父さんはご存命？」。スザンヌの問いかけに、ネジャットは「還るところ」に気づく。彼は父のもとへと車を走らせるのだった――

複雑で入り組んだストーリーが破綻なくまとめられ、各人の軌跡がタテ糸とヨコ糸として交錯していく。なにげなく盛りこまれた断片が実は結果で、そこに至る過程をくり返しみせるアラベスクのような編集術は、ひざを打つほど精緻であり、映画を観ている自分自身が、まるで創造主のように彼・彼女らの運命の糸を操っているような気分にさせられる。2度流れる同じ光景が、前後でまったく違う意味をもつのは、主観的偶然のごとき出来事は、実は必然であるとの世界観を表したものかもしれない。交錯しつつもすれ違いをくり返し、いくつもの別れによって新たな出会いを重ね、愛する者の死をいわば門として、生き直しを果たしていく者たち。それは大事なものほど手元にある、大切な人こそ近くにいるのに、それを喪うまで気づかない人間の実存そのものだろう。黒海の入り江に立ち、小舟で釣りに出た父を待つネジャット。映画は、嫌悪や怒りを愛で乗り越えようとするネジャットの意志を湛えたまなざしをとらえて結末を迎える。原題は“The Edge of Heaven”（天国のほとりで）だが、日本語タイトルは本作の主題を見事にとらえている。

註

＊1 トルコ語の読みでは「アクン」だが、本人に聞いたところ、「私はドイツ人なので、ドイツ語読みのアキンで」といっていたのでアキンとしている。

＊2 1992年11月、メルンでトルコ人の暮らす家にネオナチが放火、家族3人が殺された事件や、翌年5月28日、ゾーリンゲンで、やはりトルコ人の家が放火され、一家5人が殺された事件などその後もヘイト・クライムは続き、ドイツでは東西統一から2001年までの10年余で、ネオナチや極右の暴力により100人以上の外国人、移民ルーツの者たちが命を落としているという。そして2000年代以降も、外国人、移民ルーツを持つ者たちへのヘイト・クライムは続いている。アキンが後に監督した"Aus dem Nichts"（日本題『女は二度決断する』）は、ネオナチ集団「国民社会主義地下組織」（NSU）のメンバーで、旧東独出身の若者が2000年から7年間にわたり、ドイツ各地でトルコ系住民ら計10人を殺害、トルコ人街で釘入りの手製爆弾を炸裂させるなどした「NSU事件」を題材にしている。

＊3 この典型には、他人に精神的、身体的苦痛を与えることに喜びや爽快感を感じる「スリル追求型」、特定の属性集団（黒人、ユダヤ人、ムスリムなど）をこの世から抹殺することを自分の天命だと考える「使命型」がある。「使命型」の極端な例はモスクやシナゴーグなどで銃を乱射する者たち。このなかでは「使命型」がいちばん対処が困難だと考えられている。ヘイト・デモの社会問題化に伴い日本でも2016年5月、「本邦外出身者に対する不当な差別的言動の解消に向けた取り組みの推進に関する法律（略称：ヘイトスピーチ解消法）」が公布、施行されたが、罰則規定のない理念法である同法は、「使命型」（日本では確信犯型といえるだろう）には効果がない。

＊4 鈴木克己「掛け替えられる看板 ドイツにおけるトルコ系移民文学の行方」（岡真理編『シンポジウム「トルコ文学越境」 中東現代文学リブレット1』中東現代文学研究会、2017年、所収）参照。

第3章

ホロコーストから
ナクバへ

1 『ライフ・イズ・ビューティフル』
それでもこの世界にYESという〔2014.5〕

監督・脚本：ロベルト・ベニーニ
出演：ロベルト・ベニーニ 他
原題：La Vita è bella
製作年：1998年
製作国：イタリア

レイシズムは究極的に、「なにをしてもかまわない存在」をつくり出す。その発想は具体的な暴力となってあらわれ、果てはジェノサイドに至る。そのひとつの極がナチス・ドイツによるユダヤ人虐殺だった。2度の大戦後に制定された国際人権条約「自由権規約（市民的および政治的権利に関する国際規約）」の第20条と「あらゆる形態の人種差別の撤廃に関する国際条約（人種差別撤廃条約）」の第4条に、差別扇動の禁止が盛りこまれた大きな要因は、アフリカを震源地とする脱植民地運動の高揚、そして「終戦」からわずか十数年で顕在化してきた反ユダヤ主義とナチス肯定論への警戒*1と、南アフリカなどで続いていた人種隔離政策への否がある。西欧諸国が軒並み差別の扇動を法的に禁じているのもナチスの経験ゆえだ。換言すれば「差別扇動の禁止」とは、負の歴史に向きあい、愚行をくり返すまいとする人びとの思いの轍なのだ（日本で人種差別禁止法ができない根本的な原因はここ、過去に向きあうことをかたくなに拒むこの社会の病理である。だからこそ人種差別禁止法の制定運動は、この国の精神史を根本から問うテーマでありうる）。

初めて公表されたアウシュヴィッツの記録映像と、廃墟となった現在の映像をモンタージュさせ、ジェノサイドの「表象不可能性」をも描いてみせた歴史的1本『夜と霧』（アラン・レネ監督、1954年、仏）以降、ナチス時代を描いた映画が制作され続けるのも、ひとつは「たとえ描くのが不可能でも、忘却とは闘わねばならない」という制作者たちの志である。作れば一定の客がはいる商業的「安定性」もあるだろう。たしかに志の欠落した駄作も少なくないが、まがりなりにも「記憶の文化」が浸透してきたからこそ、あの時代を描いた作品が興業としても成り立つのだと思う。

ロベルト・ベニーニが監督、脚本、主演の3役をこなした『ライフ・イズ・ビューティフル』は、これらの先人の系譜に連なりながらも、特異な存在感をもつ1本だ。なにが特異か？　まずはタイトルである。あの出来事を描いた映画の題がよりによって「人生は美しい」なのだ。V・E・フランクルの著書『それでも人生にイエスという』へのオマージュなのかもしれないが、「アウシュヴィッツ以後、詩を書くことは野蛮である」（アドルノ）を逆撫でするようなネーミングである。

映画は「夜と霧」の光景ではじまる。子どもを抱いた男性が、視界不良の闇をさまよう、まるで夢のような映像に男性のモノローグがかぶさる。「これは素朴な物語。だが語るのは難しい。童話のように悲しみがあり、童話のように驚きと幸せに満ちている」。これが悪夢のような風景であることがわかるのは最終盤に至ってからだが、不穏な空気は伝わってくる描写である。

だがシリアスな空気は一転、場面は1939年の北イタリアに切り替わる。美しい田園地帯をオープンカーが疾走している。平和な光景だが、すでにムッソリーニが首相になって17年目、第2次世界大戦に参戦し、日独伊3国同盟が結ばれる前年である。助手席でくつろぐのは主人公でユダヤ人のグイド（ベニーニ）。新天地で人生を切り拓こうと一念発起。友人と連れ立って叔父の暮らす彼の地にやってきたのだ。ご機嫌で車を飛ばすふたりだが、坂道を走り過ぎたのかブレーキが故障し森に突っこんでいく。必死のハンドル操作で車道に戻れば、両脇には着飾った老若男女が並んでいる。国王が町を通ると聞いて集まった（集められた）人びとは、このふたりを国王と勘違いしてわれ先にと群がってくる……。群衆に応え、車から離れるように指示するグイドの仕草はヒトラーへの敬礼スタイルそのもの。観る者に時代を伝える「しかけ」だが、陽光と緑に彩られた印象派の絵画のような風景は、今度はスラップスティックに転じていく。

欧州の現実は喜劇どころではなかった。この6年前、ドイツではナチスが政権をとり、ヒトラーが権力を握っていた。政権は発足直後、「反ユダヤ主義的措置の実行に関する指令」を出し、ユダヤ人経営の商店ボイコットを扇動する。当時、ドイツのユダヤ人は全人口の1%以下だったが、マイノリティに社会不安の責任を押しつけるデマが公人から発せられ、それに扇動された、あるいはそうであってほしいと思う者たちによってデマが拡大再生産されていく。そして恐ろしいことは、レイシズムが国家方針となったことで、少なからぬ者たちが同じ社会に生きる隣人の苦境を想像力の埒外に置いたことである。これが「公」の差別扇動のもつひとつの危険性である。

公務員を皮切りに、弁護士や大学教授、医師などの資格職から次々とユダヤ人が排除されていった。生きる術を剝奪されるのである。在独ユダヤ人のなかには国外に逃れる者もあらわれた。その数は毎年、数万人に達したという。

1935年にはユダヤ人迫害法にほかならない「ドイツ人の血と名誉を保護するための法律」と「ドイツ公民法」の2法、いわゆる「ニュルンベルク法」が制定される。ユダヤ人はドイツ人との通婚を禁じられ、さらにはドイツ公民法によって、公民権までも剝奪され、経営者はおろか、会社の役員になることも不可となった。そして1938年8月以降、ドイツ国内のユダヤ人は、典型的ユダヤ名を名乗ることを強要された。(マジョリティにとって)ユダヤ人であるかどうかがわかりにくい名前の者には、見聞きすれば即座にユダヤ人とわかるようなミドル・ネームを義務づける徹底ぶりだった。

一方でナチスが強行を目論んだのは国内にいるユダヤ系ポーランド人の追放である。(正確にいえば反ユダヤ色の強いポーランドは、在独ユダヤ系自国民が「帰国」できないよう、彼らの旅券を無効化する法改訂をしたため、ドイツはその施行前に、自国内のユダヤ系ポーランド人を「祖国」に追放しようとした。だがポーランドはユダヤ系自国民の受け入れを拒否、ドイツの官憲に狩り集められた1万7000人もの「自国民」に境界線上での放浪を余儀なくさせた)。

時の政権が、欧州にまん延していた反ユダヤ主義を次々と法制化(規範化)していく。それは公が「ユダヤ人にはなにをしてもかまわない」とのお墨つきを与えることにほかならない。反ユダヤ主義は勢いづき、破壊や暴力といった有形力の行使が相次ぎ、公がそれらレイシストたちをとりこんで権力基盤を強化する。そして突出した差別主義者たちの過激な行動は、シャワーのように無関心層にまで浸透し、ユダヤ人への差別と偏見の裾野を広げていく……。ここに私は、「拉致」や「核開発」、「ミサイル」など、「北朝鮮をめぐる問題」が起きるたびに、公が朝鮮学校や朝鮮総連を「制裁対象」にするこの国の危険な現実を重ねあわせてしまう。公が差別を率先することが極端な排外主義者を勇気づけ、彼らの行動を過激化させる。次々と起こる差別事件や差別発言は社会の人権感覚を鈍磨させ、無関心層を含めた全体を差別、排外の方向へと押しやる。その先にあるのはヘイト・クライムである。*2

ユダヤ人に対するこれだけの迫害にも、「国際社会」はさしたる関心を示さなかった。世界は沈黙で迫害に共謀したのだ。当然ながら被差別者たちの怒りはふくれ上がる。それは殺人事件として爆発した。1938年11月7日、フランスにいたユダヤ系青年が、駐仏ドイツ大使館員を殺害したのである。青年は在独ユダヤ系ポーランド人の息子で、両親は国境地帯に移送されていた。あらゆる権利を剝ぎとられて死んでいく自分たちの境遇を「最低の方法」で世界に知らしめようとしたのだった。

差別者たちは、追いこまれた青年が起こした事件をさらなる弾圧の好機ととらえた。11月9日から10日未明にかけて、ナチスの突撃隊メンバーらはシナゴーグやユダヤ人墓地にまでおよんだ。家を打ちこわし、火を放ち、人びとを集団で暴行した。打ちこわしの対象はユダヤ人墓地にまでおよんだ。文字通りのヘイト・クライムである。粉ごなになったガラスが反射する光（その光源はおそらく、放火で燃えさかる建物だった）から「水晶の夜」、いわゆる「Kristallnacht（クリスタルナハト）」と呼ばれるジェノサイドへの通過点のひとつだった。

ゲシュタポ幹部らから「黙認」の指示を受けた警察は突撃隊の蛮行を看過し、消防も放火されたシナゴーグが燃え上がるのをただ傍観していた。そもそもこのヘイト暴動は、宣伝相、ヨーゼフ・ゲッベルスが青写真を描いたともいわれる。集団暴行も凄惨だった。わずか数時間で少なくとも100名近いユダヤ人が虐殺されたというが、1923年の日本で、朝鮮人や中国人を虐殺した者たちのほとんどが相応の処罰を免れたように、下手人の大半は然るべき法の裁きを受けなかった。

ナチスは、事件を「ドイツ民族の感情の発露」などとして正当化し、被害（それは、「ユダヤ人であること」を理由に攻撃された者たちの受けた害ではなく、ドイツ経済への損害を意味していた）の責任はあろうことかユダヤ人に帰せられ、その後、さらにユダヤ人の排除が法的に進められていった。財産の没収、公的な場への出入りの禁止、そして身分証への〝J〟の記入、そのナチスが近隣諸国を侵略し、疫病のように支配地を広げていく。

物語の起点である1939年以降、ユダヤ人をとりまく状況はさらに暗転していくのだが、映画のトーンはコメディー調を維持し続ける。違和感がふくらむ向きもあるだろうが、これこそがロベルト・ベニーニの企てなのだ。彼はアラン・レネら先人たちの営為に限りない敬意を払いつつも、ブルドーザーで押しやられる死体の山や、陰惨な処刑シーン、ゲットーでの絶望的な蜂起と殺戮をあえて描かず、喜劇役者である彼のもち味を活かしてあの時代を撮る。

叔父のもとにたどり着いたグイドの夢は書店を営むこと。まずはウェイターとして職を得る。とことん自由で、人生を楽しむ彼は、たまたま出会った小学校教師ドーラ（ニコレッタ・ブラスキ）にひと目ぼれする。彼女に婚約者がいたって関係ない。顰蹙《ひんしゅく》を買おうがかまわない。彼は常識破りのアタックを重ねていく。

まるで空間恐怖症のようにことばを並べ続けるグイド（生理的嫌悪スレスレを攻める人物造形は後の展開に生きてくる）のキャラクターに加え、少し早目のカット割りが物語をテンポよく刻む。絶妙に挿入されているのが、破局前夜をそれとなく予感させる場面の数々である。前述したように、国王の歓迎に集まった村人の群れのなかを車で駆けぬける際のグイドの挨拶はナチス式だった。ドーラが許嫁との婚約を発表する夜、会場にいた「富裕層」たちの会話は、精神疾患のある者らを「処分」すれば、国家支出が何リラ浮くかの試算である。優生思想にもとづき、ナチスが精神疾患を患う者や知的、身体「障害者」らの大量殺人を実行した「T４」作戦は１９３９年秋にはじまっていた。笑いのなかにおぞましい現実が顔を出す。

ユダヤ人以外の殺戮対象者たちにも言及するのはベニーニの目配りはもちろん、時代の変化だろう。ナチスが政権をとって最初に弾圧したのは、国家権力より律法（神から与えられた宗教や社会生活上の定め）を上位に置き、武器をとらない、すなわち「非国民」たる「エホバの証人」の信者だったし、遺伝病者や、同性愛者らも皆殺しの対象にされていったのだ。それを排他的な「ユダヤ民族の悲劇」に専一的に仕立て、特権化することこそが、シオニストたちのやってきたことである。米国が「9・11」を「アメリカの悲劇」に仕立て上げ、さらなる死と破壊を正当化する錦の御旗にしていったように。

ドーラと求婚者の婚約発表パーティーの夜、グイドたちの運命が暗示される。叔父の馬が緑色のペンキで塗られ、髑髏《ドクロ》と「ユダヤ馬に注意」との落書きがされていたのである。災厄を予期し「おまえも覚悟したほうがいい」と促す叔父をグイドは笑い飛ばす。「私を黄色に塗ってユダヤに注意って書くのかい」と。その場で婚約を破棄したドーラを連れだしたグイドは、駆け落ち同然に結婚を果たす。

数年後、ふたりの間には息子ジョズエ（ジョルジオ・カンタリーニ）が誕生している。出勤するドーラとジョズエを乗せ、グイドの自転車が町のなかを疾走するが、風景は一変している。かつてグイドがあふれんばかりの希望を積んで駆けぬけた町の広場では、ハーケンクロイツをつけた兵士が行進し、町のシンボルだった彫像は土嚢で囲まれている。イタリア北部はすでにナチス・ドイツの統治下となっていたのだ。グイドには官憲から執拗な呼び出し（嫌がらせ）がかかり、店のシャッターには「ユダヤ人の店」との落書きがされている。ナチスの伸長が、欧州各地の反ユダヤ主義を後押しし、増幅させているのだった。

コメディータッチゆえ、息苦しさを増していく社会の変化が逆に伝わってくる。お菓子屋のショーウィンドーに貼られた文字を見て、怪訝《けげん》そうにジョズエが訊く。「『ユダヤ人と犬はお断り』ってなに？」。グイドは答える。「あの店はユダヤ人と犬が嫌いなんだ」。そして幼い不安を煙に巻くように続ける。「あっちの金物屋はスペイン人と馬がはいれない。向こうの薬局は、中国人の友だちと行ったら、『中国人とカンガルーはお断り』といわれた」と。

ナチスに出頭を命じられ、ユダヤ人である父と子、そしてふたりとの離別を拒否するドーラは強制収容所に送られる。機関車で運びこまれた収容所で、「兵士が怒鳴るよ。おやつは？」と訊くジョズエにグイドは言い聞かせる。「これはゲームなんだ、兵士は悪人役だから怒鳴るんだよ。1等賞の商品は戦車。1000点をとれば本物の戦車に乗っておうちに帰れるんだ」と。

収容所の規則をいいにきたドイツ兵の〝通訳〟に名乗り出たグイドは作り話を並べあげる。「ゲームをはじめる。全員が参加者で、1000点が貯まると1等賞だ。得点は拡声器で発表する。最低点数の者は背中に『バカ』と貼る。減点の対象はまず泣き出す者、そしてママに会いたがる者、おやつをほしがる者……」

収容所にはいってもグイドの口車は止まらない。いっていることは現実とはまるで違う。身もフタもない言い方をすれば嘘八百である。観ていていら立ちを覚える人もいると思う。しかし人間が生きる上で必要な権利が次々と剥奪されていくなかで、最後に残る権利とはなにか？　それは違う世界のありようを構想する「夢見る権利」ではないか。一切の自由を剥奪され、他人がうなずくだけで死に追いやられる立場にあって、最後に残る自由とは、「夢見る自由」なのだと思う。

作り話のクッションで包み、グイドがまもろうとするのは、ジョズエがこれからこの世界で生きていくための「前提」である。米国の社会心理学者、K・C・ヘンダーソンによれば、ヘイト・クライム被害者はこの世界を生きるために不可欠で、そしてマジョリティにとってはその存在や根拠を問うまでもないほど自明な3つの前提を破壊される。ひとつは「自分はむやみに攻撃されない、傷つけられないとの信念」。2つめは「世界は生きるに値する有意義な場であること」、そして最後は「自分自身への肯定感」である。*3　たとえこの苦境から解放されても、ジョズエはこの世界のどこかでユダヤ人として生きるしかない。人間が生きていくために必要なこの3つの前提をまもるため、グイドは嘘をつき続ける。

痩せたからだに縦縞の囚人服を張りつけ、カイコ棚に詰めこまれた人びとが次第に減っていくなかでも、グイドはジョズエにフィクションを語り聞かせ、彼を「前提の崩壊」からまもりぬこうとする。

ジョズエがほかの子どもやほかの収容者から聞いてきた「事実」も、グイドは次々とフィクションで包んで捨ててしまう。

本作における虚構は、グイドの口から次々と飛び出してくる作り話だけではない。娑婆《シャバ》での暮らしはもちろん、収容所内の描写自体、史実とあえて距離を置いている。放送室に忍びこみ、一緒に収容され、しかも離れればなれにされた妻に、みずからと子の生存と変わらぬ愛を放送するシーンなどは現実離れの極みである。そもそも収容所の中で親子が一緒に生活する設定も事実とは異なる。現実性よりも物語性、そしてテーマ性を第一に作品世界を構築したためだろう。

事実関係の正確さと、リアルでシリアスな描写という「決まり事」をあえてはずしても「これまでにない映画」をめざした本作に対しては、賞賛と同時に批判も起こった。「『もっともよき人びとは帰ってこなかった』（V・E・フランクル）強制収容所で『意志がすべて』（ショウペンハウアー）を実践してみせる生ぬるさ」や、「史実とは明確に違う細部」はもちろん、「自分と家族のこと以外考えないグイドの『小市民ぶり』」をやり玉に挙げる者までいた。激しく批判した者のなかには、絶滅収容所からの生き残りやその子息がいた。日本でもこのような仕立てに反発や腹立たしさ、嫌悪感を覚える人もいるかもしれない。私も最初に観たときに感じたのは、いら立ちに似た困惑と違和感だった。だがホラ吹きグイドのありように覚える「いら立ち」は、単に「仕立て」の問題だろうか？　むしろ個々人の反発の「根」を考える必要があるのではないか。もうひとついえば現実の悲惨を描き出すことのみに終始するならば、虚構にする必要がないのもまた事実なのだ。

そしてむしろ喜劇調だからこそ、よりシビアに出来事の本質に迫れた場面もある。とりわけ印象深いのは、グイドがウェイター時代に知りあった医者である。ナゾナゾがなにより好きな彼は、頭の回転が速いグイドと親しかった。医師として収容所に派遣された彼は、重労働に就いていたグイドを収容所幹部らの給仕係に替え（グイドはこれを利用し、わが子を幹部の食事会にもぐりこませてご馳走を食べさせる。これも「ありえない話」のひとつだ）、人目を盗んではグイドとナゾナゾを楽しむ。そしてある日、医師がグイドをこっそりと呼び寄せ、深刻な表情で耳打ちする。「大事な話がある。（タイミングは）こちらが指示する……」

リスク覚悟で脱出させてくれるのか？　緊張と高揚を呑みこみグイドは医者に「妻もいる」と告げる。指定された鍵十字の掛物下に立ち、人目を気にしながら医者を待っていると、近づいてきた彼は声をひそめてグイドに訊いた。

「『デブで醜くて黄色でコココと答える。歩きながらウンコをする。私は誰だ？』小鴨（と思うだろ？　でも違うんだ。助けてくれ。夜も眠れない……」

絶滅収容所にあってなお片ときもユーモアを手放さず、息子の投げるいかなる疑問をも打ち返してきたグイドだが、この医者の「嘆き」にはただ沈黙するしかない。「助けてくれ」とは誰のセリフなのか。この医師にとってグイドは、ナゾナゾの相手でしかなかった。グイドの仕事を替えたのも自身の趣味ゆえ、グイドたちの命はナゾナゾの答えより軽いのだ。人が他者への想像力をいかに簡単に遮断し、その苦境に無関心となれるか。グイドの「沈黙」は、ジェノサイドを可能ならしめたマジョリティの大罪「無関心」をえぐり出す。

やがてナチスの敗戦が近づく。連合軍の侵攻が迫るなか、収容所ではナチスによる証拠隠滅（被収容者の抹殺）がはじまる。察したグイドはジョズエにこういう。「いま、960点だ。これをクリアすればあと40点だ」。ジョズエを抱いたグイドは阿鼻叫喚と化した収容所内をさまよう。夜と霧（煙）のなか、行く手を阻むように姿をあらわすのは「死の壁」と呼ばれる銃殺場と、折り重なる死体の山である。冒頭場面とつながるカットは、本作でおそらく唯一、リアリズムに則ったシーンである。嘘では包めない巨大な絶望の壁は、全体が喜劇調で進行していくがゆえに際立つのだ。ジョズエを隠す場所を見つけたグイドは、1000点に到達するための最後のハードルを課す。それはなにがあっても身を隠すこと、わが子にそう念押ししたグイドは、妻ドーラを助けに向かうのだった。

一夜の攻防の後、収容所は解放される。翌朝、最後の課題をクリアしたジョズエの前には米軍の戦車があらわれた。グイドの「夢」が現実のものとなり、ジョズエは母ドーラとの再会も果たす。だがジョズエとドーラをまもりぬいたグイドは、すでに処刑されていた……。そして映画は冒頭に接続される。

語り手は、老年に差しかかったジョズエだった。「父が命をささげてくれた。私への贈り物だ」。父がまもったのはわが子の命だけではない。「それでも人生は美しい」との信念だった。グイドは「前提の崩壊」、「展望の喪失」からわが子をまもりぬいたのである。瓦礫の山をうしろむきに飛ばされながらも、それでも「人生は美しい」と言い切ること。それは現実への順応という底なしの堕落に対する根源的な抵抗への呼びかけなのかもしれない。

註

＊1 官民あげた歴史歪曲と忘却を重ねる日本との対比で、歴史的責任を刻み、向き合う国として評価されるドイツだが、敗戦直後からそうなのではなかった。復興と経済成長を優先した政策は、「過去への反省」の視点を置き去りにし、早くも１９５０年代後半にはユダヤ人虐殺肯定発言や、ユダヤ人墓地を荒らす事件が相次いだ。この事態に対する社会的な危機感が、「加害の側面」をきっちりと教える歴史教育の改革や、欧州でももっとも早いヘイト・スピーチ規制であるドイツ刑法１３０条「民衆扇動罪」（１９６０年）の制定などにつながった。

＊2 「公」による差別扇動が強まるとき、在日朝鮮人、とくに民族学校に通う児童・生徒が標的になる事態は、これまで幾度となくくり返されてきた。日韓国交正常化を目指す交渉を背景に、政治家や治安当局者らが一方の国（社会主義国）の脅威（＝南側と国交を結ぶ根拠）を煽った１９６０年代には、右翼学生やヤクザの襲撃で死傷者が出る事件（62年、法政二校の文化祭を訪ねた横浜朝鮮高級学校生が、同校の右翼学生に撲殺された「法政二校事件」など）が複数起きた。その後も「大韓航空機事件」（87年）や、「核開発問題」（94年）など、朝鮮民主主義人民共和国をめぐる問題が官民あげて喧伝されると、常に朝鮮学校、とりわけチマ・チョゴリ制服を着た女子生徒が暴力や脅迫、暴言の対象になった。安倍政権が朝鮮学校への公的差別を激化させ、ヘイト・スピーチが野放しにされるいまも、「総連系」への犯罪は相次いでいる。２０１４年には神戸朝鮮高級学校に鉄棒をもった男が乱入、男性教員を殴りつける事件が起きた。その後も総連系信用組合への放火未遂（17年５月）や、総連中央本部銃撃（18年２月）が起きている。

＊3 K. Craig-Henderson, “The Psychological Harms of Hate: Implications and Interventions” in B. Perry et al. (eds.), Hate Crime: The Consequences of Hate Crime (Preager Perspectives, 2009), 15-30.

2
『サラの鍵』『黄色い星の子供たち』
「加害の歴史」を記憶に刻む　〔2014.3-4〕

■サラの鍵
監督：ジル・パケ＝ブレネール
脚本：ジル・パケ＝ブレネール、セルジュ・ジョンクール
出演：クリスティン・スコット・トーマス 他
原題：Elle s'appelait Sarah
製作年：2010年
製作国：フランス

■黄色い星の子供たち
監督・脚本：ローズ・ボッシュ
出演：メラニー・ロラン 他
原題：La Rafle
製作年：2010年
製作国：フランス・ドイツ・ハンガリー合作

歴史上の人物で、おそらく映画史上、もっとも多く銀幕に登場しているひとりはアドルフ・ヒトラーだろう。プロパガンダの道具として利用しぬいた映画に復讐されるかのように、ヒトラーとナチス・ドイツはいまも欧米の映画で「絶対悪」*1の定番として描かれ続けている。だがその表象も時とともに変化してきた。その流れのひとつが、彼らを怪物として外部化するのではなく、その責任を社会全体で受け止めようとする作品群である。苦悩する「人間ヒトラー」を描いて批判された一方で、従来にはなかった「国民責任」を問うた作品として高い評価を得た『ヒトラー～最期の12日間～』（オリヴァー・ヒルシュビーゲル監督、2004年、独・伊・墺）はその典型といえる。

ナチスに侵略された周辺国でも、被害者としての自画像を描くのに終始するのではない作品が出てきている。ともに２０１０年に発表されたフランス映画『サラの鍵』と『黄色い星の子供たち』も、その流れに位置づけられる作品といえるだろう。

『サラの鍵』はタチアナ・ド・ロネの同名長編小説を映画化した。ナチスと共働してのユダヤ人弾圧という、フランスの歴史的恥部を外側から追うアメリカ人ジャーナリストと、ナチスに家族を奪われ、回復不能な心的外傷を秘したまま悲劇的な最期を遂げたユダヤ人女性という、あまりにも境遇を異にする女性ふたりの生が時空を超えてからみあっていくストーリーは、「過去と向きあうこと」の意味をそっと提示する。

物語は過去と現在のパリをモンタージュして織りなされていく。過去とはナチス占領下、１９４２年のパリである。占領後、親ナチスを国是として生まれたヴィシー政権は、ユダヤ人の追放を企図していた。これはナチスという絶対悪に「強《し》いられて」ではなかった。むしろ政府はナチスの勢いに便乗して国内のユダヤ人を一掃しようとしたのだ。

そもそもユダヤ人への迫害はヒトラーやその取り巻きたちの発明ではない。典型的なレイシズムである反ユダヤ主義はキリスト教世界である欧州全般に遍在していた。ユダヤ人差別がもたらした弾圧の代表例としてしばしば言及されるスパイ冤罪「ドレフュス事件」は、19世紀末のフランスで起きている。劇中、臨時収容所に連行される年老いた男性が、毒薬を仕こんだみずからの指輪を見せて、「歴史はくり返す」、「誰にもワシは殺させない」と語るシーンは、その集合的記憶ゆえだ。ナチスの尻馬に乗ったユダヤ人の追放、人間の醜悪さの極致ともいえる行為が刻まれた映像に、現在のニューヨークに暮らす登場人物のセリフがかぶさる。「パリは世界でいちばん美しい街なんですってね」。なんという皮肉だろう。

絶対悪たるナチスとの共働の記憶は、フランスでは戦後長らくタブーだった。政府がその国家犯罪を認め謝罪したのは、事件から半世紀以上経った１９９５年のこと。そのときの大統領、ジャック・シラクが「フランスは約束を破り、保護を求める人を死刑執行人にひき渡した」と語ったように、ナチス・ドイツに侵略されたポーランドやハンガリーなどから逃れてきたユダヤ人にとって、フランスは「救いの国」のはずだった。

だがそれは時の権力によって裏切られていった。ヴィシー政権下で、ナチスを真似たレイシズムの法制化が次々となされていく。新来ユダヤ人の「帰化」見直し（＝仏国籍の無効化）や市民権の剝奪、公職からの追放がなされた。医師や学生の人数も制限され、公園やレストランなどへの出入りも禁じられていく。そして警察を中心とした行政レベルから市民のレベルに至るユダヤ人迫害を支えたのは、ユダヤ人の登録であり、黄色いダビデの星の服装への装着義務化だった。それは後に極右政党「国民戦線」を率いた排外主義者、ジャン＝マリー・ル・ペンが「理想的な制度」と憧憬した日本の外国人登録制度、とりわけ「犬の鑑札」ともいわれた外登証の常時携帯義務を連想させる。*2 植民地出身者の出入国と日本での暮らしを監視するために創設され、最近まで存在していた日本の外国人管理と同様の施策が、アジール（避難所）だったはずのフランスから絶滅収容所への移送という「約束破り」を下支えしたのだ。

ヴィシー政権（１９４０―44）によって逮捕され、ポーランドやドイツの強制収容所に送られたユダヤ人は4年間で実に7万6千人、当時、フランスに約30万人いたユダヤ人の4人に1人である。いく度もなされた「ユダヤ人狩り」のなかでも最大の弾圧が1万3千人の逮捕者を出した1942年7月16日の「ヴェル・ディヴ事件」だった。

映画はその日の朝からはじまる。ベッドシーツの中のまっ白な世界で、姉サラ（メリュジーヌ・マヤンヌ）と弟ミッシェルが戯れている。自室のベッドの中という究極のコクーン（繭）での、まさに羽毛に包まれたような柔らかい時間は、荒々しいノックで破壊される。フランス警察による手入れだった。官憲は「3日分の衣類をもって外に出ろ」と命じ、「子どもだけは見逃してくれ」と懇願する母の叫びは顧みられない。とっさにサラは、ミシェルを秘密の納戸に隠し、「昨日のかくれんぼと一緒、すぐに帰るから」と言い渡して鍵をかける。子どものいない者たち約5千人はそのまま収容所に送られ、残り8千人は食糧どころか、水も布団もなく、トイレも許されないまま1週間近くもヴェル・ディヴ（冬季競輪場）に監禁され、その後、収容所に送られた。

フランスでのユダヤ人迫害は1944年8月まで続いた。最初に対象とされたのは第1次大戦終結から第2次大戦勃発までの間（戦間期）に渡仏した者たち。その多くはナチスの圧政を逃れてきた人びとだった。連行される彼らに罵声を浴びせるのは、実は同じユダヤ人である。比較的裕福で、非ユダヤ化した同化ユダヤ人（旧移民）と、新しく移入し、独自の文化を保持する非同化ユダヤ人（新移民）の間にはそもそもの対立があったともいわれるが、旧移民が新移民を率先して差別するさまは痛ましく、おぞましい。新来者たちの苦境に溜飲を下げているのか。彼らを攻撃して、自分たちは「同化」していると社会にアピールしたいのか。自分たちはマジョリティの側にいると確認したいのか。

〔© GAGA Corporatiaon〕

あるいは彼らの姿にみずからの行く末を予感しているがゆえの攻撃性なのか……。

さて、繭の中からひきずりだされた少女サラの苦難に、２０００年代、すでに国家元首による公式謝罪がなされた後のパリで事件を取材していくジュリア（クリスティン・スコット・トーマス）の人生が交錯し、「沈黙の扉」が少しずつ開いていく。リサーチを進めるなかで彼女は、フランス人である彼女の夫が幼少期を送ったアパートが、実はこの事件で収容所に送られたユダヤ人の家を接収したものだったことを知る。この家が出来事を目撃し、記憶してきたのだ。過去と現実、被害者と加害国民の生が錯綜し、あの出来事が立体化していく。

くり返すがこの汚辱の歴史をフランスが認め、謝罪したのは事件から半世紀以上を経た１９９５年のことである。政府が歴史的責任――それはすなわち、迫害を支えた国民の責任である――と向きあうことを避けてきた結果は、無知と偏見を再生産していく。「記憶の共同体である前に、国民とは忘却の共同体なのだ」といったのはエルネスト・ルナンだが、その現実は、ジャーナリストでありながら事件をなにひとつ知らない若手記者たちとジュリアとの対話で展開されていく。このやりとりは歴史認識をめぐる日本の現実を彷彿とさせる。

家族を失い、回復不能な心的外傷を抱えたまま誰ひとり立ち入れない孤独のなかをさまよっていたサラの姿が浮かび上がる。ジュリアはなにかにとり憑かれたように取材を重ねていく。その原動力は「いい仕事をしたい」との功名心か？ あるいは取材者の業なのだろうか？ 違う。ジュリアは60年もの時空を超えて、サラの痛みに共振してしまったのだ。だがそれは、もっとも身近な存在が向き合うのを避けてきた過去を暴き、その原罪を白日の下にさらすことにほかならない。夫のアパートとは、国家と歴史の暗喩である。汚辱の痕跡を消し去るかのように、家はリフォームされていくのだが、ジュリアの仕事はその壁（正史）をはがし、下地に刻まれた醜悪な現実を暴露していく。

ジュリアと同じ雑誌社の若手写真記者はいう。「ぼくなら寝た子を起こさない」。さらに夫はいう。「真実を暴けばだれか幸せになったか？ 世界が変わったか？」。何人かに分かたれてはいるが、これはジュリア自身の葛藤そのものである。他人の心の柔らかい部分に触わり、そのカサブタをはがすような行為をくり返す自分とはなんなのか？ 「共有」など絶対に不可能な痛みに、どうやって近づけばいいのか。答えなど存在しない問いをくり返し、大きな代償を支払いつつも、彼女は知ることを選ぶのだった。

過去と現在を描くカメラワークは対照的だ。安定したロング・ショットを軸に、「ユダヤ人である」ことを「理由」として合法的に殺される危険はない現在の世界が写しこまれる一方で、「例外状態」が常態化したナチス占領期の描写では逆に、不安定な手持ちカメラを使ったクローズ、あるいはバスト・ショットが多用される。

それまでの「前提」が一気に崩壊し、法も人間関係も、自分と愛する者をまもる確かなものがなにひとつなくなった者たちの不安と恐怖、絶望と揺らぎを慄《おのの》きながら写しとるカメラ。それは、現在のまなざしで、出来事の意味すらわからなかった当時の人たちを裁断する姿勢への「待った」にもつながる。助けを求めた隣人をナチスに売り渡した人びとも決して悪鬼として「外部化」できる存在ではない。その象徴は収容所のサラを監視する警察官だ。弟を助けなければというサラの懇願を1度は拒みながら、サラに自身の名を呼ばれた彼は、押し殺していた人間性を覚醒させたかのように素手で鉄条網をつかみ持ち上げ、彼女たちを外へと逃がすのである。掌を伝う血は、権力の末端を担う彼もまた人間であった証である。助けを求める彼女たちを最初は追い払ったものの、犬小屋で眠りこんだサラたちを家に入れ、重罰の危険を冒しながらも彼女たちを匿い、それからサラと何年も生活をともにすることになる農家の夫婦もいた……。

「人間性」が命とりとなる時代に葛藤のなかで「決断」をした人びとの姿。これらの描写はナチスの蛮行を「知らなかった」とのひと言で向きあうことを避ける者たちに問いかける。「では知っていればあなたはどうしたのか」と。もちろんそれは、旧日本軍がアジアでおこなった数々の蛮行を「知らなかった」ですます者たち（もはや「知らなかった」ではなく、否定し、開き直る

〔© GAGA Corporatiaon〕

者たちがこの社会の「大多数」なのかもしれないが）をも撃つ。

ジュリアが記事化した自国の蛮行に「吐き気がする」と感想を述べた同僚女性に、彼女は問う。「あなたならどうした？」。ことばに詰まった女性に代わってかたわらの男性写真記者はいう。「ぼくならテレビで観ているかな。イラクやアフガンの空爆のように」と。そのとき、そこにいればなにをしたか？　どうあり得たのか？　その葛藤を手放さないことこそが監督の考える「歴史と向きあう」ということなのだろう。

拒んだ後に向きあう者もいれば、見ずにすます者、口先だけで向きあわない記者もいる。登場人物たちのスタンスはさまざまだが、監督は誰も裁断はしない。ただ離婚という対価を支払いながらも過去との「出会い」を選んだジュリアと、ある遺族との紐帯が描かれ、そこにジュリアの妊娠がからんでいく。夫は堕胎を望むが、殺されていった者たちの生をたどったジュリアにとってそれはもはやありえない。言いかえればそれはサラに救われた命である。ジュリアは生まれた娘をサラと名づけ、その潰えた命の先を生きることを引き受ける。彼女がマス・メディアの現場から身を退いたことが示唆されるのもその延長線だろう。出来事と真摯に向きあわず、うわついたことばでただ消費していく現場に、もはや彼女の居場所はなくなったのだ。そのことばの耐えられない軽さは、作品中で何度も引用されるシラクのスピーチの軽さにも重なる（だがこの日本はそのレベルですらない）。過去に向きあい、人と出会うとは、それまでとは違う者になることを引き受ける「覚悟」の謂いなのである。

＊

『黄色い星の子供たち』も、ヴィシー政権時のユダヤ人迫害の歴史的責任をえぐった1本である。原題はそのものずばりの「一斉検挙」。監督はジャーナリストで、映画監督としても活動するローズ・ボッシュ。何年もかけて事件をリサーチし、膨大な資料を詳細に調べあげ、数少ない生存者（7万6千人中、生還したのはおよそ2500人だった。ましてや彼女が取材をはじめた時期、生存者は数人だった）へのインタビューをもとに脚本を書き上げ、みずから演出して映画作品として世に問うた。

物語の起点は1942年である。ナチスはこの年、「ユダヤ人問題の最終的解決」を決定し、前年にはアウシュヴィッツ＝ビルケナウ収容所にガス室を完成させていた。

迫りくる不安のなか、それでも他郷で仲むつまじく生きるユダヤ人家族や、理不尽な差別にさらされながらもたくましく生きる子どもたちの日常が描かれる。そこにからんでくるのが、彼・彼女らの運命をまるでゲームでもするように決めていくペタン元帥とピエール・ラヴァル首相であり、絶滅計画について協議するヒトラーとヒムラーである。

ここが『サラの鍵』と比した『黄色い星の子供たち』の特徴である。カメラ（観客の目）でとらえる空間のほぼすべてにふたりの女性が存在し、彼女たち以外の物語を禁欲することで逆に広がりをもたせた前作とは違い、『黄色い星の子供たち』には、登場人物たちの運命を決定づけていく為政者たちが登場してくる。彼らの口を衝くのは仏独協働のユダヤ人抹殺作戦の遂行課程や、その背後にある思想である。これは入念な調査で得た貴重な史料をなるべく公表したいというジャーナリストとしての欲求の発露だと思う。

ここで注目すべきは、最初に検挙され、片道切符で収容所に送られたのは、外国籍のユダヤ人だった事実である。「一斉検挙」の約1カ月前、ドイツからユダヤ人10万人の移送を命令されたラヴァルは、協力（協働）はするがフランス国籍のユダヤ人は対象としないと決定する。なぜか？　法律家（弁護士）でもあったラヴァルはこううそぶく。「外国人なら国民は反発しない」と——。居住国の国民であることが身の安全を保障する。それは非・国民は人権の埒外に置かれることと表裏一体だった。国民国家制度がはらむ問題が、まさにその発祥地で実証されたのだ。「人権の祖国」の国民たちは、「市民権」の有無や「国籍」の違いを装ったレイシズムを看過したのである。後にはフランス国籍をもつユダヤ人も収容所送りの対象となるが、その数は非・国民のユダヤ人の半分以下だった。

これら国籍を利用した大弾圧を経験したからこそ、2度の大戦を踏まえて1948年に採択された「世界人権宣言」はもちろん、その後制定されていった国際人権条約のいくつかには、文言こそ違っても「国籍への権利（恣意的に剝奪されない権利も含む）」が記されているのだ。歴史に学び、過ちをくり返さないための「ルール」である。だがこの「国際人権」の真逆を行き、グロテスクな社会システムを構築したのが日本だった。植民地化で皇国臣民とした朝鮮人を内地戸籍と外地戸籍（民籍、朝鮮戸籍）の違いで弁別、管理してきた日本政府は敗戦後、彼らの日本国籍を喪失させた。1952年4月のこと。世界人権宣言から4年後の暴挙だった。そして政府は外国籍を「理由」に、在日朝鮮人を公的年金などの社会保障から締め出し、ほぼすべての戦争犠牲者援護法の適用外としたのである。恣意的に失わせた国籍を根拠に、基本的人権を保障するための諸制度から排除したのだ。70年代終盤以降、社会保障での国籍差別は大きく改善されていくが、*3 戸籍から国籍を軸に再編されたレイシズムは、いまに至るまで在日朝鮮人や、その後に渡日したほかの外国籍市民たちの権利を制限し、公職からの排除を正当化している。なにより深刻なのは、国籍の違いによる不利益を「差別」ととらえる感覚が、この社会のマジョリティに欠けていることだ。72年前のラヴァルの認識は、この社会の現在である。だからこそ私たちは学ばなければいけないのだ。時どきに姿かたちを変えて現れるレイシズムを見抜き、対峙していくために。

そして7月16日、破局が訪れる。一斉検挙の命令に従うフランスの官憲たち、そして自発的に検挙に協力する民兵の姿が描かれていく。民族や国籍、社会階層、組織……。それらの線びきに沿って、人は他者との間に壁を築き、痛みへの想像力を放棄し、どこまでも下劣になれる。打ちひしがれる丸腰の女性や子どもを笑みすら浮かべて叩きのめし、ドサクサに紛れて、貧しい移民たちのなけなしの金品を盗みとる。絶望してアパートから身を投げた女性がいる。見る間に路面を血で染めていく女性のからだから、一斉検挙の司令部に場面が切り替わると、そこでは「作戦は成功、自殺者は〝わずか4人〟」との報告がなされている。なにひとつ悪いことなどしていない者たちが生活を破壊され、連行されていく。彼・彼女らに罵声を浴びせる者すらいる。ユダヤ人狩りの惨劇は、人間の非人間性をあぶり出していく。

一方で彼らをまもろうとする人たちもいる。それまでは立ち入り禁止の公園で遊ぶ子や母を「オイコラ」とばかりに追い払っていた巡査は、ユダヤ人の住民登録が大量に集められた事実に「人狩り」の強行を察し、追い立てていた地域のユダヤ人たちに身を隠すよう伝えにくる。ユダヤ人たちが暮らす集合住宅の住人女性は、捜索がくれば隣人たちに合図を送ろうと出入り口に腰かけ、想像を絶する規模の官憲に狼狽しつつ、その襲撃を声の限りに伝える。出色は、幼子を抱えて逃げる女性を娼婦たちが助け、聖職者に保護を頼む場面である。いわば「二級市民」として、官憲からは監視・管理の対象とされ、市民社会からは侮蔑のまなざしを向けられる者たちこそが、人間の人間たる証を見せるのだ。連行された者たちが押しこめられたヴェル・ディヴでは、食料どころか水すら与えられず放置された彼・彼女らの姿に衝き動かされた消防士が、放水ポンプを勝手にひき出して収容者たちに水を支給する。被収容者を監視する立場である警官のひとりは、一方で彼・彼女らの「脱走」を黙認している。

実際、全ユダヤ人口の4分の3が検挙されなかった事実は、なんらかの形でユダヤ人たちに手を差しのべるフランス人が少なくなかったことを示す。だがこのような人びとを描いたのは、フランス人には善人もいたと言い募るためか？　違うだろう。決してこれは、関東大震災のとき、虐殺される朝鮮人を匿った警察署長の存在を、「日本人の偉大さ」として吹聴する者たちの破廉恥と同列ではない。それぞれの置かれた状況のなかで、みずからのリスクと「善意」との間でゆれながら、なにかを選択する人びとの姿は、人は人を裏切り、殺すこともあるが、不正に怒り、彼・彼女らの痛みを感じ、助けようとすることもあることを示す。それは観る者の心のなかに、自分ならそのとき、どのように振るまえたかとの「問い」を芽生えさせる。彼・彼女らの姿は、「もし」と「たら」を通して、歴史を考えるとはどういうことかを観る者に問うのである。

もし1923年9月の東京や千葉、あるいは神奈川にいたら？　目の前で朝鮮人が鳶口や匕首《あいくち》、竹槍をもった自警団に連れていかれる場面に出くわせば？　止めれば暴徒たちに打ちすえられ、場合によっては殺されるかもしれない。しかし見過ごせば連行されている彼・彼女らはきっと殺される。そこでどういう行動をとりえるだろうか。この作品が円満な「国民」に突きつけてくる問いもまた、「もしあなたがこの場にいれば、どのように振るまえたか」である。もしヘイト・クライムの現場にいあわせたら？　もし招来させてはいけない次のジェノサイドが近づいたとき、目の前で凶行がなされようとしているとき、私は、あなたは？

註

＊1　本稿執筆は2014年2月から3月。

＊2　2012年、外国人登録法は廃止。新たな在留管理制度に伴い外国人登録証は「在留カード」に移行した。在日韓国人、朝鮮人らの大半を占める「特別永住資格者」の外登証は「特別永住資格証明書」となり、常時携帯義務は免除されている。

＊3　欧米からの圧力などで、「国際人権規約」を批准（1979年）、「難民条約」に加入（1981年）したことに伴う措置。残念ながら日本政府が人権に目醒め、自発的に動いたわけではない。

3

生きて、なにに「なる」のか？〔2011.12〕

『約束の旅路』

監督・脚本：ラデュ・ミヘイレアニュ
出演：ヤエル・アベカシス 他
原題：Va, Vis et Deviens
製作年：2005年
製作国：フランス

『夜と霧』を嚆矢とするホロコースト映画の数々は、それが作品としての強度をもてばもつほど、人間という生き物の非人間性を命の深部に突き立ててくる。状況さえ整えば、たいていの人間はどんな残虐行為にも手を染めてしまう。そこではもはや「人間にこんなひどいことができるのか」との問い自体が崩壊してしまう。だからこそ、絶滅収容所から生還したユダヤ系イタリア人の詩人、プリーモ・レーヴィは、「私はドイツ人であることが恥ずかしい」といったドイツ人にこう返したのだろう。

「私は、人間であることが恥ずかしい」と。

ナチスという絶対悪がリードし、欧米キリスト教世界が協働や沈黙、無関心で共謀した反ユダヤ主義の究極的噴出「ホロコースト」の「埋めあわせ」として、国際社会はヨーロッパのユダヤ人に「民ある土地」を与えた。１９４７年11月、人口７割のアラブ人に土地の44％、人口３割のユダヤ人に土地の54％を与え、エルサレムを国際管轄地とする国連決議「１８１号」が、ユダヤ人富豪に支えられた米国トルーマン政権の強烈な圧力で成立、「イスラエル」の建国が決まった。

ヨーロッパのユダヤ人の歴史は迫害に満ちている。それが絶滅政策という究極形で噴出したのが「ホロコースト」だった。いくつもの作家の営為が刻んだように、虐殺の下手人はナチスという「怪物」だけではない。フランスのヴィシー政権を筆頭に、欧州各地の反ユダヤ主義者たちがナチスに同調、迫害に手を染めた。そして欧米諸国は、迫害を逃れた者たち（難民）の受け入れを積極的に担おうとはしなかった。反ユダヤ主義は、欧米キリスト教世界全体に遍在した。『ライフ・イズ・ビューティフル』や『サラの鍵』、『黄色い星の子供たち』に記録された事態が再現しない保証はないというシオニストの言説が一定の力をもつ。そこからユダヤ人によるユダヤ人のための国を築き、圧倒的な武力で「わが民族」をまもるというシオニズムの発想が出てくる。だがそれは、新たな悲劇を踏み台にしていた。

国連決議を号砲に、それまでムスリム、ユダヤ教徒、クリスチャンがときに小さな摩擦を起こしつつも共生していたパレスチナには、暴力が吹き荒れた。「乳と蜜が流れる地」の各地でユダヤ人武装組織によるパレスチナ人の虐殺、追放がおこなわれたのだ。それは「ユダヤ国家」建国のための「地均し」だった。地中海を渡る移民船で英国委任軍統治下のパレスチナにやってきた欧州の「ユダヤ人」たちは、現地の住民からすれば「侵略者」にほかならなかった。

国連決議の翌48年5月14日、イスラエル建国が宣言されると、これに反発するアラブ諸国軍との間で第1次中東戦争が起こり、イスラエルは歴史的パレスチナの7割を占領する。新たに成立した「ユダヤ国家」は、不当な国連決議181号の境界すらまもらなかった。ホロコーストという「あの経験」をしたわれわれはなにをしても許される、われわれには他者を犠牲にする権利があるといわんばかりの専横だった。多数のユダヤ難民たちを迎えて創られた国は、80万人ものパレスチナ難民を生み出すことになる（2017年段階、国連登録のパレスチナ難民は約587万人に達している）。「人間とはこのようなことができる存在なのだ」ということばを文字通り裏書きしてきたのが、ジェノサイドを「バネ」に建国されたイスラエルという国なのだ。

イスラエルのパレスチナ人、ミシェル・クレイフィと、イスラエルのユダヤ人、エイアル・シヴァンによる『ルート181』（2003年、ベルギー・英・仏・独）は、ふたりが車に同乗し、実現しなかった181号決議の境界線を北上しながら、道中で出会う人びとを記録しインタビューした、4時間半におよぶ長編ドキュメンタリーだ。ふたりの旅があぶり出していくのは、「ユダヤ国家」としての「イスラエル」を成立させた非人間的行為の数々（たとえば「マタテ（箒）作戦」と呼ばれたパレスチナ人の虐殺と追放への参加を「懐かしい思い出」として、笑みを浮かべて自慢する元軍人の醜悪さは典型である）と、「ユダヤ人によるユダヤ人の、ユダヤ人のための国家」、すなわち「他者なき世界」を追求していくシュールなまでのおぞましさである。

その手段は、パレスチナ人への制度的抑圧と追放、そして占領、包囲する「パレスチナ自治区」での人口抑制（ガザでくり返されるジェノサイドはその手段でもある）、そして全世界の潜在的イスラエル国民の「輸入」と入植地の拡大である。「ユダヤ国家」イスラエルの国民とは誰か？　通常、「国民」とは当該国籍を保持する者だが、イスラエルの「国民」とは全世界の「ユダヤ」人である。[*1]「ユダヤ国家」の維持は人口の圧倒的多数がユダヤ人であることによってのみ保たれる。そのための手段が、世界中にいるユダヤ人の受け入れだった。

排他的な「ユダヤ国家」維持のために「輸入」される「国民」たち。ロシアと並ぶその供給源がアフリカのエチオピアである。１９７４年に帝政が打倒されたエチオピアでは、軍事独裁政権が恐怖政治を敷き、その上、長期の内戦と、たびたびの大飢饉に見舞われた。社会主義を掲げる政権は移住を認めないが、農村部の多くの人たちは、命を賭けて隣国スーダンなどへと逃れた。

失脚したエチオピア皇帝の枕詞が「ソロモンとシバの女王の末裔」だったように、エチオピアにはユダヤ教文化を保ち、エチオピア人たちから「ファラシャ」という蔑称で呼ばれる者たちがいる。正統派ユダヤ教徒のなかには彼らを正統なユダヤ教徒とは認めない者も多いが、イスラエル政府は、80年代の飢饉の際などにエチオピア難民らの大規模な救出作戦（＝ユダヤ人移民の「輸入」）をおこない、数万人がイスラエルに移住した。『ルート１８１』では、イスラエルの統合センター（いわば難民定住センターである）で通過儀礼を受けるエチオピア移民たちの姿も写しこまれている。

彼らにとっては言語的にも文化的にも「異文化」にほかならないスタイルで「歓迎」された移民たちは、白人のユダヤ人を前に困惑の表情を浮かべ、ワインを口に含んで目をしばたく。その光景はセンターを出た後、彼らがイスラエル社会で直面するであろうレイシズムの一表出形態「同化主義」をも予想させる。

チャウシェスク政権のルーマニアを逃れてフランスに移住したユダヤ人、ラデュ・ミヘイレアニュ監督がつむいだ母子の物語『約束の旅路』（2005年、仏）の主人公は、生きるためにイスラエルに渡ったエチオピア難民である。その軸は、庇護国をもたない苦難をくぐりぬけてきたがゆえ、イスラエルの「円満な国民」となることをめざす彼の軌跡だ。もちろん「難民」という「境遇」はあってはならない。後ろ盾となる政府を失った者たちの苦境は、まさに欧州のユダヤ人が体現してきた。国連機関などが自明視する難民問題のひとつの「解」も第3国の国民となり、その国に統合されることだ。しかし、常に基本的人権をはぎとられた者たちを生み出す「国民国家体制」を前提にしている点で、「国民化」とは「世界」の根本的矛盾を繕う対症療法にすぎない。そして難民、無国籍を問わず、「国民化」とは、「統合」される者にとっては暴力を伴う。とくにイスラエルや日本のような「他者なき世界」を希求し続ける国では。この「国民化という暴力」こそ、本作のテーマなのである。


本作の背景には現実に実行された移民計画がある。1984年、イスラエルの諜報機関「モサド」が中心となって実施したエチオピア人の大量移送計画「モーゼ作戦」のことだ。大飢饉で難民化したエチオピアのユダヤ人を大量に「輸入」して、イスラエル国内のユダヤ人口を増やす難民の政治利用である（だがイスラエル国内での位置づけは苦境にあるエチオピアの同胞の救出である。だから作戦名に「モーゼ」を冠している）。

おびただしい写真をもとに「ファラシャ」の苦難を説明した後、映画は砂漠に設けられたスーダン最大のエチオピア難民キャンプへと観る者を誘う。大勢のエチオピア難民たちがそこで暮らしている。１９７４年、長年続いた帝政が打倒された後、登場した政権は民衆の期待に背く恐怖政治を進めた。敵対勢力の粛清や、反政府派との内戦だけではない。アフリカにおける東西対立の最前線は、常に紛争の火種を抱えていた。さらには「ひとつの国」だったエリトリアの分離、独立闘争……。革命後の悲惨は、軍政を逃れて米国に渡ったエチオピア人であるハイレ・ゲリマ監督の『テザ 慟哭の大地』（２００８年、エチオピア・独・仏）に詳しい。独立を果たした後も続く大国の介入と支配、植民地主義に蹂躙され続けるアフリカの矛盾が、エチオピアを舞台に噴き出したのだった。

絶え間ない戦火にさらされる人びとの上に、旱魃と飢饉が追い打ちをかけた。命を賭してスーダンやソマリアに渡った人びとを待ち受けたのは、歓待とは対極の生だった。不衛生な環境、食糧も足りない。「先進国」ならば注射1本で治る病気で幼子たちが次々と事切れていく。ホスト国からは監視対象とされ、官憲になぶり殺しにされることも珍しくはない。砂漠を人心の荒廃に重ねるのは映画の常套表現だが、『約束の旅路』の冒頭で描かれる難民キャンプが置かれた荒涼たる砂漠とは、人間がこのような状態に置かれている現実を放置している私たちの荒廃にほかならない。

絶滅収容所からの生還者で、後に住居から転落死（自死といわれる）したプリーモ・レーヴィが、自作の詩に刻みつけた叫び「これが人間か」に重なるような、難民であることの意味を、命の柔らかい部分にコテで焼きつけられるような日々。夫と息子、娘を失い、スーダンにたどり着いた母親が、唯一生き残った息子を救うために選んだのは、ユダヤ国家の「作戦」に乗じた越境、すなわち息子をユダヤ人としてイスラエルに移住させ、その「国民」にして生きながらえさせる道だった。

実はこの母子は「ファラシャ」ではない。キリスト教徒である。すべては生きんがためだ。息子を生きのびさせるため、母は「偽装移民」に賭けたのだ。在日クルド人の一家を追いかけた野本大監督のドキュメンタリー『バックドロップ・クルディスタン』（2008年、日本）でも経歴を詐称して日本で難民認定を受けようとするクルド人男性が登場する。「嘘」を最後の（そして唯一の）武器にして現状を開こうとする彼らの行為をはたして私たちが非難できるだろうか。

母が息子を送り出す手立ては誰かになりすますこと。栄養不足と病で子を亡くしたばかりのファラシャの女性が、母の願いに応じて彼を自分の「息子」として連れていく。宗教の異同は関係ない、同じエチオピア人、同じ難民としての苦難を分かちもつゆえだ。

本作の通奏低音は「生きること、生きてなにかになること」（フランス語原題は「行け、生きよ、そして、なれ」だ）。それは別れ際に母が子に託したことばである。非・国民として人権の枠外に置かれ、母と故郷の大地を封印しなければ枠内にはいれない彼のひき裂かれる内面が、作品を貫く。

「聖地についたら肌が白くなるよね」。無邪気につぶやく彼・彼女らを迎えるのは自動小銃を携えた兵士たちに護衛された収容施設である。不安と期待を抱えた彼・彼女らに、出迎えたイスラエル人の責任者は「あなたたちは売られたのでも、奴隷でもなく、解放された人びとなのです」と笑いかけ、「シャローム」と祝福する。実際には「ユダヤ人国家」維持の駒として、国家予算で故郷からひきはがされ、国家に囲いこまれる「シオニズムの奴隷」そのものなのだが。

ほどなくその実態は明らかになる。ひと息つく間もなく彼・彼女らは広間に集められる。これからはじまるのは「偽装難民」を洗い出す査問である。係官の前にひとりずつ呼ばれた彼・彼女らは、親兄弟、祖父母の名前を聞かれ、正真正銘の「ユダヤ人」なのかどうかをチェックされる。野菜や果物の品定めのような扱いは、今後の二級市民としての扱いを暗示させる。その席で、彼・彼女たちはなんと、まず名前を「ユダヤ人らしい」ものに変えられていくのだ。エチオピアの公用語、アムハラ語で「新世界」を意味するアディスアレムは「おまえは今日からエディだ」とされ、ある者は「ソロモンでいいだろ」といわれ、ある者はイサクと「命名」される。建国以来、イスラエルは域内ユダヤ人の「国民化」と、「非・国民」への弾圧を続けてきた。そんなありようを象徴するのがこの場面である。思いつきで、流れ作業のように人の名前を変えることを暴力と認識できないのだ。「同化主義」の自明視が、そんな感性をまん延させている。

そしてこのシーンは、「同化と排除」の原則を堅持し、「在日朝鮮人の教育運動」を目の敵にしてきた日本の一貫した姿勢をも想起させる。在日朝鮮人たちが設けた書房《ソバン》（寺子屋）に対する1930年代の弾圧をはじめ、敗戦後の1948年と翌49年、日本各地で強行された朝鮮人学校強制閉鎖、さらにはいま現在も続く高校無償化排除、これと呼応しながら広がっていく朝鮮学校への補助金停止、廃止……。あるのは他者なき世界に安寧を求める病理である。

その地金は、東日本大震災の被災地でも遺憾なく発揮された。宮城県である。補助金停止で脅しあげ、各種学校である朝鮮学校の教育内容にまで介入してきた橋下徹大阪府知事（当時）や、それに便乗する形で朝鮮学校への補助金をいち早くやめた石原慎太郎東京都知事（同）の顰《ひそみ》に倣ったのか、村井嘉浩宮城県知事は震災から約半月後、当初予算に計上していた東北朝鮮初中級学校への補助金停止を決定、続いて仙台市も補助金を凍結した。2011年10月18日には宮城県議会が、「朝鮮総連が教育内容、財政、人事に強い影響を与えている朝鮮学校の無償化審査再開は国民の理解を得られない、暴挙だ」として、菅直人首相（当時）が退陣間際に指示した無償化審査再開の即時撤回を求める意見書を議決した。

瓦礫の山から新たなスタートを切るとき、被災地の「選良」たちが示した復興像、社会像は「排外主義」にもとづいていた。朝鮮人としての民族性をはぐくみ、その集合的記憶を継承していく場は認めない。この他者なき世界を志向する地金は韓国併合から100年以上を経たいまも変わらない。[*2]未曾有の災害で、隠れていた本音がむき出しになったといえばいいすぎだろうか。

ちなみに震災直後、東北の朝鮮学校関係者がおこなったのは、全国の同胞から寄せられた米でおにぎりを作り、近隣の日本人たちに配ることだった。この国の有権者が選んだ政府から1円の国庫補助も支給されていないにもかかわらず、自分たちへの救援物資を避難所の日本人たちに届けたのである。それは1995年の阪神大震災でも同様だった。在日朝鮮人は朝鮮学校を地域住民に開放し、支援物資をふるまった。マス・メディアは「困ったときはおたがいさま」的美談としてこれを報じたが、単なる「善意」ですませていいのか？　その根底には、関東大震災時の朝鮮人虐殺の記憶、先んじて笑顔を向けないとなにをされるかわからないという「日本人」への恐怖もあったのではないか。それに本来、「二級市民」から「一級市民」へ「助け」が差しのべられる現実は単なる美談ですむのか。常に少数者の側に譲歩を求めてきたこの社会の倒錯がそこに表れているではないか。

「他者の否定」、とりわけ日本の近現代史が犯罪の歴史であることの証人である「朝鮮人の否定」は、21世紀になってもなお、この日本社会に溜めこまれた情念であり続けている。そしていまだ除染されない「レイシズム」という猛毒の汚染水は、大陸の端にあるイスラエルと地脈を通じている。逆にいえば「同化と排除」の社会に放りこまれた主人公シュロモの「生きがたさ」を観るということは、日本がその歴史的責任において生み出した「半難民」たる在日朝鮮人たちが、4世代、5世代を重ねたいまなお強いられるこの社会での生きがたさを想像することであり、他者が他者であることを認めないこの日本社会の醜悪さを省みることにほかならない。

さて、西端の不条理・イスラエルに暮らすシュロモは全力でイスラエル社会への同化にとりくむ。「生きなさい、生きて何者かになりなさい」という実母のことば。そしてシュロモをみずからの「子」として越境させた後、ほどなく死去した2番目の母の遺言「しきたりを覚えなさい。そうすれば安全だから」とのことばへの応答である。フランスから移住した左派家庭の養子となったシュロモは、無我夢中でヘブライ語を学び、「家庭内言語」のフランス語にも通じていく。国外追放の危険と隣りあわせの勉学が実らないわけはない。彼はどんどん「ユダヤ人」に近くなる。

だが肌の色は努力では変わらない。移民国家イスラエルでの黒人差別がシュロモにつきまとう。吹き出物ができれば、「伝染病が怖い」と、少なからぬ親たちから転校を求められ、移民局では、個室に連れていかれ、割礼をされそうになる。その極めつけは、恋した女性サラに認められたい一心で挑んだユダヤ教の弁論大会である。課題は「アダムの肌は何色だったか」。右派ユダヤ教徒の対戦相手は「神が選んだ肌の色は白」と答え、創世記を白人に都合よく解釈して（これは黒人奴隷制やアパルトヘイト体制下でもなされてきたことだ）、返す刀で目の前のシュロモを貶める。曰く、いく重もの呪いを受けたクシュ（ノアの孫）の子孫が奴隷とクシー（黒人の蔑称）になったと。レイシズム以外のなにものでもない主張には会場の半数を占める左派（シュロモの応援団である）がブーイングを浴びせるが、この人種主義が居場所を獲得し、政治的力をもつのがイスラエル社会なのである。対してシュロモは、動揺しつつも静かにこう返すのだ「アダムはアダマに由来する。ヘブライ語の『大地』だ。神はアダムを粘土と土から造り、ことばのように命を吹き込み、こうしてアダムが生まれた。だからアダムの肌は粘土の色の『赤』だ。ヘブライ語で『赤』は『アドム』。すなわちアダムの肌の色は黒でも白でもなく、赤である」。そして神は、新世界にひとりいるアダムのためにイブを造り、「なにかになれ」と命じた後、みずからは「月に化身してアダムを見守っている」と。

このシーンは、アダムに、故郷喪失者であるシュロモの人生が掛けられている。人を仕分け、分断する生き方ではない、別の生き方、さらにいえば他者を認めず、争いを重ねる人類の生き直し、愚行の歴史に幕を引くとの希望が重ねられているのだ。言いかえれば彼は「このような世界のありよう」を変える「別の者」なのである。そして見守る月とは、いく人もの母親たちである。この場面は、みずからの肯定というシュロモの旅の道標になっていく。

だが彼はあくまで「ユダヤ人国家」のマイノリティである。「国家」という存在が与えてくるアイデンティティは、彼をむしろ国民の枠から弾き出すのだ。イスラエルで彼らはクシーと呼ばれ、白人に対する黒人、正統派に対する異端、あるいは「似非」とされる。その差別の激しさは「月に12人のエチオピア人移民が自殺する」という劇中の警察官のことばに表れている。生きる道を求めてイスラエルに渡った者たちが自死を選ぶという悲惨。植生の違う場所に植えられた者たちの悲劇がそこにある。弁論でシュロモは圧勝するが、東欧系ユダヤ人で、彼を「クシーの偽装移民」とまなざす恋人の父は差別意識をむき出して、「二度と娘に近づくな」と恫喝する。

「何者かになる」ことをめざす彼は、一方で「何者でもない」自分に苦しむ。初等教育を受けていた時代のシュロモにとって唯一の安らぎは、下校時のわずかな時間、靴を脱ぎ、裸足の裏に土を感じるときである。そのひき裂かれは成長とともに深刻になっていく。どれだけユダヤ人化しても、「正しいユダヤ人」から拒絶される。「ユダヤ人」になろうとするシュロモの苦悩に私が想起したのは在日2世の作家、李良枝《イヤンジ》がみずからをモデルに描いた小説『由熙《ユヒ》』である。そもそもユダヤ人でないシュロモと在日朝鮮人である由熙では位相が違うものの、日本語を「母語」とする在日朝鮮人の由熙は、留学した「ウリナラ」（私たちの国＝母国）たる韓国を愛そうともがき、「ウリマル」（私たちの言葉＝母国語）を求め、「ウリマル」に拒否され、みずからの問いに潰されていく。自分は何人なのか？その根拠はどこにあるのか……。それはディアスポラにつきまとう問いである。

シュロモにとって「ユダヤ人になる」ことは「エチオピア人でなくなること」、故郷（母）から突き放され、切り離されることでもある。その関係は、母語たるアムハラ語を綴れない姿に象徴される。なによりも彼は、難民生活からの脱出を、他郷の国民になることに賭けた「偽装ユダヤ人」なのだ。

イラクのクエート侵攻、湾岸戦争、インティファーダ。そしてオスロ合意（この欺瞞そのものの合意を寿ぐシュロモの「家庭」の様子は、シオニスト「左派」の限界を示してもいる）。１９９０年からの中東情勢を背景にシュロモの彷徨が描かれる。飢餓と旱魃に苦しむ故郷、そして母への思いから、彼は医者を志す。

フランス留学を終えた彼は2000年、第2次インティファーダ最中のイスラエルに戻り、医務兵として蜂起鎮圧の場に駆り出される。銃弾が飛びかう現場で、彼は足を撃たれた子どもに駆け寄り施術をするが、そこに短銃をもったパレスチナ人が駆けつけ、「ユダヤ野郎、俺の息子に触るな！」と唾を吐く。彼はそこでは敵でありイスラエル兵なのだ。呆然と自陣に戻った彼を今度は上官が怒鳴りあげる。「ヤツらは放っておけ！　味方が第一だ」と。味方とは？　敵とは？　目の前の命を救うことすら国や民族にひき裂かれる。そのとき、シュロモの肩を銃弾が射貫き、彼は倒れる。「わからない……わからない……」とくり返しながら。目が覚めるとそこは病床、養父母や姉、そして恋人のサラがいた。

のたうつ彼を優しく見まもるのは、4人の母たち。生かすために息子を手放した実母、彼女の願いを聞き、彼を渡航させた2番目の母、常にシュロモの側に立つ養母。そしてシュロモの子を産むサラ……。本作は、愛の力で「この世界のありよう」を乗り越えようとする世界中の母たちに捧げられているのだろう。

偽装ユダヤ人であることを妻に告白する試練を義母の愛で克服したシュロモは、サラになにかを「約束」し、医師としてスーダンの難民キャンプへと赴く。その内容は最後まで明かされないが、シュロモはアフリカの大地を裸足で踏みしめ、みずからのルーツを見つけ、みずからをありのまま受け入れる。「何者かになろう」とあがき続けた彼の旅路は、母との再会、すなわち自分はどこからきて、何者なのかを知ることで終わり、そこからはじまるのだった。国から与えられた「ありよう」を自明視できない彼のアイデンティティは、みずから構築していくしかない。そこには家族や友人にも理解されえない、みずから引き受けるしかないさまざまな苦難が伴うだろう。その重みに膝を折り、あるいは圧し潰されることもあるかもしれない。だが与えられた規範と同一化し、みずからが何者なのかを葛藤する自由さえもたない「国民」に比すれば、それは決して不幸ではないと思う。彼に通じる問いを背負ってきた在日2世たちと語らうなかで、私が感じたことだ。

国民国家の「常識」である「国民化」というイデオロギーに苦しみぬいたシュロモの姿は、非・国民の国民化という暴力をえぐり出すにとどまらない。「ありのまま」を受け入れてくれる養母と妻の姿は、「ユダヤ国家」を掲げ、難民を頭数として「輸入」し、「他者なき国」をめざすイスラエルと、その思想的根幹であるシオニズムの醜悪さを否応なく浮かび上がらせる。愛に従う養母は国家の枠組みを前提にした「良心的」シオニストの夫と次第に対立し、「クシー」と結婚した妻に至ってはイスラエルの保守系社会から追放されるのだ。私生活で居場所を見つけたシュロモも、右派からの似非ユダヤ人との批判、偽装ユダヤ人発覚の不安、国外追放の恐怖を抱えて生きる事実は変わらない。

そして本作の特質は、シオニズムの直接、最大の犠牲者であるパレスチナ人を描かずに、シオニズムという、常に外部を作り出し、迫害するレイシズムを根源的に批判していること、一枚岩でないイスラエルの内側を描きながら、シオニズムの奴隷となったイスラエル社会を描いていることにある。

註

＊1　そしてイスラエルは２０１８年7月、同国での民族自決権をユダヤ人だけに限定する「国民国家法」（＝憲法）を制定した。建国宣言における「宗教、人種、性別にかかわらず、すべての国民が平等な社会的、政治的権利」をもつ国家とのくだりを否定、建前とはいえ掲げていた「民主主義国家」としてのイスラエルを完全に放棄した。まさにアパルトヘイト国家である。

＊2　本稿執筆は、２０１１年11月から翌年1月。

第4章
「血と暴力の国」から

1 『ソルジャー・ブルー』

「アメリカ」という原罪 〔2015.9〕

監督：ラルフ・ネルソン
脚本：ジョン・ゲイ
出演：キャンディス・バーゲン 他
原題：Soldier Blue
製作年：1970年
製作国：アメリカ

ヨーロッパのあらゆる街角で、世界のいたるところで、人間に出会うたびごとにヨーロッパは人間を殺戮しながら、しかも人間について語ることをやめようとしない。このヨーロッパに訣別しよう。

——フランツ・ファノン

兄弟姉妹達よ、私とともに白人の罪を問おう！
白人はこの世で最大の殺人者だ。白人はこの世で最大の誘拐犯だ。白人は行く先々で平和と秩序を破壊し続け、その後には混乱が残った。その後には荒廃が残った。

——マルコムX

アイヌモシリと琉球を「自国領」として誕生したこの日本、パレスチナ人の虐殺と追放を足場に「建国」されたイスラエルという国――。国家とは得てして、入植と先住者への弾圧を通して生まれる。移民の国、アメリカ合衆国もその愚行を体現する国だ。「アメリカ・インディアン」[*1]の虐殺と追放ではじまった米国の「原罪」を教科書的なわかりやすさで描いた異色の「西部劇」が１９７０年の『ソルジャー・ブルー』である。

少しおさらいする。先住民にとっての災厄の起源は１４９２年、コロンブスの新大陸発見だった。これを契機に、欧州の帝国が次々と進出、カリブ海域、中米エリアで先住民を虐殺、誘拐しながら、アメリカ大陸に入植地を拡大していく。17世紀には最初の英国人入植者がヴァージニアに「町」をつくり、十数年後、メイフラワー号に乗った「ピルグリム・ファーザーズ」たちがイギリスから渡ってきた。いまの米国への本格的な入植のはじまりである。白人キリスト教徒の入植者たちを先住民たちは客人として迎え、飢えと病に苦しめば衣類や食物を与え、作物の栽培法まで伝授した。

アメリカで能天気に寿がれる「感謝祭」で供される、七面鳥やコーンブレッド、パンプキンパイなどの定番メニューは、先住民から贈られた食材で作った料理に起源をもつという。天から与えられた地で連綿と生をつむいできた者たちにとって、前から暮らしていたことは「特権」ではなく、地から得た恵の数々は来訪者と分かちもつべきもの、独占してはいけないものだったのかもしれない。

だがヨーロッパ白人の侵入は、アメリカ・インディアンに破局をもたらした。欧州からもちこまれた疫病が免疫のない先住民たちの命を奪っていく。増加の一途をたどる白人たちは、さらなる土地を求めて先住者との間に衝突をひき起こす。それらはほどなく圧倒的武力を背景にした殲滅へと変わっていく。「隷従」を拒み、約束や信義、名誉に生きる先住民たちは、物質的豊かさを求めて突き進む入植者たちにとっては邪魔者でしかない。「共存」の口約束は次々と反故《ほご》にされ、殺しあいが頻発していく。

17世紀前半にはじまった、「インディアン戦争」（だがそこには「戦争」と称するだけの対称性はなかった）と呼ばれるジェノサイドは、イギリスからの独立戦争と米墨戦争、そして南北戦争を経て19世紀末まで続いた。黒人奴隷が、表面的とはいえ解放された後も、アメリカ・インディアンの殲滅と強制移住は終わらない。19世紀を通して続いた西漸運動、いわゆる「西部開拓史」とは、まさに「血の轍」である。

「米国」の地図、歴史とは有色人種の血で書かれている。トラウマ研究の蓄積によれば、みずからの行為の犯罪性に向きあわない「加害トラウマ」は無意識に同じ行為をくり返すという。[*2]「国内」を「平定」した後も、アメリカは戦争を欲し、2度の世界大戦を経てもその習性は変わらなかった。朝鮮、ベトナムへの介入、そして米国の「9・11」への報復として強行されたアフガニスタンへの爆撃、まっ赤な嘘だった「大量破壊兵器」を理由にしたイラクの政権転覆と無政府化――。主要な戦争だけでもこれだ。スーダンやシリアなど、中東やアフリカの国に対して宣戦布告もなくおこなわれたミサイル攻撃や、チリでの「もうひとつの9・11」に代表される、各地での内戦誘発と軍事独裁政権の支援なども数えれば、きりがない。

2大政党のどちらが政権に就いても、誰が大統領になってもアメリカは常に、世界に「死と破壊」を輸出してきた。そして特筆すべきは第2次大戦後の戦争の数々は、「白人キリスト教徒」が多数者を占めない国でおこなわれてきたこと。アメリカの一貫した「ポリシー」は、「平和」でも「自由」

でも「民主主義」でもない、レイシズムなのだ。それは原子爆弾の人体実験をドイツではなく日本で敢行したことにも通じる。米国の軌跡とは、歴史の天使がうしろむきに吹き飛ばされながら目にする「瓦礫の山」の連なりにほかならない。その結果、帰ってきた暴力が「９・11」であり、銃社会を背景にした大量殺人事件の頻発である。１９６３年11月、ダラスでジョン・Ｆ・ケネディが暗殺されたとき、マルコムＸが記者たちにいったことばを借りれば、「朝、鶏舎から出した鶏は夕方になると鶏舎に戻る。悪魔の鶏も自分の小屋に帰る」[*3]のだ。ベトナム帰りの元海兵隊員で、心を病んだレイシストのタクシー運転手がヤクザ者たちを皆殺しにする『タクシードライバー』（マーティン・スコセッシ監督、１９７６年）や、国家（＝父）に拒絶されて傷ついたベトナム帰りの元特殊部隊員が、田舎町で警官たちを相手に大暴れするファザコン物語『ランボー』（テッド・コッチェフ監督、１９８２年）、国家によって殺人マシーンとされた男が、みずからを止めてくれる相手を探して殺人を重ねる『ヒッチャー』（ロバート・ハーモン監督、１９８６年）など、「帰還兵」の暴力衝動や孤立を題材にした映画が、これほど同時代的に制作され続ける国も珍しいだろう。

『ソルジャー・ブルー』はそんな米国の根幹たる「死の文化」のひとつの起源、１８６４年に起きた先住民殺戮「サンドクリークの大虐殺」を克明に描いた作品である。

黒人解放運動に触発されるように盛り上がり、１９６０年代から70年代にかけてピークを迎えた、いわゆるレッド・パワー運動（アフリカ系米国人による公民権運動にエンパワーされつつも、市民的な平等要求よりもむしろ、民族自決などを求めたアメリカ・インディアンの運動総体を指す）の流れにも呼応したのだろう、本作は「西部開拓史」の「犯罪性」を告発するとともに、西部劇定番の「悪役」として描かれてきた「インディアン像」、半裸で羽飾りをつけ、奇声を上げながら駅馬車や入植地を襲い、人殺しと略奪をくり返す「人外の絶対悪」としてのアメリカ・インディアン表象を「恥ずかしい」描写とした一作として、映画史上に特異な地位を占めている。

その「暗部」をえぐるとの決意は、題名であり、オープニングで流れる主題歌でいく度もくり返される「ソルジャー・ブルー」の呼びかけに示されている。訳せば「兵隊さん、兵隊さん」である。だが、なぜブルーか？　これは北軍兵士の軍服の色なのだ。前述したように先住民虐殺は、南北戦争を挟んで進められた。「黒人解放」を旗印に闘った者たちは、南軍を倒した後、さらに西漸運動を続け、インディアンに次々と戦争をしかけていったのだ（ちなみにリンカーンも含め、北部が「奴隷制廃止」をどこまで真剣に考えていたかはわからない。当時、欧州列強の多くはすでに黒人奴隷制を廃止しており、南部の姿勢はイギリスなどから批判されていた。「奴隷制廃止」の主張は、北軍がみずからの闘いの「正当性」を対外的にアピールし、南北どちらにつくか迷っていた州をみずからの陣営にひきいれるための戦略でもあった）。

本作は「国民統合」の一方で続いていた虐殺を描き、映画などが振りまいた「北軍」にまつわる肯定的イメージを粉砕する。制作者の意図は別にして、その営為は合衆国という国家それ自体の「正当性」をも射程に収めている。「奴隷解放の父」といわれるリンカーンも、先住民虐殺についてはいくつもの作戦に責任をもつ大量殺人の下手人なのだから。彼のいう「人民」にはアメリカ・インディアンは含まれていなかった。

映画は１８６４年、アメリカ中西部コロラド州のサンドクリークではじまる。近くの砦で任務に就く者たちへの給料を積んだ馬車に、謎めいた女性が乗りこんでくる。白人社会の「規範」に収まらないことの象徴だろう、いかにも窮屈なドレスにからだを詰めこみ、大きな帽子で顔を隠している。盛りのついた若い騎兵隊員らは妄想をめぐらすが、スカートから伸びる足先をまもっているのは、先住民のデザインを縫いこんだ編み上げの靴だ。クレスタ（キャンディス・バーゲン）である。

誘拐や襲撃による拉致かあるいは……事情はわからないが2年間、アメリカ・インディアンの一民族、シャイアンとともに生活していた彼女は、集落を離れ、白人の婚約者が待つ砦へと向かう途上だった。だが小隊はシャイアンの襲撃を受け、2等兵ホーナス（ピーター・ストラウス）以外の兵士21人が殺害される。生き残ったホーナスはクレスタと砦をめざすことになる。

クレスタとホーナス〔写真協力　公益財団法人川喜多記念映画文化財団〕

大衆文化である映画を通じて、この国の歴史の真実を白人に知ってもらう。それが本作のあけすけな意図だ。最終盤の凄惨極まる虐殺シーンで語られることの多い本作だが、物語の大半は、いかにも1970年的な音楽に彩られた、若い白人男女ふたりのユーモアも盛りこんだロード・ムービーである。このコントラストによって、クライマックスの虐殺はさらに衝撃的なものとなる。

砦をめざすクレスタとホーナス。やがて恋に落ちるふたりの、笑いも含めた会話のなかにも「暗部」についての情報提供はしっかりなされていく。言いかえればこの過程は、クレスタによる先住民弾圧史の講義なのである。

オープニングのテーマ曲でくり返されるフレーズ、「この国を愛する方法はほかにもあるはず」もその前置きだろう。私は「国を愛する」発想それ自体を嫌悪する者だが、自国の加害史に度しがたく無知で、それでいて自国を全肯定し、対立する先住民を「悪」と疑わない、ホーナスのような善良だが度しがたくナイーヴな青年——その先に監督が見ているのは、みずからが帰属する国を無謬のように措定し、それに反する事実から目を背け、汚辱性を指摘する者を「非国民」として攻撃するナショナリストたちだろう——に歴史の真実を教えていくのなら、入り口としてはありうる語り口と思う。いきなり白人の加害の歴史という真実を剛速球で投げつけてもダメな場合も当然、ある。ともかく本作は、いい意味で徹頭徹尾、啓蒙主義的なのだ。

後に明かされるが、ホーナスはカスター将軍率いる第7騎兵隊が全滅した「リトルビッグホーンの闘い」で父を喪った設定だ。彼の「愛国」と「先住民フォビア」の最大の根拠である。ただ、史実に忠実な本作でありながら、ここはあえて時代を入れ替えている。現実の「サンドクリークの虐殺」は、第7騎兵隊全滅の前に起きたことである。おそらくは誰でも知っている「悲劇の英雄カスター（この呼称はいまではナンセンスであるが）」の名前を出すことで、観る者をより物語へとはいりこませようとしたのだろう。ここも観客の「無知」を前提にした作りである。

そんなふたりが初日の野営でかわす会話は、まさに「授業」だ。本作の大事な「しかけ」でもある。長いが、一問一答に近い形で採録する。

21人の戦友の死を悼み、悲しみ続けるホーナスにクレスタはいら立ちをぶつける。

「兵士の死なんてなによ。この土地で野蛮に殺しているのは誰よ」

「ここは俺たちの国だ。野蛮でもない」。嘴を挟むとこの前段のことばは、現代日本でも公然と垂れ流されている典型的なレイシストの主張、彼らの最後の屁理屈である。あまりの手前勝手に怒るクレスタはぶちまける。

「彼らの土地に勝手に砦を作って、土地を奪われて黙っている人間なんていると思う？」

「だって彼らは平気で頭の皮をはぐ」。事実を突きつけられると偏見があふれるのは差別者の常である。これは「インディアン」固有の風習ではない。

「はじめたのは白人よ！」とクレスタはいう。白人が先住民を貶める際の常套句「野蛮」は、実は白人がこの地にもちこんだ。*4

本作に20年先立つ１９５０年、アパッチを信義や名誉に生きる「人間」と描いたジェイムズ・スチュワート主演の『折れた矢』でも、白人社会に流布するその偏見はさりげなく指摘されていた。「一攫千金」を夢見て、金採掘のためアパッチの土地に侵入した白人たちは、「インディアンの頭皮」を高額で買っていたのだという。

白人社会に戻って「皮」を見せびらかし、みずからの「度胸」と「強さ」をアピールしたのだろうか。16世紀末、朝鮮に送りこまれた秀吉の軍隊が、殺した兵士はもちろん、非戦闘員まで襲ってその耳や鼻を削ぎ、みずからの「武勲」をアピールした「野蛮」極まる史実を思い起こす。

クレスタに追いつめられたホーナスはいう。

「手足を斬り落として……アレまで」。あまりの無知にあきれる彼女は即座に切り返す。「わかるわ。それを記念品の煙草入れにしたのは誰？　それも白人の兵士よ」（「それ」とは陰嚢のことだ）

実際、騎兵隊が、虐殺した先住民の局部を切りとり、アクセサリーにしたのは史実である。もはや反論もできないホーナスは「ウソだ！」を連発する。ナイーヴなナショナリストにとって、不都合な事実はフェイクなのだ。クレスタはやるせない表情で続ける。

「軍隊が襲ったインディアンの村を見たことある？　女たちになにをして殺すと思う？　長いナイフで串刺しにされた子どもを見たことある？　生きたままよ？　私は見たわ」

実はクレスタは、シャイアンの長《おさ》「まだら狼」の妻だったが、どれだけ望んでもシャイアンにはなれない、「白人」である自分から逃れられないことに絶望し、ひき裂かれる思いで「まだら狼」との生活を終わらせたのだった。

ピューリタンそのものの禁欲的なホーナスと、野性的で大らかなクレスタ。図式的な人物設定が多少気になるが、なにかといがみあいながらも、ふたりはいくつかの難局を乗り切っていき、その過程で愛情が芽生えていく。だが決定的な「非和解性」を作品は手放さない。それはアメリカ・インディアン居住地域の草原で出会った行商人とのからみで噴出する。

「誠実な取り引き」で、先住民に石鹸や布などの日用品を売っていると称する男は、実はシャイアンらにライフル銃を高値で売りつけていた。

米国軍が殺し、米政府が迫害を制度化し、土地を奪い、保留地に追いやる。そして白人の商売人が

「足元」を見た商売で金を稼ぐ(初期は先住民を大陸での権益拡大に利用したいフランスが、物々交換で彼らにライフルを提供していたという)。白人はとことんアメリカ・インディアンを食い物にする。従来の西部劇でおのずから生まれる疑問だが、得てしてウヤムヤにされた疑問「なぜ彼らは銃器をもっているのか?」への回答がここで示される。

給料輸送車が襲われたのも、それが理由だった。銃器を買うための資金調達だ。たとえ圧倒的な武力の差があっても、騎兵隊は禽獣と見なす「インディアン」への攻撃を躊躇しない。野生動物を殺して楽しむ類の「野蛮な獣」たちにとって、撃ち殺す動物が丸腰であろうと関係ない。クレスタにとってライフルは「やむを得ぬ自衛の武器」だが、ホーナスにとってシャイアンに売られるライフルは「『絶対悪』に渡る武器」なのだ。

ホーナスは「使命感」を発揮し、売られるはずだった武器に火を放つ。一方で騎兵隊はシャイアンの居場所をつきとめ、総攻撃の準備を進めていた。たどり着いた砦でそれを知ったクレスタは、「仲間」を救うべく、砦から馬を走らせるのだったが――

ここからが本番である。それまでは、美しい自然と、まさに輝くようなキャンディス・バーゲンの美貌以外、観るべきものはないといってもいいかもしれない。だがその長閑《のどか》なつくりが、最終盤の大虐殺をより陰惨にする。本作の制作陣は、まさに「そこだけ」を描ければよかったのだと思う。

21人が殺されたことに憤り、部隊を率いるアイヴァーソン大佐はシャイアンを「悪魔」と称し、「容赦するな」と虐殺を煽り立てる。馬車に乗りウイスキーをあおりながら彼が口ずさむのが北軍の行進曲「リパブリック賛歌」であるのにも制作陣の「意志」を感じる。

当時、すでにシャイアンと白人の間には「交流」があった。そのときにもらった星条旗と白旗をもって「まだら狼」は騎兵隊に歩み寄るが、すでに殺戮を決めていた白人らは砲撃の「騙し討ち」で応じる。白旗と星条旗を地面に叩きつけ、「まだら狼」は踵を返す。「やめるんだ！」と大砲の前に身を乗り出し叫ぶホーナスは捕らえられ、その間にも次々に放たれる砲弾が集落を破壊し、人々を吹き飛ばす。降伏を拒んで集落を出ていたシャイアンたちが騎兵隊に攻めこむが、圧倒的な武力の差で一掃される。騎兵隊は、さらなる血を求め、女性や子どもの残った村へと攻めこんでいく。「まだら狼」が叩きつけた星条旗をみずから踏みにじりながら……。

彼らを「疫病」と呼ぶ大佐は、クレスタの婚約者に命令する。「ムラを破壊し焼き払え」と。実際の大佐は先住民を「虱《シラミ》」と呼んで虐殺を命じたという。ナチス高官らがユダヤ人を虱と形容し、差別を煽る半世紀以上前のことだ。

ティーピー（円錐型テント）に火が放たれ、飛び出てきた子どもが次々と撃ち殺される。馬上の兵士がサーベルで立ちすくむ子どもの首をはね、飛び出してきた女性を兵士が丸裸にして押し倒し、輪姦しながら腹を裂く。子どもを生きたまま杭に刺し、はねた手足や首を槍や木の先に突き刺して掲げる。燃え上がる集落のなかでの虐殺、斜面に隠れて難を逃れようとする子どもたちを見つけた兵士は、奇声を上げながら一斉射撃を加えていく。

殺戮を楽しみ、遺体を掲げて甲高い声で雄叫びを上げる姿は、彼らがアメリカ・インディアンを蔑《さげす》み称した「野蛮人」そのものだ。1937年、日本軍によって陥落した南京とその周辺でも同様の光景が現前したのだろうか。かつて、ジョン・ウェイン主演の映画やテレビ・ドラマの西部劇など

〔写真協力　公益財団法人川喜多記念映画文化財団〕

で流布されてきた「野蛮なインディアン」のイメージとは、実はこの「ソルジャー・ブルーたち」の姿にほかならなかった。虐殺のリアルさそれ自体は、特殊効果が発達したいまとは比べものにならないが、人がいかに人間性と対極の行為におよぶかを焼きつけた描写は凄まじい。

史実では村を襲った騎兵隊は７００人以上、先住民５００人あまりが虐殺された。その大半が女性、子どもだった。女性たちの多くは強姦された上で殺され、１００人が頭皮をはぎとられたという。これだけの犯罪なのにまともな調査がなされなかったのか、破壊がひどすぎてわからないのか、あるいは両方なのか、映画の最後、字幕で紹介される被害にまつわる数字はいずれも末尾がゼロだ。破壊しつくされたのは家屋としてのティーピーだけではない。家族と喜怒哀楽をともにし、仲間と火を囲み、煙草を回し呑みし、友誼を結び、ときに闘い、自然の厳しさにみずからをゆだねて生きてきた歴史の集積である“Home”が焼きつくされたのだ。

ラスト、死体と煙が充満する村の「跡地」で司令官が部下たちに演説している。「諸君は本日、新たなる安住の地をアメリカに創り出した。インディアンには忘れ得ぬ教訓を与えた。諸君は今後、今日という日を生涯、誇りに思うがよい」と。司令官が出撃前、先住民への攻撃を正当化するために口にしたことば「ヤツらは神を信じない」は、神を畏れず、獣以下の蛮行におよんだ司令官以下、騎兵隊たちのことにほかならない。それはいまに至るアメリカ合衆国の蛮行の数々とも重なりあう。

とはいえ、容赦なく歴史の暗部をえぐる一方で教育的な配慮にも満ちた本作は、「身もフタもない」終わり方はしない。いくつかの、ほのかな「希望」も用意されている。

そこになにが、どんな暮らしがあったのかもわからないまでに破壊されつくした集落、いわば大草原につくられたグラウンド・ゼロを尻目に、軍楽隊の演奏にのり、騎兵隊が意気揚々と引き揚げていく。それらと反対方向に幽霊のように歩いていく生き残りのアメリカ・インディアンたち。手や足のない子どもや老人たちとともにゆらゆらと歩くクレスタは、すれ違った馬車のうしろに、両手を鎖でつながれて歩いてゆくホーナスと出会う。

自陣で抗った彼は、「狂った」人間として「野蛮人たち」に逮捕され、罪人としてひき立てられていくのだ。戦場での命令違反は常識的に考えれば「死刑」かもしれない。だが、もしかすると、この血塗れの現場を通じて「覚醒」した彼は、なんらかの形で生き永らえ、先住民の苦境になどケシ粒ほどの関心も払わぬ者が多数を占める社会にあって、西部開拓史の暗部を告発し、次代に語りついでいくのかもしれない。先住民の一員となって白人に対峙するのではなく、彼自身の社会に戻り、自分の闘いを遂行するのである。

そしてカメラはホーナスの横に並んで結わえられたいく人もの「罪人」たちをもとらえる。あの修羅場にいてなお、命令に抗い、人殺しを拒んだ者たちが複数名いたことを映画は示唆する。現実には存在しなかったかもしれないが、もしかするとあったかもしれない行為を描き、「人間」の可能性を示す、これが「虚構」の力であり、優位性だろう。

白人社会を完全に拒絶したクレスタと、両手を鎖で結わえられたホーナスは最後に笑みをかわす。この「出会い直し」を安易な「救い」とみる向きもあるかもしれないし、「白い肌」ゆえにレイプもされず、殺されもしなかった彼女の今後は想像もできないが、白人社会でこの不正を語っていくかもしれないホーナスたちの存在は、みずからも白人でありながら先住民を描いたラルフ・ネルソンの、本作を後押しした先住民運動への応答であり、彼らはここに、連帯のイメージを提示してみせたのではないかと思う。

当時の社会に与えたインパクトも強烈だった。公開前年には、1968年3月にベトナム戦争で米軍が起こした「ソンミ村虐殺事件」が報道によって明らかになってもいる。南ベトナムの集落を米軍の小隊が襲撃し、無抵抗の村人504人(うち170人以上が子どもだった)を無差別に殺戮した事件である(下手人たちは1人が終身刑になったほかは全員無罪となり、その1人も後に免責された)。

本作の制作それ自体にどれほどの影響を与えたかはわからないが、映画はこの事件を意識しているといわれている。少なくとも制作者はそのタイミングに驚愕しただろうし、観た者たちはそれと重ねあわせただろう。消し、忘れ去ろうとした歴史に復讐され、この国はおよそ100年前の蛮行をなぞったのである。

そして本作の後も、「世界最悪のテロ国家」（N・チョムスキー）の地金は変わらない。世界各地に軍事介入をくり返し、いたるところで「軍史に残る大虐殺」を積み重ねている。虐殺のシーンはエンドレス・テープのような既視感を誘う。最悪の意味で古びないのだ。

それにしても商業映画でみずからの歴史の暗部を容赦なく暴き出し、「始まりの不正」を問う営為には畏敬の念しかない。翻って思うのは日本の表現風土である。アイヌ・モシリ、琉球、台湾、朝鮮、そして中国で犯した人道に対する罪の数々は、どれほど描かれてきただろうか。過去に向きあう営みを徹底して避けてきた結果として、この社会は21世紀になってなお、韓国や中国で制作された、日本の戦争犯罪を題材にした作品の上映にすら困難が伴う。再度、くり返そう――みずからの行為の犯罪性に向きあわない「加害トラウマ」は無意識に同じ行為をくり返す、のだ。

註

＊1　白人による先住民研究で、コロンブスたちの「勘違い」にもとづく呼び名「インディアン」の差別性が批判的に検証され、「ネイティブ・アメリカン」の呼称が使われるようになった。しかし1960年代以降、「民族自決」などを求める当事者運動「レッド・パワー・ムーブメント（後述）」が高揚するなかで、この白

人による名付けは多様なアメリカ先住民の「民族的固有性を無化するもの」と批判されるようになる。このとき、当事者のなかから出てきた呼称が「アメリカ・インディアン」。本稿ではそれを使う。

＊2　ベセル・A・ヴァン・デア・コルク『トラウマティック・ストレス』（誠信書房、２００1年）など。

＊3　この後、「アメリカが国内と国外でまいた暴力の種、たとえばバーミンガムの事件（同じ年、彼の地であった公民権要求デモに対し、警官隊が放水や殴打で応じた弾圧事件のこと）は自分にふりかかる」と続く。「国民的人気」を誇った大統領の死に際してのコメントがこれである。発言はメディアに「格好のネタ」とされ、「ネイション・オブ・イスラーム」のトップ、イライジャ・ムハンマドはマルコムXに謹慎を命じる。この舌禍事件は、彼が組織と袂を分かつ大きな契機となった。

＊4　侵略者の「蛮行」がその地に「根付く」さまは、かつて植民地だった朝鮮に日本の軍警がもちこんだ拷問方法が、韓国の軍事独裁政権へと受けつがれた事実を連想させる。薬缶に入れた水をむりやり呑ませ、ふくれ上がった腹を踏んで噴出させる、逆さにして水につける、鳥のように後ろ手に吊るし上げ、棒でメッタ打ちにしたり、上下させる。『南営洞１９８５〜国家暴力、22日間の記録』（チョン・ジヨン監督、２０１2年、韓国）など、軍政時代の韓国を舞台にした映画のなかで、「2度とくり返さない」との意志を確認するように、くり返し、執拗に描かれてきた、民主化運動家やそれと見なされた者たちに対する残虐行為の数々は、軒並み「メイド・イン・ジャパン」である。

2 『小さな巨人』

Tall Tale（ホラ話）が描く西部開拓史の真実　〔2015.10〕

監督：アーサー・ペン
脚本：カルダー・ウィリンガム
出演：ダスティン・ホフマン 他
原題：Little Big Man
製作年：1971年
製作国：アメリカ

殺され、奪われた者たちの記憶を語るのは誰なのか？　『ソルジャー・ブルー』と同じ1970年に公開され、ジョン・ウェイン的な西部劇世界に終止符を打ったもう1本の作品『小さな巨人』を貫くのは、その「問い」である。

本作は、黒人解放運動や相次ぐ人権活動家の暗殺、そしてベトナム戦争の泥沼化が可視化させたアメリカの暗部を反映した同時代的な映画群「アメリカン・ニューシネマ」の最良の1本だ。監督はこの潮流の嚆矢『俺たちに明日はない』（1967年）で知られる名匠アーサー・ペン。主演は同じ年に公開され、やはり新たなアメリカ映画のはじまりを告げたマイク・ニコルズの『卒業』（同年）で主役を演じたダスティン・ホフマン。脇を固めたのはペンの『俺たちに明日はない』で、主役のひとり、ボニー・パーカーを演じたフェイ・ダナウェイである。内容はもちろん、スタッフ、キャストから見ても、アメリカン・ニューシネマの「嫡子」だ。

そこで描かれるのは『ソルジャー・ブルー』と同じく、レイシズムを基底にした侵略と虐殺、略奪で成立した白人国家「アメリカ」の実相だ。加えて本作で強調されているのは、自然のなかで生きることを受け入れ、無益な争いを避けて生きるアメリカ・インディアンの思想や知恵である。

もちろん「ネイティヴ・アメリカン」という呼称が「各民族の固有性を無化する」などと当事者から批判されるほど[*1]、アメリカ・インディアンたちの民族固有性は多様である。この作品で描かれた思想、習俗はそのごく一部であることは踏まえなければならないが、その上で入念にリサーチされた人類学的知見が散りばめられている。それは「始まりの不正」に向きあわず、いまも世界に死と破壊をまき散らし続けている米国への「カウンター」にほかならない。

主人公は『ソルジャー・ブルー』同様やはり白人だが、単線的なロード・ムービーだった前者とは異なり、1960年代から過去を物語るという「枠物語」の結構をとり、主人公は白人社会とシャイアンの社会を何度も行き来する。

1960年代の、とある老人ホームの場面で映画ははじまる。人類学か、もしかすると歴史学を研究する白人男性が、ある入所者に向かいあっている。自称、121歳、年老いたというよりは枯れ木、あるいは掘り出された岩のような風貌をしたこの老人はジャック・クラブ（ダスティン・ホフマン）という。

どこからか彼が先住民と暮らしていたことを聴きつけ、「その生活習俗」を聴きとりにきたらしい研究者に、ジャックは唐突に南北戦争時代の「国民的英雄」であるジョージ・A・カスター将軍を知っていると語る。ジャックは、カスター率いる第7騎兵隊が、シャイアンとスーの連合軍と闘い司令官もろとも全滅した1876年の「リトルビッグホーンの闘い」に参加したといい、「ワシは白人唯一の生き残りだ」とつぶやくのである。

思わず「そんな"Tall Tale"」と口を滑らせてしまった研究者は、「俺をホラ吹き呼ばわりするのか！」とジャックに一喝され、慌ててこう返す。

「そんな冒険譚じゃなくて先住民の生活を知りたいのです」

「リトルビッグホーンが冒険譚だと！」。火に油である。

ちなみに研究者が口にした"Tall Tale"。字幕では「夢物語」と訳されるが、実際は西部開拓史時代、焚火を囲みながらみなでかわした「ホラ話」を指す。米文学のひとつの源流といわれ、いかに大袈裟におもしろおかしい話を、つじつまを合わせて語るかが「評価」の基準だったという。

ヘンクツ老人のペースにまきこまれまいとするのか、大きな身振りでひと呼吸おき、笑みさえ浮かべ、彼は目の前の「証人」をなだめようとする。「(リトルビッグホーンは、いくつもあった先住民への)ジェノサイドの歴史です。あなたのようなインディアンの戦士には受け入れがたいでしょうけどね」。

練られた会話劇の絶妙さはさておき、ここには白人が重ねてきた「アメリカ先住民研究」への異議申し立て（と、その知的集積に依拠して作品を作る／作らざるをえなかった制作者たちの自戒）が込められていると思う。

彼らは目の前の人間から自分が聴きたいことだけを切りとる。そして支配者/勝者が蓄積してきた「知」に照らしてその「正誤」を判断し、原則として自分たちの「世界」と合致したものにのみ、社会的な「居場所」を与えるのだ。そんな彼にとって、「リトルビッグホーン」は「そんな事実は知っている」西部開拓史の一エピソードであり、それにまつわるジャックの語りは「ホラ話」であり、自分とは無関係な「冒険譚」なのだ。

彼らの肉親や友人、知人たちがその生を途絶された出来事の連なりさえ、この若者は当事者のあずかり知らぬ「ジェノサイド」という抽象概念に押しこめて〝One Of Them〟とし、「過去」の出来事として脳内処理するのである。アメリカ・インディアンの「抹殺」は、いまに至るまで続いているにもかかわらず。

本作が制作、公開された1960年代から70年代にかけて、民族自決権や権利保障を求めるアメリカ先住民たちの運動「レッド・パワー・ムーブメント」はピークを迎えていた。その代表的団体で、施設の占拠や大陸横断デモなどの直接行動でみずからの存在と主張を訴えた汎インディアン団体「アメリカン・インディアン・ムーブメント」（AIM）が結成されたのが1968年である。それほど当事者たちの苦境は現在進行形で、現状打開への思いは切実だったのに、彼のような「学者」は博物館的な知識としてしか彼らをとらえられない。

みずからの傲慢さに気づかない白人男性にジャックはいら立ち、命じる。「そいつ（テープレコーダー）のスイッチを入れてすわってろ、いいかよく聞け！　わしはカスターの本性を知っていた。インディアンのこともな……」

ロをつくのはまさに波乱万丈、数奇な生涯、それはあくまで彼の口承としてつづられていく。ポイントは冒頭の対話で出てきた“Tall Tale”である。

これから続くジャックの語りは活字史料では検証不可能、いわば本作はドラマ内でドラマが物語られる「入れ子構造」で展開していく。本当か嘘か、誇張はあるのかないのか。登場するアメリカ・インディアンが全員、英語しか話さない「不自然」な設定も、ジャックが英語で学者に語っているという設定を考えれば「当然」でもある。

白人の、しかもアメリカ・インディアンが殺され、土地や文化を奪われていく西部開拓時代にその根をもつ“Tall Tale”という「文化」で、彼らの苦難が語られる設定は皮肉である。そして「信じるのはあなた次第」という仕立ては、白人マジョリティたちが見たくない、認めたくない汚辱の歴史を、多くは加害者の一員である白人たちに問う上での「挑発」にも思える。

そしてここには、周縁化された者たちの「真実」に、いかにして近づくことが可能かという問いがある。抑圧されてきた者たちの生の実相は、たとえば裁判での証人尋問で引き出される類の検証可能な「事実」の羅列などでは把握しようがない。彼・彼女らの生はそんなものには収まりきらないのである。いいたくないことを秘し、強調したいことをオーバーに盛るような語りのなかに没入し、全人生を動員してともにそのときを生きようとするなかでしか彼・彼女らの生に近づくことはできない。語られたことが「事実」か否かは、おそらく本質的な問題ではないのだ。大事なのは共感性であり、想像力である。だからこそ本作は“Tall Tale”のスタイルをとる。

物語は１１１年前、ジャック10歳のときにはじまる。西進中、先住民の襲撃で両親を殺されたジャックは、年の離れた姉とふたり、荒野にとり残される。

襲ったのはポウニー。白人と手を組み、斥候の役割も進んで果たし、白人の軍隊とともにほかのアメリカ・インディアンを襲っていた一民族だ。その事実から「良心的」なアメリカ・インディアン映画でポウニーは得てして、同じ先住民を裏切る「白人の手先」的に表象されるが、事はそんなに単純ではない。フランスやイギリスなどの欧州列強や、独立後のアメリカは、もともと、先住民間にあった対立関係を利用したり、新たな反目を生み出すなどしてみずからの領域／権益拡大や支配の安定に役立てたのである。「分断して統治せよ」。植民地でよく見られる統治法である。それが独立後に暴発したのが、ベルギーの植民地だったルワンダで１９９４年に起きたジェノサイドだ。*2

血塗れの死体が転がり、倒れた馬車が煙を上げる。惨劇の跡にシャイアンの戦士がやってくる。ジャックと姉は彼らの集落に連れていかれるが「レイプされる」と思いこんだ姉は、闇夜に乗じてひとり、弟を置き去りにして村から逃げ出す。肉親を殺され、みずからも殺されかけた経験からすれば、その恐怖も当然だろうが、一方でそれは、彼女が白人社会で刷りこまれた「インディアン像」を、すべてに当てはめた結果である。シャイアンは孤児となった彼らを放置できず助けたのだった。

彼らは残されたジャックを自分の子として育てる。自分たち先住民に非道の限りをつくす白人の子をも育てるのは、人間の善悪は生まれには依らないとする先住民の思想ゆえだ。それは肌の色や髪の毛の縮れを本質化して人間の優劣に直結させ、長らく有色人種を「人間」（≒白人のキリスト教徒）

以下の存在としてきたアメリカへの批判そのものである。養父は「テントの皮」と呼ばれる男性だ。ジャックは白人入植者たちが同じ人間ではないと見なしていた者たちによって、「人間」に育てられていく。この仕立ては、ケビン・コスナー監督・制作・脚本・主演の１９９０年作品『ダンス・ウィズ・ウルブズ』（この作品は『小さな巨人』とは違い、アメリカ・インディアンのコーチを仰ぎ、先住民のことばも正確に反映しようと努めている）や、未来世界を舞台に、植民地帝国としてのアメリカのありようを批判しているジェームズ・キャメロン監督の３Ｄ超大作『アバター』（２００９年、米）など、アメリカ・インディアンをモチーフにした作品の定番になっている。

小柄だがその「勇気」を認められたジャックは集落内で「小さな巨人」と呼ばれ、それが彼のインディアンとしての名になる。その人の特徴や自然現象、生活上のなにかしらの場面にちなんだと思われる周囲からの呼称が、その人の名前になるのである。「テントの皮」、「若い熊」、「日の光」、「小さな馬」――。そこには共同体の者たちが、どのような彼・彼女と出会ったのか、そしてどのような彼・彼女らと今後をともに生きていきたいのかという思いが込められているように思う。名前とは本質的に「呼ぶ」側のものなのだろう。

前述したように「アメリカ先住民」とひと言では括れないほど彼らの文化や習俗は多様である。本作で描かれたものがシャイアンだけのものか、あるいはミックスなのかも定かではないが、彼らの思想や生活様式の描写は実に丁寧だ。ここには頽落していく一方のアメリカに、再生への契機を提示したいという、監督たちの並々ならぬ決意がうかがえる。

〔写真協力　公益財団法人川喜多記念映画文化財団〕

峻厳な自然にみずからの命運をゆだね、無駄な争いを拒んで生きるシャイアン。だがそれは、白人入植者とは相容れない。常に他者を敵と措定し争いをしかけ、敵を殲滅して他者なき世界に安寧を見出すのは彼らの病理である。絶えず攻撃をしかけてくる彼らに痺れを切らし、首長は騎兵隊と闘うことを決める。「おまえは（白人だから）嫌なら出なくていい」と声かけされたジャックも「自明のこと」として参戦する。だが幼少期、「誤射」でポウニーの戦士を殺した経験をもつジャックは、人間を殺すことができない。落馬してからの組打ちでは白人の喉元にいく度もナイフを突きつけるのだが、トドメが刺せない。「殺せない」彼が「死なず」に闘いをやめる手段はひとつ、先住民虐殺の下手人で、黒人奴隷主でもあった初代大統領ワシントンを大声で讃えてみずからの出自を明かし、白人の軍隊に投降することだった。

その白人社会は「人間」になったジャックを「白人」に戻そうとする。ここには19世紀末から本格化するアメリカ先住民への、改宗をはじめとする同化政策が重ねられている。ジャックはキリスト教福音派の牧師夫婦にひきとられる。二言目には「神」や「純血」、「罪」を強調する牧師は、「信心深い男に再教育する」としてジャックに容赦なく鞭を振るう。だが彼の妻ベンドレイク（フェイ・ダナウェイ）は、表向きは夫に同調しつつも、旺盛な性欲をもて余し、町に出てはバーの経営者と性愛を貪る。それだけではない。彼女はジャックにも物欲しげな色目を送るのである。

先住民たちを「人肉を食らい、神を信じぬ悪魔の手先」と罵ることでみずからの「優位性」を確認し、二言目には「神」を口にしてみずからの「真の姿」から目を背ける。それが欺瞞に満ちた「白人」たちの正体だった。

「白人」のありように落胆したジャックは家を逃げ出して放浪、いくつもの職を経験する。ペテン師と組んでの蛇油売り。偶然、再会した姉の勧めではじめた射撃では天賦の才を発揮する——、嘘か本当かわからない“Tall Tale”が続いていく。

だが欺瞞と暴力に満ちた白人社会に彼の居場所はない。「殺し、殺される」ことと隣りあわせのガンマン生活に彼の魂が悲鳴を上げる。彼はスウェーデン出身の白人女性と結婚して商売をはじめるが、仲間に裏切られて一文なしに。そこで出会ったのが町を訪れていたカスターその人だった。彼の勧めで西部に向かうや場面は一転、インディアンたちに襲われる幌馬車に。「禽獣」としてのアメリカ・インディアン表象を振りまいてきた映画『駅馬車』（ジョン・フォード監督、1939年）のパロディーである。妻は拉致され、彼女を探して西部をさすらうジャックは、再びシャイアンの集落に赴き、「小さな巨人」として暮らしはじめるのだった。

情けなくもしたたかに双方の世界を往復するジャックの軌跡がコメディー・タッチで語られる。そこに描き出されるのは、「文明」と「野蛮」の倒錯である。騎兵隊と闘うシャイアンが敗れ去るのは、もちろん「戦争」と言うのが憚《はばか》られるほどの圧倒的な武力の差ゆえだが、それだけではない。シャイアンにとって戦争は「殲滅戦」ではない。「いつでも殺せる状態にもちこんだが殺さなかった」と相手に示せば、それでいい。劇中でも出てくる曲がった棒で相手の体に触り、真剣なら殺せていたと示して、相手に「救われた」との屈辱を与えれば、それ以上、闘う必要はない。結局は同じ大地の上でともに生きる。殺せばいつか殺される。小さな諍《いさか》いを重ねることで破局的な戦争を避ける知恵である。「殲滅戦」の発想は白人がもちこんだのである。ある種のゲームともいえる「戦争」で、トドメを刺さないシャイアンは白人のライフルの的となり、次々と殺されていく。

さらに興味深いのはセクシャル・マイノリティの存在である。妻を探してたどり着いたシャイアンの集落で、ジャックは少年時代の幼なじみ「小さい馬」と再会する。「彼」として幼少期をともにした「小さい馬」は、男性の身体と女性の心をもつ存在として、村で「当たり前」に暮らしていた。「英語ではことばがない」（ジャック）として、先住民のことばで研究者に説明する「ヒーマネイ」とは「2つの魂」を意味する。21世紀になってようやく通じるようになってきた、「トランス・ジェンダー」と呼ばれるセクシャル・マイノリティである。マス・メディアなどではいまも「性同一性障害」と記されるが、ここでは「障害」ではない。「精神」や「魂」を大事にする先住民にとって、肉体と精神の性が違う事態は「ありうる」こと、ましてや差別や排斥、矯正の対象ではないのだ。性的少数者でいえば、アメリカで初めて同性愛者と公言して公職（サンフランシスコ市市政執行委員）に選ばれたハーヴェイ・ミルクが、それを「理由」に射殺されたのは、本作公開から8年後の1978年のことだ。劇中の時間1870年代の実に約100年後である。野蛮なのはどちらの社会なのか。そんな問いかけが全編を貫く。

だが入植者は増え、白人たちの西進が続き、アメリカ・インディアンたちは殺され、奪われ、追われる。先住民の義父らとともに、アメリカ政府が設けた保留地にたどり着いたジャックは、そこで新たな妻「日の光」と家庭をもち子宝にも恵まれる。だが「野蛮」が追いかけてくるのだ。カスター率いる第7騎兵隊である。

南北戦争の英雄カスター将軍を先住民フォビア（憎悪・嫌悪）と政治的な野心の結合体として描いたのも本作の画期性のひとつだ。往年の大スター、エロール・フリンがカスターを演じた『壮烈第七騎兵隊』（ラオール・ウォルシュ監督、1941年）など、カスターは従来の西部劇では「英雄」として描かれることが多かったが、その実像は自己顕示欲の塊、部下の意見を無視し、功を求めて先住民を殺し続ける血に飢えたゴロツキだった。

ちなみに本作以前の米国映画における「カスター」表象の数少ない例外は、上昇志向の塊で気位ばかり高く、部下を無駄死にさせた指揮官としてカスターを描いた『アパッチ砦』（1948年）である。前述の『駅馬車』と同じジョン・フォードのメガホンで、主演も同じジョン・ウェインだ。

そのカスターが指揮した殺戮のひとつが、ジャックの暮らしを破壊する1868年の「ウォシタ川の虐殺」である。故郷を追われ、ティーピーに白旗を掲げて野営していた保留地の先住民に、不可侵のとり決めを破って総攻撃をかけ、圧倒的な武力で女性と子どもを含む先住民たちを無差別に殺していった。このジェノサイドもまた、正確な被害規模すら明確ではない。

劇中でも描かれているように、彼は同じ北軍出身で、南北戦争の武勲を足場に大統領になったユリシーズ・グラントに嫉妬していた。カスターはインディアン殲滅を重ね、グラントが推進した先住民の「保留地政策」を「弱腰」と反発する層の人気を集め、大統領選への出馬を目論んでいたといわれる（ちなみに、グラントの「保留地政策」の実際は、先住民に「強制移住か絶滅か」を迫る民族浄化だったが、これを「和平政策」と歪曲し、平和を望むアメリカ軍像を描いたのが、前述の良心的作品『折れた矢』の限界性である）。南北戦争で、形だけとはいえ、黒人奴隷制が終わった後も、先住民は虐殺の対象、それも政治的人気を獲得するために殺される存在だったのである。

インディアンたちを「疫病」と罵り、カスターは総攻撃を命じる。実際にはコロンブスの新大陸発見以降、アメリカに伝染病をもたらしたのは欧州の白人であり、虐殺をくり返す白人キリスト教徒こそ、先住民にとっては最悪の病原菌だった。

以前に白人から襲撃を受けて失明していた義父を連れ、川向こうに逃げたジャックは、ティーピーに次々と火が放たれ、集落の者たちが撃たれ、斬り殺されていくのを目の当たりにする。生まれたばかりのわが子を抱きしめ、対岸からジャックのもとに駆けてくる妻を助けることもできない。撃ち殺される妻子を眼前に、彼はただ地面をのたうち、泣きわめくばかりである。

この「ウォシタ川の虐殺」シーンには100年後、1968年のベトナムで米軍が起こした前述の「ソンミ村虐殺事件」が重ねられているともいわれる。これもまさにベトナム人という有色人種が相手だからなしえた、レイシズムにもとづく虐殺だった。

〔写真協力　公益財団法人川喜多記念映画文化財団〕

ジャックはカスターへの復讐を誓い、白人であることを「武器」に駐屯地にもぐりこみ、ナイフを手に、丸腰のカスターに背後から近づく。だがその意図は呆気なく見破られ、カスターに告げられる、おまえなど吊るし首にする価値もないと。右往左往するばかりの「腑ぬけ」には死すら与えられない。

退きさがった彼は世捨て人となって森にこもる。捨て鉢の生に倦《う》み、もはや死ぬだけとなったとき、聞き覚えのある音楽が聞こえてくる。ウォシタ川で、家族や仲間がおもしろ半分に皆殺しにされていくとき、彼らを鼓舞していた音楽隊のマーチ「ギャリー・オーウェン」だった。カスターは次の虐殺を目論んでいた。

「将軍暗殺未遂」などの顚末を知る者たちからせせら笑われながらも、ジャックは斥候を希望して第7騎兵隊に合流する。先住民側の被害を最小限度に抑えるために事実とは逆の報告をしていたジャックは、ついに一大勝負に出る。敵陣に関して「いつもと違う、真実をいった」のだ。功を焦るカスターはジャックのことばを裏読

み し、事実は逆とばかりに軍を進めるが、そこはすでに数千のシャイアンとスーの戦士が結集していた。「リトルビッグホーンの闘い」である。

多勢に無勢、とり囲まれた第7騎兵隊の兵士たちは次々と倒れ、圧倒的武力の差を背景に虐殺を続けてきたカスターにもついに最期がくる。銃弾や矢が飛びかい、白刃が煌めく戦場で、ジャックは媚びへつらっていたカスターにため口をたたき、「英雄」だった彼の、ぶざまで惨め極まる悩乱の果ての「戦死」を一部始終、見届けるのである。

だがここで、ふと考えるのだ。はたしてこれは本当の話なのだろうか、「いつもと違う真実」は、実は彼のホラ話ではないのか。カスターがあのように死ぬ場面、それだけは見たかったが、その場にすらいなかった彼の妄想ではないのか。あるいはもしかすると、これだけが「本当の話」なのか――

それにしてもジャックの行き来は激しい。なかば「自発的」に投降したあげく、妻を探してシャイアンに戻り、斥候をすると白人の軍隊にもぐりこむ。その姿は『ソルジャー・ブルー』の主人公とは対極の「ぶざまさ」に満ちている。あの作品の主人公ホーナス2等兵は、無知蒙昧だが、臆病者ではない。

しかしジャックは決して嘘八百で人を騙したり、「敵方」の情報を手土産にして双方にとりいったわけでもない。ただ彼は幼少期の悔恨を原点に「殺したくない」、「死にたくない」と願い、その場その場を必死でやり過ごしてきたのだ。ある意味で人間としての一線を保ち続けてきたがために、ふがいない「負け犬」となる。これは笑うしかない悲劇だ。妻と子どもの仇討ちもできず、酒場前で「お恵み」を請い、自暴自棄な笑いを浮かべて泥濘の中をのたうつ。全編に流れるジョン・ポール・ハモンドの、ギターとブルースハープ（ハーモニカ）だけの、たとえ声があってもハミングだけのブルーズも、ことばにできないジャックの傷、誰にも伝わらない、伝えようのない哀しみや怒りを物語る。ちなみにこのハモンドも、白人社会に生を受けた白人で、黒人コミュニティとの間を行き来しながら、ブルーズという「物語」をつむぎ続けているアーティストである。

「情けない男」の虚実入り混じった「身の上話」が、殺され、奪われ、焼かれ、犯され、追放された者たちの「真実」を明らかにしていく。踏みにじられた者たちの痛みを証言するのは誰なのか。「良き人は帰ってこなかった」状況を生き残るとは、それもいく度も生きのびるとはいかなることなのか。

カスターの最期を見届け、またもや戦火をくぐりぬけたジャックは、先祖から召されることのみを望んで小高い丘を登る「テントの皮」につき添う。だが彼もまた死なないのだ。あの世からも受け入れられなかったふたりは降りだした大粒の雨に打たれながら、かつてアメリカ・インディアンの生活があったはずの平原をどこまでも歩いていく。いまでは緑に覆われてしまった大地の下に埋まっている民族の記憶をたどるように。

そして映画は1960年代の「いま」になる。ここまで語ったジャックは黙りこむ。胸に去来するのはあずかり知らぬ政治の力学に翻弄され続けてきた個人の無力さか、「テントの皮」とも死に別れ、「遺された者」の哀しみだろうか。そして研究者に告げるのだ。「もう帰れ」と。「過去」の出来事、歴史上の知識として認識していたジェノサイドの実相を聞かされた研究者は、録音機を止めると、そそくさと老人ホームを後にする。その顔にある種の「慄《おのの》き」を漂わせて。彼は応答するのか。はたしてジャックの検証不可能な「話」をなんらかの形で残すのだろうか。あるいは“Tall Tale”としてしまうのだろうか。

白人監督の手で、先住民の「側」から歴史の暗部を描き切った『ソルジャー・ブルー』と『小さな巨人』は、西部劇の先住民表象を変えた。

時代の制約のなかではあるが、それまでにも前述の『折れた矢』（デルマー・デイヴィス監督、1950年）や『アパッチ』（ロバート・アルドリッジ監督、54年）、『許されざる者』（ジョン・ヒューストン監督、60年）など、人間としての敬意をもってアメリカ・インディアンを描いた作品はあったが、2作はその決定打となった。以降、制作者が「常識」を知る者ならば、自立的か他律的かにかかわらずレイシズムにもとづく先住民表象は成り立たなくなる。

言いかえるなら本作は、2度の世界大戦を経て資本主義陣営の「盟主」となり、繁栄を謳歌してきたアメリカ合衆国の「栄光」や「正しさ」、「強さ」、そして東側陣営と違う「自由」を確認し、内外に振りまくツールとしての「西部劇」のあり方に引導を渡したのである。この2作以降、量産されてきたジャンルとしての「西部劇」は斜陽化を加速させていく。

とはいえ「戦争を欲する国」であるアメリカにあって、常に「絶対悪」を創出し続ける大衆文化「映画」の本質は変わらない。戦中の「ジャップ」、「ナチ」、戦後のソ連、そして共産主義者、エイリアン、東西対立なき後のアラブ・ムスリム、テロリストと、「自由の敵」は切れ目なく創出され続けるのだ。

註

＊1 前項『ソルジャー・ブルー』の**註1**参照。

＊2 ルワンダでは多数派のフツと少数派のツチが共存していた。だが宗主国のベルギーは統治円滑化のためツチを重用、両者間に対立が生まれた。その後の独立や国内の権力争いで両者の対立は深まった。１９９４年４月６日、フツ系大統領が何者かに暗殺されると、フツ系急進派は「ツチの犯行」と主張、ラジオも「ツチはゴキブリ」、「一匹残らず殺せ」などとくり返した。これらヘイト・スピーチに煽り立てられる形で、フツ民兵らによるツチへの残虐行為がはじまった。虐殺は、反攻に転じたツチの武装組織がルワンダ全土を制圧するまでの約１００日間続き、犠牲者は80万人を超えた。大戦後最悪規模のジェノサイドは、『ホテル・ルワンダ』（テリー・ジョージ監督、２００４年、英・伊・南ア）などで描かれている。

3 もうひとつの『風と共に去りぬ』〔2016.11〕

『マンディンゴ』

監督：リチャード・フライシャー
脚本：ノーマン・ウェクスラー
出演：ジェームス・メイソン 他
原題：Mandingo
製作年：1975年
製作国：アメリカ

人間の普遍性というものが認識された近代においてなお、人は人を「奴隷」として、牛馬並み、あるいはそれ以下に扱えるのだろうか。差別する者自身の尊厳をも擲《うが》つ愚行を可能にするのは「レイシズム」である。相手との違いを発見、違いがなければ発明、捏造して、ある属性集団を「自分たちの下」と見なすこの発想は、果ては「人でありながら人ではない存在」を創出する。それは不公正、不公平な社会を維持、拡大し、その社会に生きる者すべてを蝕み、やがてその社会を破壊していく。

そのレイシズムの毒を噴き出す血に塗れつつえぐり出したのが『マンディンゴ』である。1957年に出版されたカイル・オンストット（1885年～1966年）の同名小説を、イタリア出身の大物プロデューサー、ディノ・デ・ラウレンティス（『道』『バーバレラ』『ハンニバル』など）が、手練れ職人のリチャード・フライシャー（『ミクロの決死圏』『絞殺魔』『ソイレント・グリーン』）と組んで映画化した。

私が観たのは小学生時代、テレビで国内外の映画を放送する「日曜洋画劇場」だった。少し前にはアレックス・ヘイリーの小説をもとにしたテレビ・シリーズ『ルーツ』（１９７７年）が放送されていた。西アフリカから奴隷として強制連行され、白人の暴虐にさらされながらもアメリカに根を張り、世代を重ねていくヒューマン・ドラマである。学校の先生も私たちに鑑賞を勧めていて、翌日の授業や休憩時間の話題がクンタ・キンテ（主人公）であることも少なくなかった。当時、ポリティカル・コレクトネスということばはなかったが、希望も救いもあり、安心して観られる作品だった。

その世界に心洗われた私が直後に観た、いや観てしまったのが『マンディンゴ』である。本作が描いたのは１８３０年代、アメリカ南部の「奴隷農場」である。綿畑もあるが、それは奴隷たちを「遊ばせない」ために仕事を与える程度のもの。農場主は綿栽培には見切りをつけ、奴隷の交配で産ませた子どもを各地、場合によっては形式上、奴隷制度を廃止した海外に「輸出」して金を稼いでいた。

これには時代背景がある。独立戦争以降、北部では段階的な奴隷解放が進んでいた。１８０８年には米国全土で奴隷貿易が禁止され、それに伴い国内では奴隷の価格が高騰していた。[*1] そもそも「奴隷制度」自体が人道に対する罪だが、19世紀のアメリカ南部で実際に行われていたこのおぞましい商売を、ポリティカル・コレクトネスなど端から無視し、グロテスク、かつ露悪的に描いたのが本作だ。米国映画史上の「醜聞映画」といってもいい。

当時のアメリカ・メディア界でも感情的な批判があった。アメリカでもっとも有名な映画評論家のひとり、ロジャー・J・イーバートは「レイシストのクズ、下品で耐えがたい」と切って捨てた。[*2]やはり著名な映画評論家、ヴィンセント・キャンビーは「『マンディンゴ』は、『ディープ・スロート』（伝説的なハード・コア・ポルノ）が〈性的セラピー〉に払うほどの関心さえ奴隷制に対して持っていないし、『小聯隊長』（南北戦争後を舞台にした1935年のコメディ・ドラマ。シャーリー・テンプルの代表作）並みに馬鹿げている。だがマンディンゴはさらに悪質だ」などと腐している。[*3]

日本でも、骨太な論考（小野耕作「日常化した非人間性について」『キネマ旬報』1975年9月下旬号）などもあるにはあるが、「キワモノ」的な受けとめられ方が主流だったようだ。映画雑誌『スクリーン』（近代映画社）の別冊『アメリカ映画 第35集』（1975年）では、「アメリカ映画セックス描写変遷史」なる特集記事で取り上げられているし、パンフレットにはやたらと「ショック」、「衝撃」が並んでいる。

私もテレビで本作を観たときは困惑したのを思い出す。「奴隷の交配と売却」が商売という恥知らずの一家をめぐる嫉妬と憎しみの物語だけに、セクシャルで際どいシーンが多く、親と同じ居間で観ているのが気まずかった面もある。なによりも、身もフタもない陰惨な結末を迎えてしまうラストに、ある意味ではロマンチックだった『ルーツ』の世界に汚泥を流し込まれた思いがしたものだ。長らくこの映画は私にとって『ソルジャー・ブルー』（ラルフ・ネルソン監督、1970年）と並び、トラウマのような作品だった。それにしても両作品とも地上波の「日曜洋画劇場」で放送されていたのが「大らか」である。

さてファースト・ショットである。ブルーズのゴッド・ファーザー、マディ・ウォーターズによるテーマ曲〝Born in this time〟が流れるなか、粗末な身なりの黒人たちが、樹々が生い茂る大邸宅の庭を一列に並んで歩いていく。

俺は生まれた、決して自由になれないこの時代に
俺は生まれた、決して自由になれないこの時代に
一生、自由を待っても
そいつは俺にとっちゃ遥かかなたの丘の上さ

感情が俺の
そう、感情が俺のもっていたすべてさ
ああ、幸せってもんがなんなのか、俺には皆目わからない

俺にはわからない、誰のせいなのかわからない
そう、俺にはわからない、誰のせいなのかわからないんだ
ああ、俺はただ生きるだけさ
同じようにただ生きるだけさ

俺は疲れちまった
でも俺は休めない
ああ、とても疲れたけど、休めない
鞭打たれて背中が裂けても
痛みもたいして感じない

親愛なる天国の神様、このひとりぼっちの祈りが聞こえますか
親愛なる天国の神様、このひとりぼっちの祈りが聞こえますか
この俺を苦労と絶望から救ってください――

（訳：筆者）

大きな屋敷の前に奴隷たちが並ぶと、なかから白人の男3人がゆっくりと歩み出てくる。葉巻をくわえた男は奴隷商人だ。乱雑な仕草でひとりずつ奴隷の口を開け、歯並びで健康状態を調べていく。背中にR（Runner＝逃亡奴隷）の焼印を押された男性シセロの口を開け、商人がいう。「サトウキビ畑なら7、8年はもつだろう」。実際、「耐用年数」はそれくらいだったという。その程度で死んでしまうほど、無茶苦茶に使役していたのだ。安く買って転売で利ざやを稼ごうとする買い手と、なるべく高値で売りつけたい農場主ウォレン・マクスウェル（ジェームズ・メイソン）の間で、値段をめぐるベタついたやりとりが続いていく。白人にとって彼・彼女らはあくまで「商品」だ。冒頭から容赦ない

〔写真協力　公益財団法人川喜多記念映画文化財団〕

描写である。

売り飛ばされる者たちは農園で「交配」させられた奴隷から生まれ「飼育」された者である。だが「繁殖手段」はそこにとどまらない。ご主人様にレイプされた結果、生まれた者たちも少なくないのだ。そもそも黒人少女たちの「最初の男」はご主人様と決まっている。マクスウェルはうそぶく。「このあたりの14歳以上の黒人に処女はいない」と。その年になれば少女は軒並み、ご主人様に犯される。

リウマチで体が不自由なマクスウェルから奴隷農場の運営を任されているのは、彼のひとり息子、ハモンド（ペリー・キング）である。奴隷の少女が臥せっていると聞き、様子を見に小屋を訪ねたハモンドに、奴隷担当の獣医（!）は彼女に初潮がきたことを告げ、彼に「性交」するよう勧める。犯されるため消毒薬に漬けられ、体を洗われる少女は「畏れ」を隠さない。それを親とおぼしき黒人女性がこう説きふせるのだ。「最初の男性」が白人なのを光栄に思いなさいと。

その後、少女は健康な黒人男性とカップリングさせられ、次の奴隷を産み続けることになる。だが、「ご主人様」の慰み物であり続けるか否かもまた、ご主人様次第だ。マクスウェル家の古株奴隷、ルクレチア（リリアン・ヘイマン）に至っては、24人を産んだことがサラリと語られる。全員マクスウェルの子ではないだろうが、そうであっても不思議ではないほど犯され続けてきたのである。肌の色が薄くなると、その分、値が上がったともいわれる。一口に「アフリカ系アメリカ人」といっても、肌の色の濃淡が違う一因はここにある。

私が思い起こしたのはラス・カサス著『インディアスの破壊についての簡潔な報告』である。16世紀、スペイン人が中南米でくり返した殺戮と搾取、誘拐を形容詞や比喩ぬきで記載し、新大陸発見の裏面史と植民地主義、奴隷貿易の大罪を告発したこの古典にも、商品として売る先住民女性を「子持ち奴隷」にして値を上げるため、スペイン人が捕まえた彼女らを組織的、日常的にレイプして妊娠させたことが記されている。

ラス・カサスという「異端」によってその非道は告発されたが、白人キリスト教徒は当時、彼らと同じ宗教をもたぬ有色人種のインディオたちを同じ人間と考えていなかった。家畜と同じ、あるいはそれ以下、「煮ても焼いてもかまわない存在」と信じて疑わなかった者たちにとって、インディアスでなされた虐殺や誘拐、略奪、強姦などの行為は、「残虐行為」ですらなかったのかもしれない。相手を人外の存在と見なせば、人間はなんでもできてしまうのだ。

商談成立後、奴隷商人と奴隷を診察する獣医、そしてマクスウェルとハモンドの4人は、ルクレチアの子どもで、もしかするとマクスウェルの子かもしれぬ少年奴隷ふたりに大きなウチワを扇がせながら、食事のテーブルを囲む。異様極まる光景は、この時代のアメリカの白人キリスト教徒の「快適」がなにに依っていたのかを象徴している。

南北戦争（1861―65）の20～30年前、すでに奴隷解放論は力を得ている。あえてライティング無しか、それに近い状態で撮影された薄暗い室内は、奴隷制度に固執し、レイシズムの毒がまわった者たちの退廃と、確実に訪れる「破滅」を暗示している。

前述したマクスウェルのことば「14歳以上の黒人に処女はいない」は、この食卓での会話である。初潮がきた奴隷の少女を「所有者の義務」として片っ端から犯してきたことが飲み食いしながらの自慢話なのだ。ドラマとして醜悪に脚色されていても、人を牛馬以下に酷使した上、夜は性処理の道具にまでしたのである。彼らには「人間のクズ」の「称号」すらも生ぬるい。

ただそう思えるのは〝Born in this time〟、すなわち「この時代に生まれた」わけではない者の幸運でもあると思う。フライシャーには、当事者の闘いで公民権法が誕生した後の1975年（公開時）の人権感覚から当時の差別主義者たちを批判し、いくぶんは「マシ」になったかと思われる「現在」を生きる観客に「安心」を与えるような作品を撮る気はなかっただろう。「他人事」にされては困るのだ。彼が狙い撃ちにしたのは、所与の条件が揃えばなんでもできてしまう人間という存在の非人間性である。

農場主、マクスウェルは、男性奴隷アガメムノン（リチャード・ウォード）の給仕が遅いと「皮をはぐぞ」と罵り、「奴隷に信仰は（もたせないのか）?」と尋ねる奴隷商人には「信仰なんぞもたせたら扱いにくくなってしまう」と返す。このことばには1831年にバージニア州で起きた、南北戦争前の南部で、もっとも白人社会に衝撃を与えたといわれる黒人奴隷たちの武装蜂起が反映されている。

主導者はナット・ターナー（1800―31）。奴隷主たちを殺し、最後は吊るし首で処刑され、全身の皮をはがれた上に八つ裂きにまでされた彼は、幼少期に読み書きを覚え、聖書を諳んじることができた。農場主は、ナットを友人、知人が経営する農場にやり、そこの黒人奴隷に「説教」をさせた。宗教を得れば奴隷たちは「神の国」を夢見て、人間扱いされない現実を甘受するとの狙いだ。ナットの主人はそれで友人・知人に恩を売り、高額の謝金を得ていた。

だがそれは「神との関係」に充足し、「奴隷からの解放」を意識の外に追いやり生きてきたナットに、反逆者キリストの子でありながら闘わぬみずからの欺瞞を自覚させていく。そして彼は「説教行脚」を通じて、反乱の仲間を拡大していったのである。[*4]

思わず「魂の救済は?」とつっこむ医師にマクスウェルはこううそぶく。「こいつらに魂はない。あるなら白人と同等だと思い上がる」。そしてかたわらのアガメムノンに問いを振る。「おまえに魂はあるか?」。彼が「私のような愚かな黒人にはありませんよ」と型通りに答えると、奴隷商人が割りこむ。「あるという人もいる」。医師が後を継いでいう。「北部の奴隷解放論者だ」。するとマスクウェルは怒りを露わに吐き捨てるのだ。「ふざけやがって、奴隷制度は神が定めたというのに。奴隷どもは働いて食えれば幸せだ」。「完全にイカれておる!」。

「イカれておる」のはマクスウェルだろう。彼らは徹底して黒人を貶める。生来的に白人より劣った存在と見なすからこそ、使役し鞭で打ち、犯し、動けなくなれば殺して処分できる。人間を使い捨てにできるのだ。

逆にいえば絶対的な「差」を日々確認し、発信しないと不安なまでに、白人たちの基盤は脆弱なのである（南アフリカの「アパルトヘイト体制」が、数の上では劣性だった白人の支配を維持するための制度であったように）。明らかに主人公のマクスウェル親子はそのことに気づいている。そして言動とは裏腹に彼らは知っている。黒人にも精神性があり、本質において自分たちより劣った存在ではないことを。彼らを完全に屈服させるなど不可能なことも、白人がなしている理不尽に彼らが怒りと憎しみをたぎらせていることも。来たるべき権力関係が崩壊する日を「畏怖」する者たちは、踏みつけにしている者たちへの抑圧をより激しくしていく。朝鮮を日本が植民地支配していた時代、支配者である多くの日本人が南部の白人と同様の「畏れ」を抱いていたからこそ、関東大震災時の朝鮮人虐殺も起こったのである――

薄暗い室内はもちろん、作品全編でフライシャーは、不穏で落ち着かない空気を醸し出すことを企図してカットを積み重ねていく。低く、ときに傾くカメラはそのひとつだ。それは、南部で「自明」だったフレームが倒壊寸前であること、あるいは彼らが固執する「常識」の歪《いびつ》さをも示している。

彼らが黒人奴隷たちとの「支配関係」を維持するための手段のひとつは、冒頭の会話で言及された宗教や、さらには文字からの隔絶である。「扱いにくくなる」ことへの警戒はもちろん、信仰や文字を介して同胞とのつながりができるのを用心しているのだ。

だが表向きは従順に振るまう奴隷、アガメムノンは夜ごと、仲間たちと文字の学習を重ねている。

主宰はどうやらRと刻まれたシセロである。彼はこうアガメムノンらをオルグする。「白人が俺たちを鎖でつないで、黒人の女と楽しんでいる。なのにおまえたちはなんとも思わないのか。白人どもは俺たち黒人を獣扱いしてるんだぞ」、「（アフリカでは）ご主人様は自分自身だった。どこへだって自由に行けた。俺たちが同じ人間だと白人が知らないとでも？　なぜヤツらは学問や宗教から俺たちを遠ざける？　知ってるからさ。同じ人間だってことをな」。

どんな時代にあっても、人間の尊厳を求める者は存在する。それは自由への渇望、現状への怒りとなって人びとをつないでいく。レイシストはこの覚醒こそを恐れているのだ。

深夜の「寺子屋」に気づいたハモンドは激高、アガメムノンを拷問し、マクスウェルに報告する。父親は友人のある奴隷牧場主が、やはり自分の奴隷が密かに文字を覚えていたことを知ったとき、その奴隷に加えた「処罰」を事もなげに話す。その牧場主は奴隷の片目をえぐりとったという。なぜか？「両目だと仕事ができなくなる」。

本作に登場する白人は全員がレイシスト、観客が安直にみずからを重ねあわせて安心できるような「良心的」で「リベラル」な例外的人物は用意されていない。『ルーツ』のような上品な穏健さとも無縁である。職人、フライシャーの手練れで、人間のもっとも醜悪な側面がえぐり出されていく。これは、かつてはアメリカ映画史上の名作とされた超大作『風と共に去りぬ』（ヴィクター・フレミング監督、1939年）で描かれた〝Old South〟（古き良き南部）の男たちの「もうひとつの肖像」である。

実際に本作は、『風と共に去りぬ』へのあけすけな批判として制作されている。映画史上の名作への「宣戦布告」は、もちろん商業的な効果も狙っての戦略だろうが、それだけとはとても思えない。

作品の端々にあの古典への怒りが滲むのだ。

それはまず、『風と共に去りぬ』が「あの時代」を美しく壮大な娯楽、恋愛ドラマに仕立てたことへ向けられる。奴隷制と切っても切れない当時の南部を美化することは、必然的に奴隷制への批判的認識の欠落としてあらわれる。

公民権法もない1930年代後半、すなわち「公」が差別を是としていた時代に制作されたゆえの時代的限界も考慮すべきかもしれないが、その段階で南北戦争終結から70年以上が経っていたのだ。黒人を人間以下の消耗品として扱った事実を徹底して当時の南部白人の目線で描いた結果、まさにそれゆえに『風と共に去りぬ』のあちこちには奴隷制肯定がこびりついている。

それはオープニング、黒人奴隷たちが働く大プランテーションをゆっくりと舐めるカメラと、続くモノローグ（字幕）であけすけに語られる。そこではあの時代の南部は、「雄々しい騎士と気品あふれる淑女、主人と奴隷」が最後まで残っていた場所であり、それが「風と共に過ぎ去ってしまった文明」だと惜しんでみせるのである。端的にいえば、奴隷制度は廃止すべきではなかった、解放論者（本作でいうヤンキー）の横暴がこの世界に混乱をもたらし、南部の大切な価値観を壊したと訴えているのだ。

もとよりマーガレット・ミッチェルの原作が、奴隷制を美化している。主人公のセリフや地の文で語られる彼女の認識は、「黒人は白人の奴隷がふさわしい」、「それが黒人の幸せである」。そして、「劣等種である黒人に参政権など不要」で、「白人と平等な権利を認めても、彼らにそれを正しく行使することなどできない」だ。

だから作品に登場するのは、血の一滴まで「ご主人」に仕えて幸せな黒人や、みずから自由を拒否して奴隷を望む者たち。あるいは生き物として劣性で、悪徳や犯罪に染まりやすい黒人の2通りしかない。乳母のマミーや元奴隷のビッグ・サム、嘘ばかりつく無知で無能な奴隷の少女プリシーはその端的な表れだろう。たしかに白人に仕え続けたいという者もいただろう、「無知で無能」な者もいただろう。しかし、それは奴隷として教育から疎外し、「おまえは対等な人間ではない」と刷りこみ続けた結果である。奴隷制という原因と、現象としてあらわれたことをすり替えているのだ。

その文脈のなかで、登場する南部白人たちは男女問わず〝nigger〟や〝darky〟の蔑称を乱発する。ミッチェルは地の文では基本的に、前の2語ほどに侮蔑的ではない〝negro〟を使って、当時のことばに従っただけ（＝だから差別ではない）などと主張していたようだが、私はことばを狩っているわけではない。問題は文脈なのだ。差別を肯定するミッチェルの小説世界で頻出するそれら差別用語は、奴隷制を批判し、その歴史と実態を描くために使われた『マンディンゴ』での「黒んぼ」とはまったく違う[*5]。さらにミッチェルの小説では、作中の少なからぬ白人男性たちは、仲間と連れ立って「生意気な黒人」をリンチした経験をもっていたり、クー・クラックス・クラン（KKK）のメンバーだったりする。

映画版では削除されているが、解放奴隷たちがウイスキーをあおり、盗みや放火が横行、白人女性を狙ったレイプが続発しているとの記述も出てくる。白人をレイプしたと吹聴して逮捕された黒人に私刑を加えるため、KKKが監獄を襲って彼を拉致、裁判にかけずに縊《くび》り殺したことについて、被害者の名誉をまもる「思いやりある解決法だった」と讃えるくだりまである。すべて地の文だ。ミッチェルは、「だからクランズマン（KKK団員）が必要だったのだ」と主張しているのだ。たしかに白人を攻撃したり横暴な態度をとる者もいたかもしれない。だがそれも人間以下として扱われてきたがゆえであり、黒人も当時の南部白人やミッチェルと同じ「人間」だったからだ。ここでも原因と結果の転倒がある。

　アトランタの富裕家庭に生まれたミッチェルは、実際、黒人は白人より劣る生き物と確信していたようだ。

　彼女が愛読していた作家はトーマス・ディクソン。解放奴隷の暴力から白人女性を救うＫＫＫの縦横無尽の大活躍を描いた小説『クランズマン』（映画『國民の創生』〔Ｄ・Ｗ・グリフィス監督、１９１５年〕の原作）などで知られるレイシストだ。そして、１８７１年に非合法化され、19世紀末までには消滅状態にあったＫＫＫを再建したのは、映画『國民の創生』に感銘を受けたアトランタの牧師、ウイリアム・シモンズである。地元の岩山の山頂で啓示を受けたとする彼が長くその人種差別扇動運動の活動拠点にしたのは、まさにアトランタだった。[*6] 黒人解放運動の闘士でもあったモハメッド・アリが１９９６年、「アトランタ五輪」の聖火リレーで最終走者になった意味、意義はここにある。

　言いかえれば、最悪の意味で「あの時代に生まれた〝Born in This Time〟」原作小説から、当時ですら問題だったＫＫＫ支持や露骨な奴隷制擁護の主張を大幅に削ぎ落とし、細部の改変も加えて成立[*7]したのが映画版『風と共に去りぬ』だった。だがそんな対症療法では、毛細血管の隅々にまで流れこんだ差別性は消し去れない。それが、『マンディンゴ』では描かれたシセロ主宰の学習会など、「御主人様」には見せない彼・彼女らの「本音」を想像すらしていない、陳腐極まる黒人奴隷の描写につながっている。『マンディンゴ』はその欺瞞へのまったき否ゆえに、その世界は美と対極の露悪的でグロテスクなものとなる。

ちなみに本作に登場する白人たちやミッチェルが自明のこととする、「違い」（それは肌の色や外見だけでなく、民族や社会的出自、宗教にも及ぶ）をもとに分類されたマイノリティ集団を、社会的多数者が属するマジョリティ集団よりも生来的に劣位な存在と見なす発想は、米国の黒人差別研究によって「古典的レイシズム」と分析されてきた。本作に塗りたくられた黒人差別はもちろんだが、それはこの国の人種、民族差別にも適用可能である。

たとえば先住民族アイヌは日本政府によっていかに遇されてきたか？　アイヌを「旧土人」とする「北海道旧土人保護法」（１８９９年制定）が、人種差別撤廃条約加入にもとづく国内法の整備で廃止されたのは、実に１９９７年になってのこと。植民地支配で「皇国臣民」とされる一方、「二級臣民」として差別された朝鮮人の処遇は？　いずれも「違い」を「根拠」に「日本人」よりも劣った者とされ、「同化、教化」せしめる対象とされたのである。それはまさに同じアジアの国々を侵略し、支配していくレトリックにほかならなかった。

ナチスが「似非《えせ》科学」でひねり出した「人種の違い」を「根拠」にして蛮行をくり広げたことへの批判的検証や、60年代以降の黒人解放運動などを通し、人種的差異を本質化してそこに優劣をつける発想自体が――少なくとも国際人権上は――否定された。曲がりなりにもこの数年前まで欧米では、古典的レイシズムを公的な場で口にすることはみずからの社会的生命を危険にさらす愚行だった。だからこそ、「密入国」するメキシコ人を「ドラッグ・ディーラー」や「強姦魔」と罵り、ムスリムの入国禁止を主張してきたトランプの米国大統領就任は、人類が積み上げた英知を根こそぎにする危機なのだ。

そんな世界規模の「劣化」を先取りしてきたのがこの日本社会である。くり返される政治家の差別扇動発言に対し、「差別」の物差しでその資質を問う報道はいかほどなされてきたか。多数派の常識に依拠するメディアの「程度」は民度と直結する。障害のある人、病者、女性、性的少数者など、その属性を劣性に結びつけて貶めてきた石原慎太郎（2001年5月8日付『産経新聞』のコラムで彼が在日中国人の犯罪をあげて「民族的DNA」などと記したのはその下劣の象徴だった）が常に「選良」であり続け、都知事選では数百万票を獲得する。この国の全国紙は事実として、公人の差別発言群を「誰かから」の批判や反発を紹介する形でしか報じてこなかっただけでなく、選挙演説と称する元「在特会」（在日特権を許さない市民の会）会長のヘイト・スピーチをほぼ完全にスルーした。[*8] それは沖縄・高江で新基地に反対する者を「土人」と罵った大阪府警の機動隊員にも通じている。[*9] 率直にいえば、この日本には「劣化する」だけの「規範意識」すらなかった。国際人権基準の最低ラインのさらに下を蛇行してきたのがこの日本社会の実態なのだ。

そしてこの「古典的レイシズム」との対比で語られるのが「現代的レイシズム」である。それを抱く者たちは得てして、人種、民族間の平等を否定せず、自分は差別者ではないという。その一方で彼らはこう主張する。「すでに差別は存在しない。社会的に低位な状態なのは本人の努力が足りないだけなのに、やつらは差別の存在を騒ぎ立て、利権を貪っている。あいつらは社会に寄生する者たちであり、われわれのパイを奪う敵だ」。前者が主に「侮蔑」、「見下し」として表れる一方、後者は「敵意」、「攻撃性」の形で噴出しやすい。これはマイノリティ集団が権利を獲得し、「円満たる国民」に近づいていくときに発現する傾向がある。アメリカでは公民権運動を経て黒人の地位が上がっていくなかであらわれ、社会的な「居場所」を獲得していったという。日本でいえば「同和対策事業」[*10]で、部落民の低位な生活条件が改善されていく過程で強まった、「あれは非部落民への逆差別である」といった批判が典型だ。妄想というほかない「在日特権」言説の数々も、その亜種である。

マクスウェルの気がかりは息子ハモンドの「嫁」である。幼少期、馬にヒザを踏み砕かれた彼は脚に後遺症が残っている。「健全な身体」ではない劣等感で、彼は白人女性に対して積極的になれない。主人と奴隷、言いかえればなにをしてもOKな奴隷女性を犯し続ける大きな理由もそこにある。さらにいえば、暴君の父に抑圧され、レイシズムに囚われた人である彼は、人と「対等」な関係が築けないのだ。

そんな折、遠縁にあたるニューオリンズの大地主ウッドフォード少佐から縁談の話が舞いこむ。経済的に困窮している少佐は、娘ブランチ（スーザン・ジョージ）をハモンドに嫁がせることでマクスウェルに取り入ろうとしたのだ。

父の命に従い、ハモンドは迎えにきたブランチの兄、チャールズとニューオリンズへと旅立つ。その道中、ニューオリンズの奴隷市場でハモンドは、奴隷主の間で「サラブレッド」と称されるマンディンゴ族の男ミード（ボクシングの元世界ヘビー級チャンピオンで、「アリの顎を砕いた男」として歴史にその名を残したケン・ノートンが演じている）を見つけ、高額で競り落とす。

見合いの日、世間知らずの彼はブランチの「カマトト」にコロリと騙される。打算の結婚とはいえ、内気な彼にとって、彼女はある意味で未知の世界を開く扉かにも思われた。だが初夜を終えた彼は、彼女が処女でなかったことにショックを受ける。自分は黒人女性を次々とレイプしておいてこれである。前提自体が唾棄すべきものだが、加えて彼女の相手は兄のチャールズだったのだ。孫の顔が見られると喜ぶマクスウェルをよそに、ハモンドはブランチを拒否する。

一方でハモンドは、立ち寄り先での乱闘騒ぎ（理由がご主人様の言いつけをまもろうとする黒人奴隷同士の衝突だったのも、本作が提示する「隷従」というひとつの問題を示している）でミードの腕っぷしの強さを知り、みずからの劣等感を振り払うかのようにミードを鍛え上げ、金持ちの娯楽である奴隷同士の格闘に送り出す。障害のある自分の「ありえたかもしれぬ」像を健康でたくましいミードに投影するのだ。それは、みずからは絶対に認めたくないミードのたくましさへの「憧れ」である。

格闘の練習を課し（おそらく農作業は免除だ）、ほかの奴隷にマッサージをさせる。食事もほかの奴隷より上等なはずだ。ご主人様からの寵愛にミードは応えようとする。自由を奪われ、闘犬のように使われながらも、主人に従う彼をまなざし、アガメムノンは毒づく。「吠え方まで教えてもらったらどうだ？　肌の色をわかっているのか」。自分には魂などない、と笑ったアガメムノンだが、胸中には怒りと苦悩、葛藤が渦巻いているのだ。根本的矛盾を突かれ、現状に甘んじているミードはこう返すしかない。「おまえも、愛想笑いをやめたらどうだ」。

ある日、ミードは逃亡奴隷狩りに動員される。逃げたのは「寺子屋」を主宰していたシセロである。奴隷商人にひと山いくらで売られたが、機を見て仲間と逃亡したのだ。

〔写真協力　公益財団法人川喜多記念映画文化財団〕

白人優位の象徴たる「銃」を奪い、白人一家を殺したシセロたちは、ひそんでいた小屋から飛び出したところに銃弾を浴び、足を負傷する。馬もはいれぬ森のなかで、右足をひきずり逃げるシセロにミードが飛びかかる。揉みあいながらシセロがいう。「おまえが俺を殺すことになるぞ。命令される。『首にロープをかけろ』とな。白人の命令に従うなんておまえは犬なのか。自分の仲間を殺そうとしてるんだぞ」。思わずミードはシセロを放すが、駆けつけた追っ手に彼は捕えられてしまう。

衆人環視で処刑がなされる。それは心のどこかに「疚《やま》しさ」を抱える白人社会の成員たちが彼らをいつでも処断できる「みずからの優位性」や、スキを見せればなにをするかわからぬ「黒人の危険性」を確認するとともに、同胞の「犠牲」を自分たち白人が行使する暴力の「正当性」にこじつける儀式である。言うまでもなくこの

「惨事」は彼ら白人が振るい続けてきた暴力が回帰してきた結果にほかならないのだが、多数者は決してそれを認めようとはしない。

首に縄をかけられながらシセロはいう。「おまえが俺を殺すんだ。黒人がたがいに殺しあうハメになるのは、おまえみたいに白人に従うヤツがいるからだ」。執行人に殴られても彼は叫ぶ。「俺は奴隷として死なないだけましさ。白人のために惨めな人生を送るなら、死ぬほうがいい」。そして見物にきた者たちにいう。「おまえたちは自分の国にいるのに自由じゃないだろ。俺たちは自由だったのに、それを奪われた。だが住みついた以上は、ここは黒人の国でもあるんだ。俺を殺したら、ケツにキスしろ」。椅子に縛りつけられたまま吊るされた彼は、死のダンスを踊るかのようにからだを前後左右に激しくゆらし、そこに彼が故郷にいたとき、普通に聞こえていたはずのアフリカ音楽がかぶさる。毒々しい。

みずからに加えられ続けた暴力を白人一家に振り向け、女性や子どもまで惨殺したあげく、最後はみずからも処刑されたシセロ。彼の反乱を通じてひとつの問いがせり出す。それは奴隷制を支えた「隷従」という問題である。障害のあるハモンドと、杖をついた老人マクスウェルに対して、身体能力でも数の上でも圧倒的に優位な奴隷たちがなぜ支配されていたのか。白人たちの暴力装置がより強大だった面はあるにせよ、なぜ長期間にわたり家畜以下に扱われてなお、圧倒的多数の者たちが頭を垂れたのか。なぜ「生きる」のでなく「死なずにいること」を選んだのか？　激越な表現を使えば、なぜ「奴隷の自由」に甘んじるのか？——

大杉栄的にいえば、その道具こそが「法や制度（奴隷かくあるべきの規則）」や「教育（白人からの差別

《＝自己卑下》の内面化」、そして、絶対的な主従関係を前提とした「他と比しての『優遇』（寵愛も含まれる)」なのだろう。だからこそミードは葛藤しつつもハモンドに仕えるのである。人狩りに遭い、奴隷か死かを迫られた者たちと、みずから「奴隷」の地位を欲するこの日本の現状とは位相があまりにも違うとはいえ、本作で描かれている従属のメカニズムは、「自発的隷従」の見本市のようなこの国の「いま」、あるいはいまに至る「戦後という欺瞞」を考える上でも重要な視点を提示していると思う。

それを描いてさらに、フライシャーは人びとの内面をえぐる。彼は観る者に問うのだ。でもみなを隷従させきることなど不可能ではないか? 人間から「魂」を奪いとることなどできるのか? 抵抗を根絶やしにすることなどできるのか? と。

奴隷の格闘に加え、ハモンドは見合いの道中で立ち寄った友人宅で夜の接待用にあてがわれた奴隷エレン(ブレンダ・サイクス)を買いとる。彼女を気に入ったのは、誰も遠慮して言及しない自分の不自由な脚について、彼女がサラリと訊ねたことだった。そよ風のような問いに、彼の繊細な心はさざめくのである。それは「対等」な関係、すなわち父とレイシズムから解き放たれる可能性だった。

登場人物全員がレイシストなのは確かだが、「ゆれ」がないと作品はもたない。マーガレット・ミッチェルが憧憬し、映画が振りまいた〝Old South〟(古き良き南部)を成り立たせたマクスウェルの鬼畜ぶりとの対比で、ハモンドは、「これでいいのか」、「これではダメなのではないか」とゆれる存在である。映画ではあまり描けているとはいえないが、ご主人様が「処女を開く」という慣習にもハモンドは心の奥底で抵抗を覚えているし、「良い血統」の商品を産ませるために祖父と娘、孫娘との交配を命じる父にも「少しだけ」抵抗する。

彼はエレンにのめりこむ。一方でブランチはハモンドと暮らす苦痛と孤独で酒浸りになる。彼の子を宿したエレンに、ハモンドは妻に贈ったのと同じネックレスを贈る。それを身に着け、エレンは侮蔑と哀れみのまなざしをブランチに向ける。白人であるあなたより、彼は私を愛している、私が上だ、と。意趣返しは確実なのに、エレンはブランチと張りあい、打ちのめす。奴隷であっても「女」としてのプライドまでは手放していないということだろうか。そして踏みにじられるブランチもまた、親〈家〉の都合でマクスウェル家に差し出されたある種の「奴隷」なのである。昼ドラ的愛憎の世界に眉をひそめる向きもあるだろうが、私はこんな人間の業を描いたのも本作の凄さだと思う。

もはやブランチがエレンに示せるのは、白人奴隷主の「奥様」としての権力だけだ。彼女は夫の出張中にエレンを鞭で叩きのめし、階段から落として流産させてしまう。嫉妬と憎しみに駆られたブランチはさらに、ミードをベッドに誘い、レイプする。性欲をもて余していた彼女は、ミードとの性愛にとりつかれる。夫が不在のたびに彼女はミードを誘いこみ、やがてブランチは妊娠するのだった。

生まれた子どもは黒かった。事実を知ったハモンドは、年老いた奴隷を「処分」するための毒薬を獣医から譲り受けてウイスキーに入れる。そしてみずからの子どもが「白かった」と聞かされているブランチのもとに赴き、「出産」をねぎらい手渡す。内心では夫への「復讐」を悔い、これを機に夫婦生活を立て直したいと願うブランチは、夫の「温かさ」に感謝して、それと知らずに毒杯を飲み干すのである。

だが破滅への毒をあおったのはハモンド自身だった。ライフルを手にミードを連れ出した彼は、大釜に湯を沸かすように指示し、あげくはミードに入るよう命じるのだ。初めてご主人様の命令を拒んだミードは全力で弁明する。「あなたは真相を知らない。自分からあなたに背いたりしない。ずっと尊敬してきた」。

しかし問題はそこにはないのだ。「彼女から」誘ったからこそハモンドは許せない。片足に障害のある自分を遥かに上まわる魅力を妻はこの「ニガー」に感じていたのだ。奴隷農場の番頭としての自分を成り立たせてきたなにかが崩れ落ちるのに抗うように、ハモンドは引き金をひく。血塗れになって起き上がったミードは叫ぶ、「ほかの白人とは違うと思ってた。でもあなたもただの白人だ」

にじり寄るミードにハモンドが再度引き金を引く。被弾の勢いで後ずさりしたミードが大鍋に転げ落ちると、ハモンドはかたわらにあった巨大なフォークのような鋤を手に駆け寄り、湧き立つ湯の中でもがき苦しむミードをめった刺しにするのである。妻を寝とった相手に突起物を執拗に突き立てるあけすけな「比喩」には、ハモンドが屈強なミードに抱いていた憧憬や信頼を超えた、彼自身は絶対に認めたくないであろう微妙な感情が込められている。そしてついに、かたわらで一部始終を見ていたアガメムノンがハモンドにつかみかかり、奪ったライフルでマクスウェルを射殺する。

アガメムノンから見た悪魔は、「ゆれ」があるゆえに錯乱したハモンドではなく、「古き良き南部」に固執し、ハモンドをこのようにしてしまったマクスウェルだった。われに返ったアガメムノンは銃を捨てて走りだす。この後にみずからを待つ運命に恐怖したこともあるだろうが、なによりもレイシズムに汚染された白人奴隷主たちとは違い、彼はみずからの暴力に慄《おのの》く「魂」があったのである。あとに残されたのは絶命した父を抱えて呆然とするハモンドだった。そこで主題歌“Born in this time”が流れ出す。

俺は生まれた、決して自由になれないこの時代に
俺は生まれた、決して自由になれないこの時代に
一生、自由を待っても
そいつは俺にとっちゃ、遥かかなたの丘の上さ
俺にはわからない、誰のせいなのかわからない
そう、俺にはわからない、誰のせいなのかわからない
俺はただ生きるだけさ
同じようにただ生きるだけさ

「この時代に生まれた」悲劇は、自由を奪われ、家畜のように使われる黒人奴隷の不幸にとどまらない。それは黒人を人間扱いしないことを常識とした社会に生まれ、そこに順応する形でしか生きられなかったハモンドが背負った不幸でもあるのだ。レイシズムを基盤とした〝Old South〟、古き良き南部が、その毒で自滅していくのは必然だった。

人間を人間として扱わない発想は、個々人を蝕み、社会を頽廃させていく。米国映画史上の「キワモノ」として語られる本作だが、実は青臭いまでにまっとうな「倫理観」の上に構築されているのだ。日本公開時のレビューにも「スキャンダル」や「衝撃」、「米国史のタブー」などのことばが羅列されているのだが、それればかりで片づけては、本作は「他人事」で終わり、その問題提起には触れられな

いと思う。「レイシズムは社会を壊す」。本作が提起するシンプルで普遍的な「問い」は、世界が差別、排外主義で覆われた現在をも射抜いている。「この時代」はいまも過去となっていないのだ。

小説ではこの後、なまじ「繊細」で「良心的」な部分をもっていたがゆえに壊れてしまったハモンドの、まさにドロドロの復讐譚が続くのだが、映画はここで幕を引く。

原作者カイル・オンストットの本業は、なんとブリーダー（愛玩動物や家畜の繁殖業者）である。悪い冗談のようだが、「優秀な犬の育て方」についての著作もあるという。人類の恥である奴隷制を告発する小説を書きたいと、青年時代から集めた資料をもとにした唯一の本格小説が本作だった。

日本でも１９６８年に河出書房から上下２巻で刊行されている。著者が10年かけて調べぬいた事実を盛りこんだだけあって、描写は実に細かい。服装や食べ物、当時の慣習が執拗に書かれているが、端的にいうと冗長でくり返しが多い。フィクションの体を借りた「奴隷牧場の記録」なのである。

そして映画と原作との決定的な差異は、奴隷の生を全身で拒み、自由のために闘う黒人が小説には出てこないことだ。奴隷主の世間話で「ナット・ターナーの反乱」への言及はあるが、単なる「暴動」扱い。「シセロの乱」も映画版で加えられたエピソードだし、ラストの「反逆」も原作とは違う。それどころか登場する黒人は押しなべて白人に従順で、反抗心のかけらもない。もうひとつの『風と共に去りぬ』は、実は原作の黒人表象を乗り越えることからスタートしている。

なぜか。１９５７年という刊行年がポイントだろう。黒人解放運動が高揚しはじめてはいたが、まだ社会全般にその意義が届いていたとはいえない時期である。ましてや57年に刊行された小説の内容に影響など与えられないだろう。

奴隷制の名残りが残る南部で幼少期を過ごし、「良心的白人」でさえ、S・スピルバーグの映画に登場するような、「白人に救済される客体」としての黒人像を自明（≠許容の限界）とする社会を生きてきた白人のオンストットには、「奴隷」の境遇に甘んじず、「自由を求める自由」を行使する者たちの姿を想像できなかった。奴隷制という「恥」への批判から筆をとりつつも、彼には、「現実」を凌駕することばをつむげなかったのだ。それは"Born in this time"であるオンストットの不幸ともいえるが、酷なことをいえば、その意味で彼は「作家」ではなかった。作家とは、あらゆる権利をはぎとられた者たちのなかに尊厳をみいだす者、現実の奈落の底で抵抗の光を灯す者たちのことだ。そして、そのようにしてつむぎだされたことばこそを「文学」と呼ぶのだと思う。

註

＊1　１７９０年に約70万人だった米国における黒人奴隷の数は、１８０８年の「輸入禁止」後も激増し、１８３０年には約２００万人、南北戦争直前には４００万人を超えていたという。「闇貿易」もあったのだろうが、「奴隷繁殖業」がいかに盛況だったかの証である。

＊2　https://www.rogerebert.com/reviews/mandingo-1975

＊3　https://www.nytimes.com/1975/05/18/archives/film-view-what-makes-a-movie-immoral.html

＊4　この「ナット・ターナーの反乱」は、ネット・パーカー主演・監督・脚本で2016年に映画化された。タイトルは“The Birth of a Nation”である。この題名は、レイシスト団体「クー・クラックス・クラン」を善玉として描き、連邦政府によって解散させられていたはずのKKKを再結成させた映画史上の問題作“The Birth of a Nation”（D・W・グリフィス監督、1915年、日本題は『國民の創生』）と同じである。あえてこの題をつけることで、100年を経ても本質を変えない米国の人種主義に「否」を突きつけたのだ。ネット・パーカーの作品は2016年のサンダンス映画祭でグランプリと観客賞を受賞した。2015、16年と連続で、俳優部門のノミネートが白人のみだったことなど、米アカデミー賞の白人偏重に対する批判が強まっていた事情もあり、2017年のオスカー・レース参戦を期待する声も高まった。だが本作は興業的に失敗、アカデミー賞からも無視された。公開と同時期に、監督・制作・脚本・主演を務めたパーカーと、共同で脚本を書いたジーン・セレスティンのレイプ疑惑（司法上は二人とも無罪となっている）が盛んに報じられたことが影響したといわれる。本作は日本での劇場公開はなされず、DVDのみが発売された。

＊5　ちなみに『風と共に去りぬ』に登場する奴隷制肯定者たちは、ときに奴隷制解放を主張する「北部のヤンキー」をもニガーと罵る。現在の日本で活動するレイシスト・グループのメンバーらが、ヘイト・デモに対峙するカウンターや、在日朝鮮人との交流を進める者たちを「在日認定」し、「チョンコ」、「チョーセン」などと罵るのと共通している。

＊6　青木冨貴子『「風と共に去りぬ」のアメリカ　南部と人種問題』（岩波新書、1996年）、猿谷要『アメリカ黒人解放史　奴隷時代から黒人革命まで』（サイマル出版会、1981年）などを参照。

＊7　その典型は、南北戦争で荒廃したアトランタのスラムで、スカーレットが白人と黒人の賊にレイプされかかる場面である。黒人がスカーレットに襲いかかって服を破り、乳房をまさぐる原作に対し、映画では白人が襲いかかるように改変されている。**註6**の青木によれば、原作の差別性を減じたいと考えていたプロデューサー、デヴィッド・O・セルズニックの判断だ。原作の設定で白人観客を刺激するのを避けようとしたのだというが、その発想自体に、セルズニックの差別性があらわれている。

＊8　本稿執筆直前の東京都知事選（2016年7月31日投開票）に、在特会元会長が立候補したことを指す。落選したものの彼は11万票を獲得。排外主義的主張への共感、同調の国民的広がりを示した。

＊9　https://www.okinawatimes.co.jp/articles/-/67175、https://www.asahi.com/articles/DA3S12616271.html など。

＊10　1871年、明治政府は賤民廃止令、いわゆる「解放令」を出したが（そもそもの意図は徴兵や納税のための邪《よこしま》な「平等」だったが、それはここでは置く）、長年の公的差別に起因する被差別部落民の低位な状況に対して、その責任をもつ行政はなんら改善策を講じなかった。運動の高まりにより1950年代以降、自治体レベルで住宅や衛生環境、就学、就労に対する公的施策がとりくまれるようになり、それは1969年の同和対策事業特別措置法で国策となった。いわゆる同和対策事業である。それは根拠法の名称を変えつつ2002年まで続いた。およそ15兆円が投じられた日本初のアファーマティブ・アクションにより、部落民をとりまく低位な生活は一定程度改善されていったが、その一方で出てきたのが地区外からの「逆差別批判」だった。

第5章
「人権の祖国」で

1 「同化」と「排除」〔2015.3〕

『スカーフ論争 隠れたレイシズム』

監督：ジェローム・オスト
原題：Un racisme a peine voile
製作年：2004年
製作国：フランス

1980年代後半以降、フランスの公立学校に通う、旧植民地のマグレブ地域にルーツをもつ2世、3世の「ムスリマ（女性イスラーム教徒）」の生徒たちが、公立学校でスカーフをまとうことへの賛否をめぐる論争が、数度にわたって起きた。それを記録し、その根底にあるレイシズムをえぐり出したのが、ジェローム・オストのドキュメンタリー『スカーフ論争〜隠れたレイシズム』である。

映画はニュース番組の切り貼りからはじまる。論争をめぐる討論番組なのだろう。登壇者や聴衆、さらには視聴者からとおぼしき声が次々とかぶせられていく。

「昔チュニジアで教えていましたが、スカーフの子なんていませんでしたよ」

「数年前は女性器切除の論争でした」

「罰するべきか否か」

「スカーフを強要される子は？」

「ダビデの星など学校では論外でしたよ」

「共和主義の理念に反します」

「スカーフを排斥するのではありませんよ」——


テレビをザッピングしている感覚である。それくらいこの「論争」は、大量に次から次へと登場し、ネタとして消費されていったということなのだろう。

少し説明すると、チュニジアはフランスの旧植民地である。そこで働いたフランス人が「スカーフの子」を見なかったのは、急進的イスラームの侵入を警戒する政権が、1981年から学校や国家機関でのイスラーム式スカーフの着用を法的に禁じていたためだ（この禁止政策は2011年の「革命」後、撤廃された）。

続いてテレビのキャスターが「事件」を報じる。「アンリ・ワロン高校は昨晩、ふたりの退学処分を決定しました」。スカーフを脱ぐことを拒否した女子生徒ふたりが学校を追放されたということだ。縦横にいくつにも分割された画面におびただしい「論者」の顔が流れ、学識者や政治家たちのことばがイメージの濁流となってあふれていく。語るのは軒並み白人だ。発言はますます感情的になっていく。

「学校でスカーフをしたいというけど、モスクに土足で上がられたらどう思う？」
「超ビキニやらスカーフやら厄介ですよ」
「ではその子たちが裸になりたいといい出したら認めますか」――

言いがかり、結論ありきの屁理屈レベルである。「モスクに土足」と「学校にスカーフ」をたとえ、ビキニとスカーフを並置する。これはマイノリティのアイデンティティ、自尊心に関わる問題なのだが、それによって当事者がこうむる痛みは俎上に上らない。被害を受ける子どもたちの声は無視され、机上の討論で消費され、漠とした差別意識が拡散されていくのである。スカーフをまとった女子生徒の、得も言われぬ表情がいく度も挟みこまれ、政治家や学識者の軽さを際立たせる。

別のニュース映像は学校現場である。「あの子はどうですか？」と教室内での着用を問題視する取材記者に呼応し、教師が女子生徒にはずせと命じにいく。

スカーフ禁止派の集会なのだろう。「スカーフは女性抑圧の象徴です」と叫ぶ登壇者に呼応して、別の青年が右手を何度も振り上げ、「世界中で女性にスカーフが強制されている」と聴衆を煽る。彼が「抑圧」の例に挙げるのはイランの弁護士で、２００３年のノーベル平和賞受賞者、シーリーン・エバーディーだ。

「イラン人の彼女はなぜ闘っているのか？　女性差別で弁護士になれなかったからだ！」。しかし彼女自身は、西欧による短絡的なイスラーム「理解」に批判的な立場をとる人物である。エバーディー自身のテレビ・インタビューがその後につながれる。彼女はこういう。「服装を選択する自由は基本的な権利です。学校での禁止は多くの子女から教育の機会を奪うでしょう」。

時系列に並べたのかは不明だが、語られる内容は偏見から嘲笑、侮蔑、敵視へとどんどんエスカレートし、旧植民地出身の年若いムスリマを狙い撃ちにした差別としての本質を露わにしてくる。まさに「ヘイト暴力」のピラミッドである。[*1] 噴出孔を見つけた差別意識は、とどまることを知らない。

〔© H Production 2004〕

最初のシークエンスを締めくくるのはこんな発言群である。

「フランスを乗っとろうとしている」

「イスラームが嫌いなのは私だけでしょうか」

「スカーフは政治的な道具でキッパ（ユダヤ教徒のかぶり物）とは同列にできない」

「このままではとり返しがつかなくなる」

「フランスが嫌なら出ていけばいい」――

そのときの「フランス」とはいかなる「フランス」なのだろう。レイシストの「ことば」は万国共通である。

本作は「スカーフ論争」の歴史をたどる。一般的に認知されているこの論争のスタートラインは1989年のこと。パリ郊外の中学でマグレブ出身の女子生徒3人がスカーフ着用を「理由」に学校から締め出され、退学処分を受けた事件だった。

作家で「政治参加する在仏ムスリマ」代表のサイダ・カダはいう。「当時郊外のマグレブ移民の間でムスリムが増えていた。この動きを封じこめるため、『事件』は利用された」と。

1989年段階で、公立学校でのスカーフ着用について、フランス国務院（コンセイユ・デタ、行政訴訟におけるフランスの最高裁判所）が下したのは、普遍的人権である「教育を受ける権利」にもとづき、原則としていかなる生徒も受け入れるとの判断だった。当時のリオネル・ジョスパン教育大臣（後の第16代首相）もこれに倣う形で公序紊乱や宗教勧誘に当たらない限りスカーフ着用は「信教の自由」の範囲とし、「禁止」でなく、対話を通じての対処を促す見解を示した。

「教育を受ける権利」も「近代の発明」たる人権だからだ。しかしその判断を「弱腰」と見なしたレジス・ドゥブレ[*2]ら左派・リベラル系知識人たちが、左派系雑誌『ヌーヴェル・オブセルヴァトゥワール』の89年11月号に対抗声明「教師たちよ、降伏するな！」を出したのである。スカーフ姿の女性の写真に黄色で大きく書かれた“PROFS, NE CAPITULONS PAS !”（教師たちよ、降伏するな！）の文字が躍る派手な表紙である。

哲学者、ピエール・デヴァニアンはいう。「『ミュンヘン宥和を思い出せ』とか、扇動的な声明だった」。「ミュンヘン宥和」とは、1937〜38年、ヒトラーとの対決を避けたイギリスのチェンバレン首相が、ドイツの「領土拡大」を「平和的手段なら」と是認した歴史的事実を指す。フランスも同調したヒトラーとの「対決回避」が、ナチスの増長と欧州の破局をもたらしたことに、なんと公立学校におけるムスリムのスカーフ着用を準《なぞら》えたのだ。このアピールでスカーフ反対派は、公での着用を

「フランスの理念」への脅威と見なしたのである。2013年、ムスリムが路上で礼拝をするさまをナチスによるフランス占領にたとえて国土の占領と言いつのり、その差別扇動で欧州議員としての不逮捕特権を剝奪されたマリーヌ・ル・ペン（フランス国民戦線党首、同党創始者のジャン＝マリー・ル・ペンの娘）とどこが違うのか。この論争で注目すべきは、ル・ペンやサルコジのような差別主義者だけでなく、左派・リベラルが牽引役を果たしたことだ。本作の大きな問題意識もここにある。

90年代にはいっても、やはりスカーフ着用をめぐり女子生徒が退学になる事件が起こり、「スカーフ論争」は続いていた。

実は「スカーフ反対」の世論は、彼女らの多くがルーツを有するマグレブ情勢や「テロ報道」に左右される形で「高揚」する。1989年はサルマン・ラシュディの『悪魔の詩』騒動があった。*3 90年代は湾岸戦争だ。北アフリカやイスラーム圏でなにかが起こるたびに、国内に居住する旧植民地出身者への差別意識や歴史的な加害の事実と表裏にある恐怖心*4が噴出するのだ。「第2次スカーフ論争」（93—94）時、哲学者、アンドレ・グリュックスマンが口にした「スカーフ着用はテロへの加担、高校生のスカーフは血塗られている」との発言は、当時、内戦が泥沼化していたアルジェリアと、「過激派」による無差別攻撃の頻発を受けての発言である。

そして「9・11米国中枢同時多発攻撃」である。従来からの「イスラモフォビア（イスラーム嫌悪、恐怖症）」が勢いを増し、翌年には、大統領選の第1次投票で、移民排斥を主張する極右政党「国民戦線」の初代党首、ジャン＝マリー・ル・ペンが前述の社会党候補、ジョスパンを破って2位になる（いわゆる「ルペン・ショック」）など、欧州圏内で極右勢力がかつてない台頭をみせた。リベラル系政治家も保守、排外的世論を無視できなくなっていき、フランス社会全体が右傾化していく。

本作の牽引役は市民団体「ことばが肝心」の代表で、レイシズム批判をテーマに活動を続ける前述の哲学者、ピエール・デヴァニアンである。彼はいう。「1989年以降、社会運動が反動化し、第1次湾岸戦争以降、事態は悪化。大統領や首相の失言も相次いだ。ミッテランは『我慢の限界』を語り、ジスカール（デスタン元大統領）は『侵略される』と発言。シラクも『移民は臭い』といった」。ヘイトのまん延である。

その流れのなかで2003年、サルコジ内相が差別扇動の口火を切り、本作が世に出た04年、「公立学校における宗教的シンボル禁止法」が成立する。「公立小中高で、あからさまに宗教的帰属を示す標章や服装の着用は禁じられる」としたこの法律は同年9月に施行された。スカーフと明記はしていないが、時期やこれまでの経緯を考えればムスリマのスカーフを狙い撃ちにしたのは明らかだった。法的に禁止される以前から、陰湿極まる学校追放はくり返されていたが、これで公立学校におけるスカーフ着用が違法行為とされ、女生徒はスカーフを脱ぐか、退学かの「選択」を強いられることになった。宗教的信条にもとづく行為、みずからの文化の享有を理由に教育を受ける権利を剝奪されるのである。

為政者による移民、ムスリムへの敵視は、右派票をとりこむ選挙対策であると同時に、格差や貧困などの社会問題から目をそらさせるためだったともいわれる。このとき、作品中でも言及されているが、旧植民地出身者の子孫で、ムスリムで、女性という、フランス社会でいく重ものマイノリティ性を課された者たち、しかも選挙権もない10代の若い娘たちが、そのための格好のスケープ・ゴートとされたのである。

そうした政治家の言を垂れ流し、本質を無視した問題設定を浸透させたのはメディアである。本作の特質のひとつは、政治家の差別扇動をメディアが増幅し、現実とはかけ離れた問題設定に多くの者をまきこんでいく構図をえぐり出したことだ――これはデヴァニアンの問題提起にかなり沿ったものである。

頻繁に挿みこまれる雑誌の見出しを並べるだけでも、その意図は伝わってくるだろう。ムスリムの脅威を煽るものでいえば、「共和国の失われた領土」、「スカーフ打倒」、「戦争ははじまった」、「原理主義：寛容政策の限界」、「宗教とテロリズム」、「拡大する原理主義の網の目」――。これらがフランス近現代史の結果として国内に居住する旧植民地出身者、とりわけ郊外に暮らす者たちへの偏見を煽り、郊外と「中心部」に暮らす者たちとの接点をもなくし、偏見を差別へと変えていくのだろう。それを担ったのが先に述べた声明を出したドゥブレら、「普遍的価値」への脅威を声高に煽る者たちだった。

世代を経てなお、ルーツをもつ国の情勢で処遇を左右される子どもたち。「私はフランス人よ」。学校から追放された何人もの女性たちの声は痛切である。朝鮮民主主義人民共和国をめぐるなにかしらの「問題」が喧伝されるたびに、「上からのヘイト」の標的とされてしまう朝鮮学校生たちの姿がそこに重なる。「対北独自制裁」の結果、中国を経由して「祖国」に修学旅行に行くことを強いられ、日本再入国時には手荷物を入念に調べられ、しばしば家族や大事な人への土産物まで没収される。高校無償化からは排除され、自治体補助金の停止、廃止が相次ぐ。本来は差別を諫めるべき「公」が、マス・メディアを通じて発信する「朝鮮学校にはなにをやってもいい」とのメッセージは、民間の差別感情を煽り、より過激な行動を誘発していく。そのターゲットにされるのもまた、かってはチマ・チョゴリ制服で通学していた女子学生たちをはじめとする朝鮮学校生だ。[*5] もっとも弱い部分こそが被害を受けているのである。

それにしてもフランスではなぜ、こんな抑圧が法制度化されたのだろうか。少女たちの被害実態に目を向ければ、それが社会的少数者への弾圧にほかならず、その根には、異なる者の存在を脅威としか見なさぬ病理が存在することは明らかにも思えるのだが、左派・リベラルの多い教育現場もスカーフ禁止に同調したのだ。

日本と違い、フランスでは1971年に人種差別撤廃条約に加入、人種差別を禁止する国内法を整備してきた。法律とは社会へのメッセージである。95年に加入したものの、まともな国内法整備もせず（唯一の整備は97年の「北海道旧土人保護法」廃止だった。この年までアイヌを「旧土人」と名指す法があったこと自体が信じがたい）、いまだに「処罰立法が必要な差別は存在しない」として人種差別を禁止する法律すら制定しないこの国とはかなり違う状況にあるはずなのだ。なぜ「隠れたレイシズム」なのか。なぜ、かくも歴然とした差別が、それとして認識されないのか。

その導きの糸になるのは、本作の羅針盤ともいうべき哲学者、ピエール・デヴァニアンが引用する社会学者ピエール・ブルデューの言である。「『スカーフを受け入れるべきか』という問いの背景には『アラブ人を受け入れるべきか』という問いがひそんでいる。問いを言いかえることで、卑しい問いを正直に書けるようになる。問いを言いかえることで隠れた本音が噴出する」。

スカーフ禁止の最大の理由として本作が指摘するのは、フランス国家の根幹的理念である「ライシテ（政教分離）」である。

フランス共和制の確立は、カトリックが政治を牛耳っていた「政教一致社会」を克服していく過程でもある。フランス革命後も政治に残るカトリックの影響を排除するため、フランスでは、1880年代から宗教の政治への影響をなくす法整備が進められていき、1905年には「教会と国家の分離に関する法」が施行された。これらの法律がコモンセンス化してきた社会的合意は、「宗教は私的領域に止めるべきもので、公では宗教的帰属から離脱することを求める」との認識だった。まず共和主義の理念を受け入れる「フランス国民」たれ。その国民に人種的、宗教的バックグラウンドは関係ない。言いかえればムスリムが国民である前にムスリムであることは、理念に同意する人びとが「まず国民」として統合される共和主義のあり方に対立する。「フランス国家」の根本に対する敵対であり、彼・彼女らがフランス社会の一員となれない原因だと見なすのだ。ここには不公正、不公平な社会を存続させているみずからの責任を糊塗するため、マイノリティの「努力不足」に責任を帰す倒錯がひそんでいる。

ライシテの理念を顕現する代表的な場が学校である。歴史的経緯を見れば政教分離とは本来、特定宗教と国家権力との結託を防ぐ歯止めであり、公立学校におけるそれは、教師の宗教的な中立や、公教育での宗教教育の押しつけに「ノン」という原則だったはずだった。だがこれがスカーフ論争のなかで、いつのまにか児童・生徒の義務へと逆転していく。「学校とは個々の属性を離れた個人が集まり、国民として自立していく場であり、『宗教的シンボル』たるスカーフ着用は許されない」。こんなスカーフ禁止派の主張が「理屈」としての強度を獲得するのである。

世代を経てもフランス的価値観を拒む者たちが「共和国モデル」を内側から破壊するというが、そこでいわれる「破壊者」とは、マグレブやサブサハラのアフリカ出身のムスリムたちだ。第1世代の子孫である彼女らは、いまではフランス国籍を有する「国民」である。しかも、まがりなりにもフランスで初等教育を受け、フランス語を母語とし、その価値観を一定、身に着けた上でスカーフを選んでいるのである。在日朝鮮人の第2世代が、公立学校で学んだ基本的人権の理念とみずからの現状との乖離に対し、「これは差別」だと声を上げたように、彼女らが権利を求めて声を上げるのは、その実「フランス的価値観」をみずからのものにしているからなのだ。国民は法の前で平等で、エスニシティは関係ないといいながら、属性を特定して、その属性に与《あずか》る者たちの教育やアイデンティティという「普遍的な権利」を認めない。矛盾である。これは社会統合に名を借りた「同化の強制」にほかならない。

ひと口にレイシズムといっても、その噴出形態はいくつもある。街頭でのヘイト・スピーチでレイシストたちががなり立てる「叩き出せ」、「出ていけ」に代表される「排外主義」としての噴出形態は、態様の醜さも相まっていかにもわかりやすいレイシズムである。他方、フランス社会における「同化の強制」もまた、他者を認めないという意味で排外と表裏にあるレイシズムの一類型なのだ。

前述した日本の近現代史を再確認したい。「皇民化」と称してアイヌや琉球、そして台湾や朝鮮の人びとに同化を強いたのはその典型である。1948年の「朝鮮人学校閉鎖令」にはじまり、60年代以降の外国人学校法案、そして2010年以降の高校無償化排除と補助金の停止・廃止に至る朝鮮人の自主教育への弾圧政策も、「他者とその歴史／文化を継承、再生産する場」、「汚辱の歴史の証人を生み出す場」に対する憎悪の発露である。その根底にあるのは他者なき世界に安寧を見出す病理であり、相手を「劣なる存在」と見下す傲慢、露骨な差別意識である。

ただ「同化の強制」は差別と認識されにくい。朝鮮学校をめぐる差別の問題に関連し、得てして「良心的日本人」が口にする「日本の学校に通うんじゃダメなんですか」もその典型である。それを問題と感じる感性がない。海外出身の力士が日本国籍をとることを寿ぐ空気もそうだ。[*6] 同化主義的なレイシズムは「善意」や「常識」と混同されやすく、対処が難しい。

もちろん、植民地出身の朝鮮人らに、その存在自体が差別と隷属によって成り立っている「天皇」に対する崇拝（「臣民化」）を強制し、帝国崩壊後は「多数派の常識」への同調を求めてきた日本の「同化主義的レイシズム」と、「自由」・「平等」・「博愛」に代表される理念のもとでの統合をめざすフランスの「共和主義的レイシズム」を単純に同一視はできないが、他者にマジョリティの「常識」への同化を強制する点においては、両国のレイシズムの表出形態には共通するものがある。

スカーフ反対派が叫ぶ「女性解放」もその文脈で考える必要がある。これはムスリム社会から単純にイメージされる家父長制への反発である。すなわちスカーフとは女性にのみ頭髪や顔全体を隠すように決めた、自己表現や社会参加を制限する男尊女卑のシンボルであり、男が絶対的権限をもつ社会における女性抑圧のシンボルであるとの批判だ。だから学校でのスカーフ着用禁止を求めた少なからぬ知識人は、スカーフの着用禁止はムスリマ生徒への抑圧ではない、彼女たちにスカーフをはずすよう求めることは、1日の一定時間、地域社会、因習から「哀れな犠牲者」を解放することだととらえていた。

もちろん、男尊女卑的な意識の家庭もあるだろう（だが、それはムスリム社会に限らない）。みずからの意に反してスカーフをまとわされている女性もいるだろう。だが、なぜそれがムスリムだけを標的にして問題視されるのか？「普遍的理念」を踏み絵にして、特定の属性をもつ者——この場合は、フランスの近現代が犯罪の歴史であることを、みずからの存在で物語る旧植民地出身者である――を排除していく。これによって「教育を受ける権利」を侵害されているのは、「国民様」が「遅れた共同体」と見なす場で生きる者たちだ。教育を受けて現在の「社会階層」や「自分たちに対する抑圧」からの解放を求める者たちが、「普遍的理念」によって教育の権利を奪われるのである。それで学校から排除されればどうやって解放されるのか？　「国民たち」には、みずからの行為が結果的に属性で人を排除し、不公平・不公正な社会を維持していることが理解できないのだ。事実、映画に登場する女生徒たちは、教育を受けた結果として、スカーフ着用を禁じる国家を明確に批判することばを獲得している。

ここで強調しておきたいのは、このスカーフ禁止という手段に賛意を示した人々の少なからぬ者たちは、前述のドゥブレをはじめ、『母性という神話』で知られるエリザベート・バダンテール[*7]など、日ごろ、右派や保守と対峙する左派やフェミニストの論客だった事実である。「同化主義」、「共和主義」は、左派、リベラル系の者たちにとって親和性の高いものであるのだ。

玉葱の皮をむくように、スカーフ反対派が掲げる「理屈」が一枚一枚、はがされていく。「共和主義の理念」、「西洋的価値観」を掲げて、マイノリティに「同化と排除」を暴力的に迫る社会の姿が露わになる。「もはやライシテは『信教の自由』の保障ではなくて、原理主義的な『ライシテ教』になっている」。「私はフランス人だと思っているわ。『よそ者』扱いしたいのよ。無知な出稼ぎ労働者としてね」。「つまり『善良な奴隷になれ』ということ『従順な原住民になれ』ということ」――。女性たちのことばは事の本質を串刺しにする。普遍的権利をいいながら、彼女たちの普遍的権利「教育を受ける権利」を踏みにじる。それ自体が教育の否定である。

デヴァニアンはいう。「中高生イジメはやめるべき、たとえ原理主義者であっても退学させるのはおかしい。受け入れは公立学校の義務だ。異なる者と触れあう場が公立学校だからだ」。

近代の、主に帝国主義国によって発明された「普遍的価値」がマイノリティの権利を踏みにじる構図は、2015年に襲撃事件の標的となった漫画週刊誌『シャルリー・エブド』にも通じる。偶像崇拝を禁じるイスラームの教義を無視するばかりか、その信仰の対象を侮辱する絵――少なからぬものが性的に――をいく度も載せた彼らの理屈は「表現の自由」である。みずからの「正しさ」が社会で生きる者としてわきまえるべき「限度」を吹き飛ばす。そこにあるのは、みずからを「文明」と見なし「普遍的価値はわれらのもの」と疑わぬ傲慢と、「野蛮な慣習を生きる」、「よそ者のムスリム」を見下す露骨な蔑視感情であり、嫌悪感である。

その傲慢と想像力の欠如は、襲撃で12人が命を途絶された4日後、パリで催された「連帯と追悼」のデモでも披瀝された。別の党派が企画した「追悼」をジャックし、各国の元首――そのなかには世界最悪の「テロリスト」、イスラエルの国家元首ベンヤミン・ネタニヤフもいた――とパレードした社会党出身のフランソワ・オランド大統領は、事件を共和制の基幹的理念「『表現の自由』へのテロ」と訴え、それを「フランス国家への攻撃」へとすり替えたのだ。

そこに「郊外」の若者たちの姿はほぼ見られなかったという。[*8] 自業自得などという気はないが、あの漫画雑誌がくり返してきたマイノリティの権利侵害に根をもつ事件が、同じ社会の成員であり、あの雑誌に踏みにじられてきたムスリムたちを排除した「国民の物語」に回収され、かつての「悪魔の詩」騒動など、「西欧」でいく度もくり返されてきた「イスラムの野蛮」VS「西欧の文明」の図式がまたももちこまれたのだ。それはみずからの歴史的責任や、社会がずっと温存してきた問題を目の前から隠し去ってしまう「ベール」だった。

その後、欧州におけるいわゆる「難民危機」が噴出、世界の極右化がとめどなく進んでいる。なぜイスラーム攻撃は「差別」と見なされがたいのか。ここで触れておきたいのは、欧州における「レイシズム」の対象は誰か、なにかということだ。

何度も書いたが、「差別の禁止」（刑事規制）を加入国に求める「人種差別撤廃条約」が国連の人権条約でもっとも早い1965年に採択されたのは、レイシズムを世界に撒き散らした植民地主義への批判と、あのユダヤ人虐殺から十数年でまた噴出してきた反ユダヤ主義への対処、そして南アフリカのアパルトヘイト体制への否が大きな要素だった。だから前文には「植民地主義並びにこれに伴う隔離および差別のあらゆる慣行（いかなる形態であるかいかなる場所に存在するかを問わない）」を速やかに無条件に終わらせることが盛りこまれている。それに先立つ60年に「民衆扇動罪」を設けたドイツをはじめ、欧州各国が「表現規制」という微妙な領域に踏みこんでまでレイシズムに対処してきたのは、ニュルンベルグ法などナチスによる反ユダヤ主義の法制化が欧州に遍在する反ユダヤ主義者たちを勇気づけ、ジェノサイドに至った歴史を踏まえている。関東大震災時、「朝鮮人が井戸に毒を入れた」など、官民あげての差別扇動（≒ヘイト・スピーチ）の結果として、数千人ともいわれる朝鮮人が虐殺された歴史をもちながら、いまだ人種的差別を禁じる基本法すらないこの日本とは対照的だ。

しかし一方で欧州はそこまでなのだ。本作の字幕を担当した菊池恵介氏が指摘するように、欧州にとっての過去は「ユダヤ人迫害の歴史精算にとどまっている」側面がある。ドイツの差別禁止が「過去との類似」、すなわち、ナチスを思い起こさせるか否かを物差しにしているように、ムスリムやイスラームへの攻撃をレイシズムの表出と見る感覚が十分ではない。

その西欧では現在、ドイツの「ペギーダ（西洋のイスラーム化に反対する欧州愛国者、Patriotische Europäer gegen die Islamisierung des Abendlandes = PEGIDA）」に代表される反イスラーム運動が高揚している。彼らはいう。私たちは差別をしているのではない。ただ欧州的価値に同化しない人とはともに生きられない。「われわれの価値」を受け入れられない人は出ていってくださいということだ、と。ナチスとポスト植民地期を経て、欧米におけるレイシズムの標的がユダヤ人、黒人からアラブ人となり、それがイスラームの人種化に至っている――ユダヤ教徒が人種化されたように――のだが、そこに対処できない。ここにも「言いかえ」がある。「隠れたレイシズム」のゆえんだ。

前述したが、「スカーフ論争」最大の被害者は、フランス国民としてみずからの文化的、歴史的アイデンティティを選びとろうとすることを理由に学校を追放され、「教育を受ける」権利を蹂躙されたムスリマの生徒たちである。公立学校とマイノリティの自主学校の違いはあれ、それはまさに朝鮮学校に代表される「マイノリティのアイデンティティ教育」を敵視、弾圧してきた日本の問題に通じる。

冒頭のテレビ映像の数々は、彼女たちを置き去りにしたまま、まるで檻か水槽の中の生き物を論じるように議論――多くはそれと呼べない愚論だった――が展開されたことへの批判である。本作では被害者や彼女らを支援する教員たちの声が複数、記録されている。それは「知識人」の百万言より説得力がある。

　前段として、法的に禁止される以前から、ムスリマに対する陰湿な学校追放のシステムは確立されていた。ピエール・デヴァニアンは、第2次スカーフ論争以降の約10年で、その手法が確立していったと指摘する。表向きには着用をめぐる問題が起きれば教育省が委員を派遣し、当事者間の調停にはいるシステムがあったのだが、調停とは名ばかり。委員は生徒と保護者にスカーフをはずすよう圧力をかける役割だった。その一方で委員は学校側に「問題解決」の入れ知恵をしていた。

　その陰惨な手口は、1994年9月、高校3年で退学処分にされたファティマ・アウスティが語っている。ある日、彼女ら30人ほどが呼ばれ、スカーフを脱ぐように説得された。それを拒んだファティマは、自分の教室から締め出されたのだ。彼女に用意されていたのは「軟禁生活」だ。別室に朝から夕方まで、休憩時間以外は閉じこめられ、授業を受けさせない。わずか10分の休憩時間に友だちと会い、授業の内容を聞いて自習する毎日が続いた。学校挙げての「イジメ」が2カ月続いた後、ファティマは学校から退学処分を言い渡された。

　これが現場に入れ知恵した教育省の「アイデア」だった。スカーフの着用だけで退学にするのは難しい。だから欠席日数を増やし、それを「理由」に退学させるのだ。退学処分書を突きつけられ、「1分以内に出ていきなさい」と教師に告げられた場面に至り、ファティマは絶句し、そしてことばを絞りだす。「学校は私のすべてだった。置き去りにされ、孤独を感じた。普通は学校が終われば授業や宿題の話をするけど、私は排除された人間だった。同じように退学にされた10人で慰めあうしかなかった。高校を出ないと大学にも行けない。職を身に付けるにも学歴が必要。退学で未来を奪われました」。

やはり高校生のザフラ・アリはいう。「ムスリマにもフェミニストを自認し、男女平等を求める女性は大勢いる。西洋の男女平等とは少し違うだけ。でもフランスの女性団体は聞く耳をもたない。理想を押しつける点は植民地期と変わらない。『スカーフ女性は遅れてる』なんてどうしていえるの」。

彼女のことばは、問題の深刻さと歴史的な根深さをえぐり出す。社会的に劣位に置かれた「イスラームの女性を解放する」、彼女たちを抑圧する「アラブ・イスラームの家父長制に反対する」は、「文明化の使命」として、フランスがイスラーム圏を侵略し、植民地化していくことを正当化する「大義名分」だった。みずからがその「理屈」を振りかざしていることに、左派・リベラルが無自覚

〔© H Production 2004〕

なのだ。21世紀の現在においてなお、フランスは国内の「植民地」の「文明化の使命」を掲げている。本作で描かれている「スカーフ論争」は2次、3次に渡る5年ほどの出来事だが、実際のスカーフ問題はフランスがアルジェリアに軍事進攻、植民地化した19世紀前半から続いてきた。人権や平等を語る者たちですら、植民地支配の歴史を対象化し、総括できていないのである。

宗教シンボル禁止法への認識をめぐってフェミニストたちが分裂した2004年の国際女性デーのデモを収めた後、作品は締めくくりへと向かう。カメラはファティマも所属している市民団体「ムスリマの声」を映し出す。広場に長机を並べ、プラカードを掲げ、展示をおこない、お茶をともにする。相対の対話で、たがいの壁を超えていく。レイシズムにからめとられた「フェミニスト」たちの愚かしさに辟易とした後だからこそ、その営みが光を放つのである。

そのあと、市民団体「すべての子どもに学校を」の集会の場面が続く。壇上に並んだスピーカーのひとりで、マグレブ系の男性が力強く語る。「第1に、スカーフ論争を通じてバックラッシュが噴き出している。狙いはわれわれの口を封じ、黙らせること。口に出していおう！ 本人の意志に反して人を解放することはできない。解放とは自分の意志で勝ちとるものだ。第2に、私はスカーフの強制に対してスカーフをしない権利を断固擁護する。だがスカーフをしない権利は同時に、する権利を保障するものでなければならない。第3に沈黙してちゃいけない。1世たちは隠れるように生きてきた。われわれは声を上げなければならない」。

最後は社会学者、クリスティーヌ・デルフィのことばで締めくくられる。「この国を蝕む病は第1に、暴力的で制度的で遍在するセクシズム。第2に、暴力的で制度的で遍在するレイシズムです。希望はどこに？　希望は私たちの間に芽生えた絆です。反イスラームでないフェミニズムは可能だ。この暗い状況のなかで明るい展望を語るのは、私自身、それを希求しているからです」。ここに、二重基準でも、誰かを抑圧するものでもない、本当の「普遍的価値」を生み出そうとする者たちがいる。

註

＊1　「ヘイト暴力」が過激化していく流れを示した図形で、アメリカの社会学者、ブライアン・レヴィンが図式化した（下図）。差別は、非刑事的事象である「先入観、偏見による行為」（冗談、敵意の表明、配慮を欠いたコメント、非人間化、嘲笑）などから民事的行為である「差別行為」（住居差別、就職差別など）へと進み、さらには刑事的行為である「暴力行為」（暴行、殺人、レイプ、放火など）へと至り、最後は「ジェノサイド」として爆発することを示したピラミッド。

＊2　１９４０年パリ生まれ。フランスを代表する左翼知識人。キューバのハバナ大学で教鞭をとり、チェ・ゲバラが率いたボリビアでのゲリラ戦にも参加。現地で逮捕、収監される。世界的な救援運動で釈放された後は、チリに逃れ。サルバトール・アジェンデと親交を結んだ。ピノチェトによるクーデター後にフランスに戻り、ミッテラン政権に参画

ヘイト暴力のピラミッド

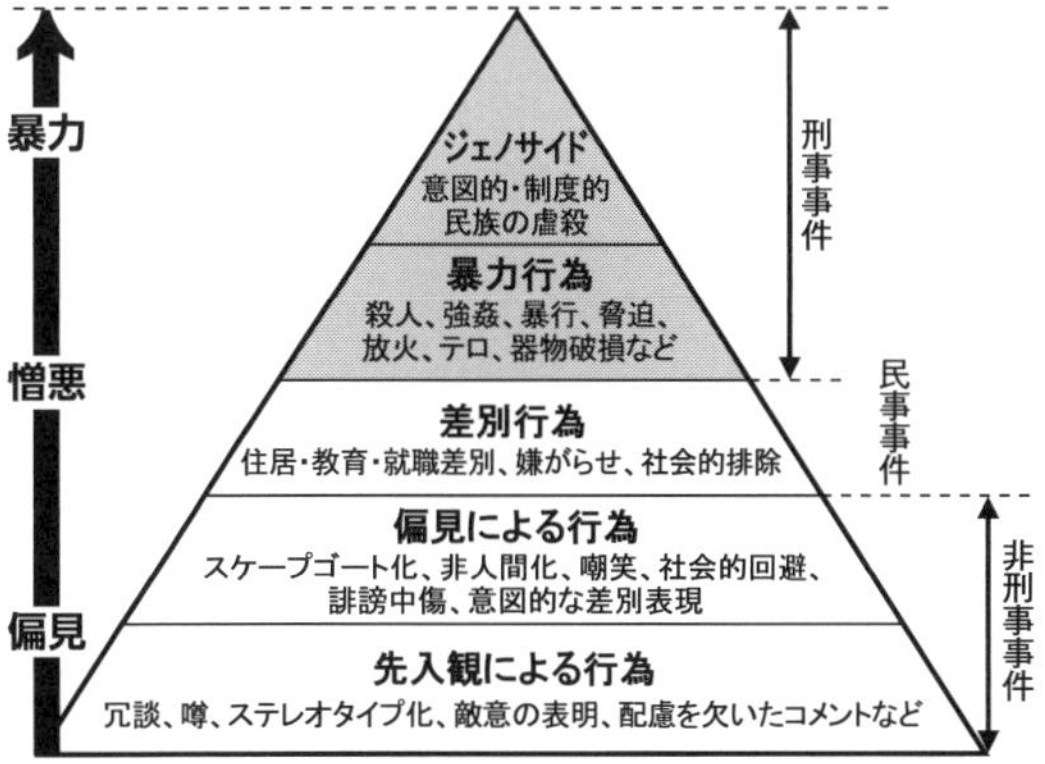

(Brian Levin, Anti-Defamation League より)

した。イデオロギーや宗教、芸術などの影響を、それを伝えてきた媒介のもつ効果との関係で考え、歴史上の出来事をとらえ直す「メディオロジー」の提唱者。

＊3　インド系英国人作家、S・ラシュディが1988年に発表（翌年1月刊行）した同名小説には、預言者ムハンマドやクルアーンを揶揄する表現が複数含まれており、国内外のムスリムが反発。焚書が相次いだ。89年2月、イランの指導者ホメイニ氏が著者と出版に関わった者の「死刑」を宣告。イギリスとイランの国交問題にも発展した。外国語版の訳者が襲われる事件が数件起きており、日本では翻訳者が何者かに殺害された（未解決）。

＊4　「いつか仕返しされる」との恐怖は、1923年の関東大震災時、首都圏で朝鮮人および朝鮮人と見なした者を襲った日本人たちの心の根底にもあっただろう。

＊5　たとえば拉致事件が発覚した2002年9月17日から翌年3月までを対象にした東京や大阪の弁護士の調査によれば、朝鮮学校生への暴言、暴行はこの半年で1000件を超えた（うち321件が関東圏）。全体の7割強が「朝鮮人、死ね」、「皆殺しにしておけばよかった」などのヘイト・スピーチ。残りは、駅の階段から突き落とす。制服を切る。唾を吐くなどのヘイト・クライムだったという。ちなみに99年以降、ヘイト暴力からの「自衛策」として各校は、登下校時の第2制服（ブレザー）を導入している。彼女たちの民族的アイデンティティ表現の自由が侵害されているのである。

＊6　外国籍力士が親方になるために日本国籍をとる際（これ自体、明々白々な国籍差別である。少なくとも私はこの段階で相撲は「スポーツ」とはいえないと思う）、スポーツ紙などで乱発される「帰化」のことばも同化主義的レイシズムの典型だ。一般紙の用語マニュアルでは「避けたいことば」として言いかえ対象とされているはずのこのことばが、系列のスポーツ紙でしばしば使われる実態にも、差別をそれと見なせないこの社会の感度の低さがあらわれている。

＊7　哲学者、歴史学者。「母性愛」とは生来の感情ではなく、「母性本能」という概念自体がイデオロギーにすぎないと批判した『母性という神話』（ちくま文庫、1998年）は、女性学の重要書といわれる。

＊8　コリン・コバヤシ「350万のフランス市民が行進した後、残されたものは?」http://echoechanges-echoechanges.blogspot.com/2015/01/350.html、森千香子『排除と抵抗の郊外　フランス〈移民〉集住地域の形成と変容』（東京大学出版会、2016年）など。

2 『移民の記憶 マグレブの遺産』

「根こぎ」と「寄る辺なさ」〔2019.2・書き下ろし〕

監督：ヤミナ・ベンギギ
原題：Memoires d'immigres, l'heritage maghrebin
製作年：1997年
製作国：フランス

推計値で総人口の一割にも届かないとはいえ、欧州各国のなかでもフランスは、域内住民に占めるムスリムの割合が比較的高いといわれる。*1 その多くは植民地だったアルジェリアをはじめとする、チュニジア、モロッコのマグレブ地域にルーツをもつという。

その理由は、2度の世界大戦による若年人口の減少と出生率の低下に悩んだフランス政府が、自国の支配地域の人びとを都合の良い労働力として（人間としてではなく）「輸入」したことにある。彼らは鉱山や自動車製造といった基幹産業の末端労働を担わされ、フランスの「栄光の時代」といわれる第2次世界大戦後の1940年代中盤から70年代の高度経済成長を下支えした。

フランスは後に家族の呼び寄せを認め、労働者の定住は進んだ。73年のオイル・ショックで経済が停滞期にはいると、政府は新規受け入れを停止、後には一時金とひき換えに彼らに「帰国」を促した。「労働力」という水を国に注ぎ入れ、止める蛇口の栓は常に自分たちが握っているという「宗主国」の傲慢さである。アジアからの「労働力」調達に際して、常に日本を「買い手市場」としてしか想像(妄想)できない政治家や財界人の夜郎自大を連想せざるをえない。

だがさまざまな事情で故郷を離れ、数十年フランスで生活してきた人たちに故郷で新生活をはじめる基盤がどれほどあるだろう。植民地時代、安価な労働力として日本に呼びこまれ、世代を経て暮らしてきた朝鮮人へ投げつけられる常套句、「なぜ帰らないのか」、「それなら祖国に行けばいい」が、いかに荒唐無稽な妄言かにもつながる。ちなみに1977年にフランス政府がおこなった一時金による外国出身労働者の「帰国促進」は、バブル期の労働力不足を受けた日本政府が、敗戦後一貫して堅持してきた「単純労働者は受け入れない」の方針の例外として受け入れを決めた「日系人」[*2]たちを、リーマン・ショックによる不況で追い出す際にとった政策「手切れ金制度」のモデルだった。

「求められた」時代が過ぎ去った後も、移民の大半はフランスにとどまったが、滞仏生活は概ね厳しいものだった。最初から経済構造の最底辺に組みこまれた者たちに社会的上昇の契機はそうそうない。少なからぬ者たちが郊外の団地に集まり、中心部と隔絶された「見えない存在」となった。「円満たるフランス人」からは「自分たちとは違う異物」と蔑まれ、その社会的な低位は「彼ら自身のフランスへの統合努力の欠如」と見なされ、いわゆる「自己責任論」で裁断される。

そんな彼らがメディアでとり沙汰されるのは「郊外暴動」や「テロ事件」のときばかり。断片的に切りとられたニュースによって、無教養で暴力的で前近代的な価値観を堅持している者たちのイメージが循環、増幅されていく。そもそも彼らがいるのはフランスによる植民地支配の結果であり、極めて差別的な労働力輸入の歴史があったからだ。逆にいえば「人権の祖国」の恥部を認めたくない者たちにとって彼らは、向きあいたくない、存在を否定したい存在なのだ。

ヤミナ・ベンギギの長編ドキュメンタリー『移民の記憶』[*3]は、マグレブ移民2世のベンギギが、彼女が聴きとらなければ、おそらくは死とともに消え去った先人たちの人生を映像に記録した一作だ。作品は「なかったことにされてきた物語」を掘り起こしてフランスの歴史に位置づけていく。それは「見ようとしない」、「聞こうとしない」者たちに「事実」を突きつけていく社会的な抵抗であるとともに、親と断絶された移民2世の「記憶の空白」を埋める私的な営為でもある。

映画はマグレブから渡仏し、労働市場の最底辺を担ってきた「父」の痛切な語りではじまる。炭鉱労働者だったモロッコ出身のアブデラ・サマトはいう。「子どもたちにも知ってほしい。なぜここにいるのか。どのように渡ってきたのか。どんな条件で働き、暮らしてきたのか。親を怨む子もいるだろう。でも私のせいではない。経済的苦しさ、貧しさのせいだ」。続くのはアルジェリア出身のモハメッド・トゥカルである。「子どもはわかってくれない。『また親父の戯言だ』、『そんな話はありえない』と信じようとしない。生まれたときからすべて与えられてきたから。苦しみを知らないんだ。あの頃、選択の余地はなかった。仕事があればなんでもした。便所掃除だって。働きにきたんだ」。ベンギギ監督の探訪がはじまる。

当初、フランスが「輸入」した労働力は「同じ白人」で「キリスト教徒」が多いポルトガルやイタリアなど欧州系だった。だが欧州移民ではまかないきれず——「フランス人」が見向きもしない低位な労働条件が「欧州人」には敬遠されたのである——、「やむなく」フランス当局は植民地だった北アフリカからの「輸入」に踏み切った。戦後西ドイツの労働力移入政策の対象が、東独の白人貧困層からイタリアやスペイン、ギリシャの白人へと移行し、やがてムスリムの多いトルコ人へと移ったことにも共通する。まずは同胞であり、白人のキリスト教徒なのである。

彼らマグレブ労働者はルノーやシトロエンといった自動車工場のラインや鉱業、農業、建築業に吸収された。ライン作業の中身は、チャプリンの映画『モダン・タイムス』（1936年、米）そのもの。機械の一部に組みこまれた人間は一部で「専門労働者」と言いかえられたという。労働を細分化し、誰でも可能な単純作業にしておいてそれをあえて「専門」と呼ぶのである。しかも当初は家族帯同を禁じられていた。あくまで彼らは移民ではない労働力、手先の器用な牛馬だった。

それでも多くが故郷を後にした。チュニジア出身のヘマイス・ダブーは、そのときを昨日のように語る。ソウル・フードであるオリーブ油漬け肉団子を母からもたされ、港には永《なが》の別れを予感した家族が見送りにきた。彼は沖合で赤い民族帽を海に投げ棄て、トランクひとつでマルセイユに降り立つ。そのとき彼は、暗闇のなかで肉団子の残りを海に捨てたという。あえて「望郷の念」を振り切ったのだ。

覚悟を決めた彼はライン作業に配置された。「知性は必要とされず、誰も自分に関心はもたない。孤独だった。でも故郷は違う。知らない人にだって挨拶する。太陽と温かみがあった。ここにはそれがない」。思わず彼は涙する。

歯を食いしばって働き、夜間学校で学んだが、そこで直面したのは自分が「永遠の2級市民」である事実だった。「私もフランス人になりたかった。フランス社会に溶けこみたかった。この国のことばと文化を愛していた。でもどんなに努力しても、ことばを磨いても、無駄でした。所詮『アラブ人』にすぎません」。

労働者は地域ごとに割り当てが決められ、基本的に農村から集められた。「都市部より従順で扱いやすい」と見なされたのだ。いく人ものサマト、トゥカル、ヘマイスはいかに「輸入」されたのか。在モロッコ政府移民局のブローカー、ジョエル・ダウィはいう。「ブローカーには心理学者の資質がいる。4、5分の面接で見極めなければいけない。労働力の品質管理は私たちの責任だ。目の前の労働者が、『商品』として良質かどうかを、見定めたんだ」。

単に重労働が可能な体力があるか否かではない。労働者としての権利を主張し、周囲に影響をおよぼしかねない「資質」のある人間を除去したのだ。都市部を避けた大きな理由もそこだろう。さらに彼は言い放つ。「自慢するようだが、モロッコ人に関しては『不良品』の割合が極めて低かった。全体の2％以下だった。5万人も送りこんだ年もあったのに」。300人の採用枠に5000人がやってきたこともあったという。1000人だけ面接し、あとは追い返したという。

健康診断をとらえた白黒写真が挿入される。調査項目は心肺機能や筋力だ。「痩せこけたヤツを鋳造所には送れない。鋼板を運ぶ筋力がいるし、溶鉱炉の熱にも耐える必要がある。化学工場送りのヤツはガスに濡れる。肺の丈夫なヤツを選ぶために、レントゲン検査ですべて洗い出すんだ」。「20年間炭鉱夫だったヤツが定年後どうなるか。100%塵肺病とは限らないさ」。採否の決まった者は腕にそれぞれ緑（合格）と赤（不合格）のスタンプを押された。名前や顔かたちなどどうでもよかったのだ。ジョエルはいう。「現地には外務省の担当がいた。原住民担当の不運なヤツさ。腕のスタンプの逸話はヤツの仕業だ。人間を動物扱いしていると騒がれたがまったく大袈裟な」。課された役割が他者への想像力を遮断したのだろうか。

彼らに送られたひとり、サマトは、いまは廃墟となった北部の炭鉱を歩きながら振り返る。「（面接で）部屋にはいるとまず握手です」。それは友好の印ではない。「掌の堅さをテストしていたんです。硬い手の人は肉体労働者の証拠、柔らかい手の人はデスクワークか労働経験がないと見なされ、不採用となりました」。打ち棄てられた工場は、搾りとられ、使い捨てられたサマトたち自身である。

「買い手」たちのあけすけな語りが、フランスの労働力政策に翻弄された者たちの語りと交錯し、フランスの恥部が明らかになっていく。合間に挿入されるのはアーカイブ映像である。陰鬱な表情で空港や港から降り立ち、脇目もふらず、うつむき加減で町や工場に吸いこまれていく人びと。通勤路の塀には「フランスをフランス人に」の落書きがある。彼らへのまなざしだった。異郷で搾取される彼らが、仕事後の部屋や休日のカフェで、命に流しこんだ音楽の数々がそこにかぶさる。

そして彼らは徹底管理の対象だった。サマトはいう。「深夜にバラックに入れられた。戦争中に建てられた掘っ立て小屋です。ドイツ軍が捕虜収容に使っていたものです。6人1棟、軍隊と同じです」。「休暇で帰国する際もなにもしなくていい。入管の出張所まで護送され、空港に。すべて会社が手配した。隔離と護送で、知識を得て自立するのを周到に妨げていた」。外部との接触は知見を開く。

みずからの境遇のひどさに気づき、労働運動を起こして権利を求めるかもしれない。それを恐れたのである。国内外から「奴隷制」とまで批判されながらも続く日本の技能実習生制度でも、企業は得てして同じ「労務管理」をする。

「人間らしい生活なんてありません。わざわざ山岳地帯から無知な人間ばかり連れてこられたのです。やがて収入が増えたら定年後に備えようとみんなそれを信じて働きました。でも生活は改善されず、どん底のままです。私もここに根づいてしまいました。30年の歳月には逆らえません。ただ故郷を忘れることはできません」。そういうと彼は、でもここで生きるとみずからに言い聞かせるように語る。「獲得したものもあります。フランス人たちのように、ときには『Merde!（クソッタレ！）』と、言い返せるようになった。これは同胞にはない強さです。子どもを養うため、故郷を棄てました。だから子どもたちには、成功してほしい」。

いく度も映るのは労働者たちの「家」である。軒並み劣悪住宅なのだが、息を呑むのは、泥濘の上にひしめくトタンやベニヤ板のバラック群、かつて日本のいたるところにあった朝鮮人部落を思わせる「ビドンヴィル」の風景だ。急増する北アフリカ移民らが工場や炭鉱近くの空き地に建てたこれらのバラック集落では、50年代以降、アルジェリア独立を掲げる「アルジェリア民族解放戦線（FLN）」の支持層が急増したという。「急進派の拠点」への警戒や、跡地利用の利権など、そこはフランス当局のさまざまな政治的思惑によって公的に解体されていく。

「フランス軍人」として第2次大戦を戦ったハムウ・グミットも元ビドンヴィル住民だ。ホームレス生活を経て集落にたどり着いた彼は、火事に遭遇したという。「段ボールや木材に火が放たれて大勢焼け死んだ。誰がやったのか、全部燃えてしまった。財産、そして女や子どもも。どうせ信じないんだろう。まだ若いからな」。治安対策と再開発利権がからんだビドンヴィルの撤去には、諸説がつきまとう。

「昔の話なんか思い出したくもない。いまの若いものはまるで王様さ」という彼はいまも公営の独身寮で静かに暮らす。故郷には妻と子ども7人が暮らし、二重生活を続けている。閑散とした寮と達観したような表情をした高齢者たちが行きかう。「ここでの暮らしに慣れてしまったんだ。向こうにいたいとは思わない、長期滞在することもある。でも嫌気が差すとここに戻ってくるんだ。帰国したいとは思わない。金はここに預けておく。フランスを信じてるんだ。嘘じゃないぜ。本当にそう思ってるんだ」と意味深な目で強調する。命まで賭した彼に最底辺労働者としての生を強いた旧宗主国に対し、彼はなにを思うのだろうか。

本作のタイトル案のひとつは「踏み台になった人びと」だったという。搾取と差別のなかで、フランス発展の最底辺を担い、多くはフランスで生まれた子どものために帰郷を断念し、第2世代の「ましな生活」の礎となった1世はまさにいく重もの「踏み台」だった。そして彼らは生まれ育った「祖国」にもときどきの都合で使われる存在だった。モロッコはフランスと労働者の送り出し協定を結び、独立したアルジェリアは、自国内の失業者がフランスに出稼ぎに行くことを歓迎していた。

その在仏アルジェリア人の監視とフランスへの同化阻止を目的に発足したのが「アルジェリア人労働者友好会」である。団結権も参政権も認められない移民たちから権利伸長の声が上がったとき、フランスは「友好会」を公認団体にして、交渉相手にした。フランス政府と友好会、そして在外国民を管理してフランスへの「同化」を防ぎたい、すなわちフランスでの稼ぎをアルジェリアに送金する存在(これではまるで鵜飼の鵜だ)を失いたくないという本国政府の利害が一致したのである。

「友好会」の職場集会の場面が挿入される。扇動者が声を大にする。

「いまフランスにおいて、祖国の革命に貢献する最良の道は知識や職業を習得することにほかならない。帰国した暁にはわれわれの技能を祖国再建に役立てよう。真に独立が達成されるためには植民地支配の負の遺産を払拭しなければならない。貧困、失業、非識字、劣悪な衛生環境などだ。植民地支配の構造を打破し、祖国アルジェリアの経済発展に尽力しよう。人間による人間の支配に終止符を打つために」。仕方なく参加したような表情をした者もいるが、得も言われぬ高揚感が漂う。多くは50年代からフランスに住み、故郷が戦場となったアルジェリア独立戦争期を通じて、「敵国」経済の最底辺を担ってきた。だからこそ彼らは「祖国」のことばに吸い寄せられ、その未来に参画しているという自負心を支えに「異郷」を生きぬいたのだと思う。

私はそこに、在日朝鮮人1世にとっての「祖国」を想像してしまう。祖国が困難を極めた植民地時代と朝鮮戦争期を、ほかでもない「宗主国」で臣民、あるいは難民として生きぬいた彼らもまた、それゆえに「祖国」への思いをたぎらせ、その発展に貢献したいと願ったのではないか。出口の見えぬ貧困と、激しい差別の只中を生きる者たちにとって、祖国とは「尊厳」だったのだと思う。彼らの少なからぬ者は、組織と祖国に全財産をゆだねて朝鮮民主主義人民共和国に「帰国」していった。

フランスは1976年にはいり、当初認めていなかった家族の呼び寄せを許可する。その政策転換

〔© Canal+ / Bandits〕

について、移民政策担当次官のミシェル・ストルリュはいう。「人道的な配慮が働いたのかもしれません。でも独身生活を移民に強いてきたことへの深い反省があったかといえばウソですね」、「移住労働者たちは同じ人間とは見なされていませんでした」。主眼は外貨流出防止措置だったといわれる。

オイル・ショック後の1974年、ジスカール・デスタン大統領は新規の就労目的移民の停止を発表——これは現在まで続く——、帰国すれば2度と稼ぎにこられないかもしれぬ現実が、移民たちの家族統合と定住に拍車をかけた。

そこで地中海を渡ってきた女性たちの語りが、第2部「母」でつむがれる。エジプト生まれのイタリア人で、フランスに根を下ろした人気歌手ダリダの代表曲で、本作の通奏低音でもある「美しい私の故郷」の調べが響く。「美しい私の故郷。願いはいつもおまえのもとに帰ること。昔のこと覚えているかい？　胸いっぱいの思い出をおぼえているかい？　初恋をしたのも故郷だった……」。

この歌を「支え」とするほど異郷生活は厳しかったのだろう。アルジェリア出身のアルジアは夫を追ってきた。「フランスは楽園だと思っていた。友だちも『美しいところよ』と。でもきてみたら暗い穴倉みたいな家、これが楽園なの？　苦しかった。住居は悲惨だった」。友人のヒーラ・アラムもいう。「家の屋根は半分だけ。雨が降る日は昼も夜も水をくみ出さないといけなかった。寒さに疲れ切ってしまい、人生が素晴らしいなんて考えたこともなかった」。「とても人間の暮らしじゃない。けれどもこれもフランスの現実なのよ」。

地中海越え。それは夫の「惨めな暮らし」を目の当たりにすることでもあった。フランスから金と手紙を送っている間は保てたはずの家長の威厳が崩れたケースもあっただろう。低賃金ゆえ、妻も働いた家庭も少なくない。ルノーで働く夫を追って渡仏し、みずからも工場で働いた経験をもつアルジェリア出身のゾフラは、妊娠すれば即解雇だった当時の処遇を証言する。醜悪極まる対応だが、それは現在日本における外国人技能実習生に対する「労務管理」としていまも続いている。

子どもや女性を主な対象に「統合政策」がとられたというが、そこはフランス的価値観への同化を当たり前とする国である。不衛生住宅撤廃委員会代表のイザベル・マサンはいう。「基準とされたのは、フランスの一般家庭だったのです。福祉事業といっても目的は同化を促し、『善良な市民』としての心得を教えることでした」。なかには風呂の使い方まで指導したという。北アフリカの農村部からフランスの狭い団地に押しこめられたムスリムたちは、犠牲祭のために購入した羊を一時、風呂場に置き、そこで屠畜することが少なくなかった。血液も洗い流せばいいし、このほうが合理的である。ムスリムにとっては年一度の例外的措置なのだが、フランス人はそれを「移民は風呂場で家畜を飼う」と見なしたのだ。「浴室指導」はいわば、「風呂の使い方すら知らぬ」と彼らが考える「未開人」に対する「統合教育」だった。

渡仏は夫に続く「根こぎ」だった。「同化の強制」を差別と見なさぬ社会で、故郷の文化や宗教を保持する1世の母たちが苦労したのは、子どもの教育だった。ヤミナ・ババ・アイッサは、初夜の翌朝、親族がシーツの血痕を確かめにくる「風習」にまつわる痛切な体験と、40歳で夫と離縁した経験を語る。

離婚は遠隔地ゆえに強化された故郷の慣習との決別だった。「私は初めて自由の意味を知った。新たな人生の幕開けです。まず自分を知ろうと思い立ちました。自分は何者なのか」。とはいえ彼女はアルジェリア出身のムスリムなのである。子どもの教育について彼女は語る。「私は子どもにも自由を与えました。子どもたちもわかってくれています。私が彼らに自由を与えたことを。たしかにムスリムの教育をしました。ムスリムの家庭に生まれたのだから。ラマダンも日に5回の祈りも。いまどき職場で礼拝はできないけど、でも私のような思いを決して娘にはさせません」。コミュニティのなかで濃縮、強化されていく伝統主義と身を挺して闘いながら、それでも子どもに民族的、宗教的アイデンティティを与えたのである。

そして彼女は言い切るのだ。「移民家族の合流政策はフランス政府が勝手に決めたこと。移民の選択ではありません。ある新聞にこう書いてありました。移住労働者たちは人間ではなく、経済復興の道具だと見なされていた。妻や子どもがいることは度外視された。根こぎにされることがどれだけ悲痛な体験か」。

アルジェリアからきたヤミナも教育へのこだわりを吐露していう。「子どもたちはまるで翼のない鳥のよう。どこにも根をもたず、フランスとアルジェリア、どちらへ行けばいいのか」。「現実は厳しい。息子は学校を卒業しても仕事がみつからない。電話で受かっても、顔を見ると落される。得た物なんてなにもない」。

宗主国の「都合」がいかに人の生をゆがめているか。そのツケはもっとも弱い子どもに皺寄せられる。医師で牧師のフランソワ・ルフォールはいう。「まるで時限爆弾だと思いました。問題があるのに顕在化していないだけ。教育環境は劣悪で犯罪に走る子もいました。逆境を乗り越えた子どももいたけれど、学校、住居、病気などかなり厳しい状況でした。でも移民の子どもなど話題にもならなかったのです」。「踏み台にされる人びと」は第1世代の男だけではない。

くり返しになるがやはり私はここに、日本の近現代史以降を貫く「恥」を思うのである。植民地から呼びこんだ朝鮮人を論外の低賃金で働かせ、後には強制徴用どころか、戦地にまで赴かせた。一方で敗戦後は参政権を停止、政治参加の権利を奪った上、選択権すら与えずに喪失させた日本国籍を「理由」にして市民的権利どころか、社会的権利まで否定したのだ。レイシズムの制度化であり、旧植民地出身者に対する露骨な「追放政策」だった。加えて民族教育への弾圧である。植民地支配と皇民化の被害を回復するため、朝鮮人たちが設けた民族的アイデンティティ奪還の場に敬意を払い、最大限の支援で加害を償うどころか、この国は1948年の強制閉鎖から今日にいたるまで、徹底的にその価値を否定し、潰そうとしてきた。恣意的な「国籍」操作による不可視化と無権利化、そして朝鮮学校攻撃に代表される民族浄化政策で、この国は「汚辱の歴史」を隠そうとしてきたのである。

その事実を清算しないまま、血を基準にした日系人「労働者」の例外的受け入れ。労働者ではない「労働者」である外国人研修生の導入、そして、奴隷労働のシステム化にほかならない外国人技能実習生制度の創設という愚を重ね、2019年には、「新たな在留資格」創設による外国人労働者の導入に踏み切った。

みずからの罪に向きあわずにその上塗りをするこの国の品位は、２０１５年から17年の3年間に、実に69人もの技能実習生が死亡、うち6名が自死、溺死者も7名いる事実を突きつけられてなお、[*4]薄ら笑いを浮かべて「私は答えようがない」と言い放つ安倍晋三氏の姿に表れている。彼は「移民政策ではない」と強弁し、「外国人材」という奇妙な言いかえ――それに倣うメディアは恥を知るべきだ――をしているが、来日するのは脳のあるロボットではない。人間なのだ。社会保障や子どもの教育保障の充実なくしては新たな犠牲者を生むだけである。今こそ政府は歴史的過ちを反省し、教育や労働、反差別の分野における社会基盤の整備に乗り出すべきなのだ。

〔© Canal+ / Bandits〕

そして第3部「子どもたち」である。ベンギギと同じ世代で、親世代との葛藤を経て、それでもこの地で生きていく者たちのことばがつむがれるのである。

本作の大きな動機は「空白を埋める」ことである。1世の多くは、子どもにみずからの来歴を語っていない。親の歴史を知らないということは、いま、ここにいる根拠を知らないということだ。その欠落は、ことばにされようとされまいと、日常生活のさまざまな局面で常に、「なぜあなたはここに」、「なんの権利があって」と訊かれるマイノリティにとって一層、切実な問題なのである。朝鮮学校の初級部（＝小学校）で、子どもたちに両親や祖父母への聴きとりを課すのはその大切さゆえだ。

なぜきたのか、なぜとどまったのか……さまざまな「なぜ」を知らされずにきた者たちは得てして親たちを現象面からのみ見てしまう。スラム出身の作家、ムンジはバラックに暮らした幼き日を振り返る。「平和が訪れるのは日曜日、『神の日』だ。移住労働者たちは普段より遅く起きた。作業着を脱ぎ、準備した桶でからだを洗い、『日曜の服』を身に着けた。日曜はすっかり清潔になれる日。寮にはシャワーがなかったので日曜には石鹼とシャンプーをもって公衆浴場に行った。父はいつも僕を連れてシャワー室にはいった。お金の節約のために一緒にはいったんだ。『友達に見られたらどうしよう』と。本当に恥ずかしかったよ。10歳になっても市営の浴場で父と一緒にシャワーなんて」。

父親にとっては週1回かもしれぬわが子との至福のときが、息子にとってはたまらなく恥ずかしい時間だったのだ。そんな子どもの思いが、父に通じないことはなかったと思う。痛切である。「思春期になると反抗心が芽生えた。蔑まれた男たちやスラムの生活を見て、子どもながらに感じた。『こんな風に生きたくない。受け入れたらおしまいだ』と」。成長につれて親は、「ああはなりたくない存在」になっていく。在日朝鮮人2世にも共通する経験だ。日本やフランスのように同化圧力の強い社会ではとくにそうなる。

ムンジの憧れは集落のポン引き。派手な身なりや高級車が至上の価値だった。ひとかどのヤクザ者となったムンジは犯罪に手を染め逮捕されてしまう。彼はいう。「父やここの住人は、手錠をかけられた僕が警察に連れていかれるのを見て、ショックを受けた。父は思った。『静かな生活を息子が邪魔している。息子のせいで白い目で見られる』と。彼らはとにかく目立つのを嫌った。警察沙汰なんて、もってのほかだ。でも僕にはそれが救いだった。非行に走るくらいの衝動がなかったら、屈服し、いいなりになっていただろう。立ち直れたのはことばのおかげだった。怒りを書き表すことで暴力を抑えたんだ。やがて怒りはことばに沈み、暴力はいらなくなった」。彼の目に焼きつけられたのは父の情けなさ、卑屈さだった。

もちろん親を辱めている「フランス人」に怒った2世もいる。アハメド・ジャマイはいう。「団地の監視員は、両親を呼び捨てにした。フランス育ちの僕らには理解できなかった。『マダム、すいません』。普通はこういうはずだ。僕らは口答えし、衝突が起きた。あの横柄な態度が許せなかったんだ。でも両親は無言で耐え忍ぶだけ。『自分たちは移民でここはよその国』、『だから仕方ない』と」。

もうひとりはラシード・カシだ。父は能力と釣りあわない仕事についているみずからを恥じ、会話は成り立たず、「フランス人にはいつも蔑まれた。でも息子よ、これが運命なんだ」が口癖だったという。そんな父をめぐる痛切な逸話がある。

「僕が市民団体の代表として市のパーティーに出席したとき、父は会場で飲み物の給仕をしていた。父の上司はほかの人には敬語なのに、父は呼び捨てだった。その男はマグレブ系従業員をみんな『モハメッド』と呼んだ。たまたま父の名はモハメッドだったけど、頭にきてその男にいったんだ『なぜ父に敬語を使わないんですか?』。それから口論になったけど、『もう黙れ』と父は僕に目配せしてきた。父はいつも脅えていた。国外退去を恐れ、職場でもバスでも家でも脅えていた。テレビの音が大きいと飛んできて、『音を下げろ！　国外退去になるぞ』。子どもの僕らもいつも脅えていた。いまの若者が警察を怖がり、憎しみを抱くのも、当局に対する恐怖を小さいときから植えつけられてきたから。親の世代が権力に蹂躙されてきたからね。父はいつも後ろ指をさされ、拒絶され、蔑《さげす》まれてきた」。

フランスで多少なりとも教育を受け、平等や人権などの価値観を内面化した2世だからこその抗議だった。だから1世との乖離が際立つ。前章でも述べたが、在日2世たちが権利を求めて声を上げたのもまさに教育ゆえだった。加えて彼らの怒りは、親の惨めで卑屈な態度に対するやるせなさと表裏だった。親たちの世代にとって、みずからの境遇を食い破ろうとする次世代の運動は「卑屈な自分」に対する侮蔑のこもったまなざしを含んでいた。

そして1世と2世の間には「故郷」、「祖国」の認識で決定的な違いが生じる。父や母には五感で想起できる祖国だが、2世にとってそこはお話や本、写真で知るもの。仮に行ったとしても他所《よそ》である。その断絶をソラヤ・ゲズランヌは振り返る。「私たちは帰国するつもりでいました。いわゆる『帰国神話』です。帰国を前提にすべてがおこなわれました。たとえば居間の絨毯は一度も変えていません。父の口癖は『フランス人の家に投資してなんになる』。両親は私たちになにひとつ与えられませんでした。自分たちの文化もフランス文化も。やがて親との間に断絶が生まれました。アルジェリア文化に私のルーツはあるけれど、私の人生は、ここフランスにあるのです」。

それでもアルジェリア人になろうと願った。「父に頼みこんだの。アルジェリアに帰り、学生グループに参加し、農民を支援したい、と。高校卒業後、アルジェの大学に登録した。でも私は少しずつ理解した。実際のアルジェリアが想像と違うことを。大学では祈りの時間があり、ムスリム同胞団が寮の女子学生を監視していた。数か月後、背中を露出した女子学生が硫酸をかけられたとき、思い知ったの、自分は西洋教育を受けたデカルトの子だと」。

ラシード・カシもいう。「僕も17、8歳まで学校の勉強は将来アルジェリアに帰るためだった。自分が何者なのかわからなかった。あるのはアルジェリア人登録証だけ、フランス国籍がとれるとは知らなかった。親は国籍取得を屈辱だと思っていた。国籍取得の話題はタブーだった。アラビア語に『最たる裏切り』ということばがある。父にとってそれは出自の否定だった」。彼らにとって国籍は便宜や記号ではない、その変更は裏切りだった。生地主義と血統主義の違いはあるが、国籍取得に否定的な第1世代の姿は、在日朝鮮人にも通じる。

一方で世代を経ても「アラブ系」への差別は変わらない。生まれ育ち、国籍をもち、その国のことばを話す地で、節目になれば「よそ者」と扱われるのだ。ラシードはいう。「僕らはまだフランスで白い目で見られている。郊外やイスラーム問題、自分をフランス人と思いたくても嫌な目に遭うたびに思い知らされる。『やっぱりフランス人じゃないんだ』と。でもアルジェリア人とも思わない。両方とも自分なんだ」。だがそれをフランス社会は認めない。

とりわけ本作撮影直前の1993年には、成人（18歳）になれば自動的に付与されていた国籍に、本人の意思表示という「条件」を課すパスクワ法が施行されている。*5 ますますフランスが若者たちを裏切っていた。フランスで生まれ育ち、さまざまな義務を果たしてなお、「フランス社会の価値」への同化を求められる。なにか問題が起きると、統合政策の失敗、「モラル」の崩壊が喧伝され、「統合を拒む移民たちの問題」に問題がすり替えられていく。その先にあるのは、共和国的価値観の刷りこみ強化か、「それが嫌なら出ていけ」である。

アハメド・ジャマイはその「ご都合主義」に憤る。「母と役所に行き、団地の入居を申請したら『移民枠は一杯』と断られた。僕には『移民』とはなにかよくわからなかった。でも母は引きさがり、バラックからの引っ越しを断念せざるを得なかった。林間学校の申請も『移民枠』で断られたよ。こでも移民扱い。ところが18歳になった途端に、フランス人として兵役に徴集されたんだ。つまり18歳までは清潔な生活やまともな教育を求めても『移民』として断られ、18歳過ぎればフランス人として徴兵される。社会から隔離されたこんなドロだらけの場所で生まれ育った人間になにを求める気だ。郊外の若者が『憎しみ』を見せるのは、信頼関係がないからだ。小さいときから外国人扱いで、いまさら『統合』といわれても、どうしろというんだ。僕は仕事をもち、税金を納め、家賃も払っているのに、『統合』していないと人はいう。『統合』とはなんなんだ。どうすればいい」。

宗主国社会で同化を拒み、自分自身として生きる。それは居住国社会にみずからの存在と克服されるべき差別の現実を認めさせると同時に、その闘いのなかでみずからを見つめ、肯定していくことだ。本作のハイライトは、80年代に展開されたそんな2世の運動「ブールの行進」である。ブール（Beur）はアラブ（Arabe）をひっくり返したもの。そもそもは非アラブ人からアラブ人に対する蔑称として使われていた言いまわしを当事者が逆手にとったのである。“Black is beautiful”のように。

アルジェリア系作家、アズーズ・ベガーグ（のちにドゥヴィルパン内閣で機会平等促進大臣を務める）はいう。「『ブールの行進』は移民たちの存在を強烈にアピールしました。この運動の背景には70年代末に乱発された強制送還への反発がありました。非行少年の送還は移民を恐怖に陥れ、若者の間には怒りが充満していた。子どもたちが成長することで、マグレブ移民の姿が目立つようになった。それは第1世代とは違う。親の世代の金言は『黙って働け』でした。目立たないほどトラブルも少ない。口を閉ざしていれば蠅を呑みこむ危険も減ると。でも子ども世代は街頭に出て権利を主張する。画期的なことでした」。*6

これを受けてミッテラン大統領は正規滞在の全移民に10年有効の滞在許可を発行する。そして全3部、153分の長編はこれからを生きる2世の声で最終盤にはいる。アハメド・ジャマイはいう。「選挙のたびに『移民2世』だとか、『若いブール』、『郊外の若者』、4年ごとに新しい表現が生まれる。もうことば遊びはやめて真剣に話しあうべきだ。僕らは誰なのか、なにを求められているのか。僕らはまず、存在を認めてほしい。親世代は無視されたけど僕らは黙ってはいない」。

そしてカシである。「歴史を変えるのは時の流れと僕らの行動だ。ただ嘆いたり、政治家や法律に期待してもだめなんだ。憲法によれば人間は平等だという。差別は頭のなかでつくられる。マグレブ人に対する否定的なイメージを法律なんかで払拭することはできない。マグレブ移民の子は通常のフランス人の2倍の苦労を強いられるけど、自分たちの力で変えるしかないんだ。僕は毎日生活しながら父のことを考える、自分が幸せを感じるときも、父の経験や沈黙を考えてやまない。子どものころの父の沈黙が頭のなかで鳴り響いてやまないんだ」。

沈黙を聴きとり、歴史として記録する。ベンギギの旅路は1世が眠る墓の前へと至り、ひとつの区切りを迎える。1世のなかにもすでにフランスの土になることを望む者たちがあらわれているという。1世たちの墓、それは彼らが間違いなくこの地に存在した証であり、みずからがフランス史の一部であるとの宣言にほかならない。そして墓は、遺された2世、3世たちの生き方を見つめている。

この探訪の契機は、前作『イスラーム女性』の撮影だった。取材協力者の移民1世に「フランスにきたときのことは覚えているの」と訊ねたベンギギが目の当たりにしたのは、沈黙と涙だった。「私も同じだった」。「父も押し黙ったままだった」。「私たちは沈黙の共同体を生きてきた」とベンギギはいう。映画に登場するマグレブ移民は30名ほどだが、2年間でインタビューした協力者は350人に上るという。その原動力はあの沈黙と涙に応答したいとの切望だったと思う。

本作は1997年にテレビ放送されて反響を呼び、劇場公開された。そこでは多くの場合、上映後に監督と来場者との質疑がもたれ、感極まった移民1世のマグレブ女性たちが次々とマイクを握った。それは「母たち」からの応答だった。ある女性はこう前置きしてから朗々と語りはじめたという。「いいかいヤミナ、今度は私が話す番だよ！」と。左手にマイクを握り、右手の人差し指を突き立てて語る女性の姿が目に浮かぶ。ヤミナにとって、すべての労苦が報われた瞬間だったと思う。2世の思いから生まれたこの映画は、「踏み台になった人びと」の自己解放でもあった。映像に刻まれたのは、彼・彼女らがフランスにいる「根拠と正当性」の証明であり、それでも「ここに根差す」との宣言である。それは在日朝鮮人ら、植民地主義の暴力で「根こぎ」にされ、みずからの物語を胸に秘めたまま旅立った多くの1世と、いまだ語られぬ歴史を抱く者たち、そして先人との断絶や記憶の空白を抱えたすべての子孫へと開かれている。

註

＊1 「国民としての平等」を建前にし、エスニシティなどによる分類を避けるフランスでは、公的な宗教別の人口統計はない。米国のシンクタンク「ピュー・リサーチ・センター」の２０１６年推計ではフランス総人口に占めるムスリムの割合は８・８％。この推計値ではＥＵ圏でフランスより割合が高いのは11・１％のブルガリアのみ。フランスに続くのは、ベルギー７・６％、オランダ７・１％、イギリス６・３％、ドイツ６・１％など。

＊2 在留資格は「定住者」で、対象はかつて日本から中南米に送り出した移民とその子孫、そして配偶者である。受け入れる「外国人」を選ぶ基準を「血筋」に求める。まさにレイシズムである。

＊3 ヤミナ・ベンギギ監督の発言は『季刊前夜』２００６年秋号掲載のインタビュー「「移民の記憶」マグレブ移民のルーツを辿って」（聞き手・訳：菊池恵介）に依っている。

＊4 その直後、法務省資料の調査で、２０１０年からの８年間で１７４人の外国人実習生が死亡していることが判明した。死因では自殺が12人に上り、１１８人は20代だった。政府が非公開としていた失踪経験のある２８９２枚（１人１枚だが22枚はダブっており、実数は２８７０人分）の聴取結果も公開され、低賃金や異様な残業、暴力などの実態も明らかになった。調査票は政府がなぜかコピーを禁止したため、野党議員が手分けして全員分を書き写したという。それらは立憲民主党などがＰＤＦで公開している。https://cdp-japan.jp/news/20181206_1167

＊5 １９９８年のギグー法で、再び18歳で自動付与になった。

＊6 しかし「祭り」が終わった後、彼らが直面したのは依然として残る差別の数々だった。ベンギギ監督によれば、リーダーのトウミ・ジャジャはその後、宗教保守色を強め、フランスにおける最高位のイマーム（宗

教指導者）になった。彼はアルキ（アルジェリア戦争の際、フランス側についたムスリム。裏切り者として弾圧され、多くがフランスに流れた）の末裔だった。実際、彼のようなアルキ2世、3世がフランスの宗教保守層を支えているという（前掲インタビューによる）。移民2世の権利伸長を引っぱったのがアルキ2世であり、その後、彼がたどり着いたのが宗教保守というねじれに、問題の複雑さがあらわれている。あの運動の高揚と顚末については、行進から30年を記念して製作されたドキュメンタリー『平等への行進』（サミア・シャラ監督、２０１３年）に詳しい。

3 『憎しみ』

“郊外”の反乱〔2013.3〕

監督・脚本：マチュー・カソヴィッツ
出演：ヴァンサン・カッセル 他
原題：La Haine
製作年：1995年
製作国：フランス

現実には社会に存在しているけれど見えがたい、あるいは多くの者たちが目を背けている重大な問題をえぐり出し、ジャーナリズムとは違う形で人びとに伝え、問題解決に向けた議論を社会に喚起していく。これも映画や文学が担う役割であり、芸術の力だ。フランスにおける「都市反乱」の発火点として、ときおり耳目を集める「郊外」にカメラをもちこみ、周縁化された者たちの「リアル」をドラマにして、石や火炎瓶のように社会の「中心」へと投げつけた『憎しみ』もそんな一本である。公開当時27歳だったマチュー・カソヴィッツ監督が、ヴァンサン・カッセルら同世代の役者たちとタッグを組み、現地に住みこんで作り上げたこの異色の白黒映画は、20年近くを経たいま[*1]もなお、「唯一無二」の輝きを失わない。

そもそも「郊外」と聞いてなにをイメージするだろう。たとえばハリウッド映画における郊外なら、林立する高層ビルやネオン煌めく繁華街、あるいは下町の喧騒風景とは一線を画した、緑豊かな場所にある大きな庭やプールつきの邸宅群をイメージするかもしれない。だがフランスでの「郊外(Banlieue)」とは、住民の多くを旧植民地出身者とその末裔が占める低所得住宅(HLM = Habitation à Loyer Modéré)群を意味する。少なからぬ住民はそこを「シテ(Cité = City)」と呼ぶ。「フランス人の空間」とは隔てられたシテは、「中央」に比して失業率が高い。職のない若者たちは街に出る金もなく、地区内に昼間から屯する。国民のエリアをまもる警察官は、郊外の若者を潜在的犯罪者として扱い、執拗な職務質問や拘束、取り調べと称した集団暴力の的にする。それが具体的な警察の「落ち度」、たとえば「取り調べ中の死亡事件」などとして露見すると、若者たちは募らせた「憎しみ」を石やボトル、火炎瓶に込めて、警官たちと対峙する。

本作もそんな「都市反乱」のザラついた実写映像からはじまる。

「おまえらみんな人殺しだ、やれよ、簡単だろ、俺がもっているのは小石だけ!」

まるで黒い波のように並び、周縁化された若者たちの異議を呑みこむ武装警官に叫ぶ反乱参加者を彼らのうしろ、すなわち「暴徒」側からとらえた実写映像が即座に暗転、タイトルの「LA HAINE(憎しみ)」が短く映る。

導入は、本作を貫くある寓話だ。「ビルの50階から飛び降りた男の話だ。そいつは落ちながらみずからに言い聞かせた。『ここまでは大丈夫だ』、『ここまでは大丈夫だ』、『ここまでは大丈夫だ』……。

だが問題は落下ではなく、着地だ」。

「憎しみ」の詰まった火炎瓶が落ちていく。そこには若者たちが現実の奈落に落ちていくさまや、差別や貧困の問題を「他人事」にし続けるフランス社会の倫理的頽落が重なる。瓶が地球儀に落ちて爆発すると、「暴動」のニュース映像がモンタージュされる。破壊と放火、そして警官による暴力、かぶさるのは、ボブ・マーリーの〝Burnin' and Lootin'〟(燃やすんだ、奪うんだ)である。

今朝、俺は、外出禁止令下で目が醒《さ》めた
ああ、神様、そうさ、俺も囚人なのさ
俺を見張っているやつらの顔は誰が誰やら見分けがつかない
連中はみんな残忍という名の制服に身を包んでいた

ボスと話ができるまでに、
俺はどれだけの河を超えなきゃいけないんだ
俺たちは手に入れたもののすべてを、失ってしまったみたいだ
俺たちは代償を支払ったに違いない

(だからこそ俺たちは)
燃やすんだ、奪うんだ、今夜

（そうさ、燃やして奪うぞ）
燃やすんだ、奪うんだ、今夜
（もうひとつ）
あらゆる汚染も焼やすんだ、今夜
（ああ、そうさ）
あらゆる幻想も焼やしちまうんだ、今夜
ああ、やつらを止めてくれ

（訳：筆者）

まったりとしたレゲエのリズムが騒乱の風景にからみ、日々尊厳を貶められていく者たちの怒りと諦念、倦怠がないまぜになったカオスが表現される。

この光景が否応なく思い起こさせたのは、大阪市西成区、日雇い労働者の街「釜ヶ崎」で起きた「都市反乱」の数々である。高度経済成長期、ゼネコン（そのほぼすべてはかつて朝鮮人、中国人を搾取し抜いて蓄財した「犯罪企業」である）を頂点とした建設業界の都合で、必要に応じて雇い、解雇できる底辺労働者をためこんでいたこの街は、彼らを食らう悪徳手配師やヤクザが跋扈《ばっこ》する場所でもあった。警察はヤクザ者たちと結託し[*2]、労働者を「アンコ（「海の底」と「社会の底辺」を掛け、労働者たちをそこで獲物を待つアンコウに喩えた蔑称）」や「ヨゴレ（いまはわからないが、少なくとも90年代まで労働者たちは「450」の隠語で呼ばれていた）」と呼んで見下し、彼らを「治安管理の対象」、「社会の厄介者」として扱ってきた。

1961年、鬱積した労働者たちの怒りは大規模な反乱として噴出する。きっかけはやはり警察の対応である。タクシーにはねられて重傷を負った労働者を警官が「死んだ」と決めつけ、ムシロをかけて放置したことへの怒りが端緒となった。*3 いまや「福祉の街」となり、再開発で風前の灯となったこの街は、90年ごろまで、しばしば大規模「暴動」の舞台となった。抱えこんだ矛盾は、いつか爆発するのである。

本作に登場するのは、現実には存在しない架空のシテ「ミュゲ団地」である。ミュゲとは「スズラン」を意味する。フランスには愛する人や大切な人にスズランを贈りあう習慣があり、贈られた者は幸せになるという。「国民の場」から排除され、社会上昇の契機もないまま、先の見えない人生を強いられている者たちが屯する場が、よりによって幸せを運ぶスズランとは皮肉である。

ミュゲ団地での「暴動」が午前4時に終わった数時間後の朝10時38分、アラブ系の青年が固くつむっていた目を開け、昨日の続きである郊外の1日がはじまる。若者たちが暴れた原因はその2日前、拘留中に警察官から暴行されたアブデル青年が危篤状態で病院に運ばれるという警察の「手落ち」だった。

ニュースでは、依然として重体のままであるアブデルの様態と、鎮圧に出動したある警官が、現場で拳銃を紛失したことが報じられている。

路上には黒焦げの車が無残な姿をさらす。本丸の警察署にも「暴徒」が乱入、業務不能な状態に荒らされている。青年の目に映るのは署をまもる武装警官と犬だ。横付けされた車両に青年は「クソオマワリくたばれ」と殴り書きし、署名する。彼の名はサイード（サイード・タグマウイ）。ドラッグの密売で小銭を稼ぐ彼は友人の家に向かう。

その友人は、およそ100人（報道発表）の「暴徒」のひとりだった。自室でヨダレを垂らして眠りこける彼の左手にはメリケンサック仕様の指輪がはまっている。そこに刻まれた彼の名前は「ヴィンス」だ。

起きぬけにサイードとジョイント（マリファナ）を吸った彼は、洗面所に向かう。口喧嘩の練習なのか、鏡に向かって顔をゆがめ、「なんか文句あんのか？　ホモ野郎」と凄んでみせ、右手をピストルに擬してみずからに発砲する。このシーンは、マーティン・スコセッシ監督の『タクシードライバー』（1976年）で、ロバート・デ・ニーロ演じるベトナム帰りのユダヤ人でレイシストの主人公、トラヴィス・ビックルが、鏡に写る自分に向かい“You talking to me?”（オレにいってんのか？）と凄んで銃をぬく、あの映画史上の名シーンへのオマージュである。

『タクシードライバー』のトラヴィスは、「なにかを成し遂げなければ」との焦燥が狂気に至り、みずからの方向性を定めて「決起」する。シテでくすぶるヴィンス（ヴァンサン・カッセル）もまた、だらだらと続く郊外での日常に焦燥し、なにかしたい、なにかを成し遂げたいと考えているのだろう。だが、彼にはまだその具体的なイメージもない。それをつかむ行動力も、契機もないのだ。

若者ふたりは一家の朝食テーブルにつく。兄貴風を吹かせ、朝から家にいる妹を「なんで学校に行かない」と叱責したヴィンスは、妹にこう切り返される。「焼かれたからよ」。学校も「暴徒」に焼き討ちされたのだ。

ことばの端々や所作ふるまいに表れるのだが、彼らは年齢に似あわぬ家父長的な価値観を身に着けている。妹は兄貴に従うのが当然、サイードに至っては女友達と外出した妹を叱り飛ばし、「いまの若いヤツらは……」と嘆くのだ。家庭のなかで自分より弱い立場の者に「伝統」をまもらせることで、みずからの自尊心を保っているのである。移民家庭の男性が、得てして本国以上に伝統に固執するひとつの理由がこれだろう。

ヴィンスの祖母は、シナゴーグに行かない「不信心者」の孫に苦言を呈して、続ける。「文句があるたびにみなが外を走りまわっていたらみんなバラバラよ」。説教を嫌いリビングから去るヴィンスに代わってサイードが答える、「だが少なくともみんなが〝同じ方向〟へ走るんだ」。警察署を襲うときは「同じ方向」を向く、逆に追われれば「同じ方向」を向く、政治も文化も彼らの共同性を担保しはしない。憎しみを表出する騒乱こそ彼らの共同性を確認する場、いわば「ムラ祭り」なのだ。

ふたりは、焼き討ちされた建物にはいる。壁にはスプレーで「おまえの母ちゃん熊をフェラ中」と殴り書きされている。ここは元ボクシングジムである。廃墟でひとり、黒人の青年が唯一残ったサンドバッグを叩いている。憎しみのはけ口は、警察権力だけではない、みずからを囲いこむ郊外の牢獄それ自体にも向かう。壁に貼られたポスターに、ファイティング・ポーズをとる彼の写真がある。名はユベール（ユベール・クンデ）。2年越しで手に入れたジムは、彼にとってここで生きる展望だったのかもしれない。「いつかこうなると思っていた」と短く語る彼の全身から怒りと失望が漂う。

ヤミナ・ベンギギ監督の『移民の記憶』が描き出したように、彼らの存在は「歓待」とはほど遠いフランスの植民地支配の歴史と労働政策の結果である。幼くて優しくて目の前の関係を大事にするサイードと、執念深くてショート・テンパーなヴィンス、そして物静かで事の本質を見極めようとするユベール。フランスの多数者が見たくない、あるいは忘却したい歴史を体現する者たちであり、ニコラ・サルコジ元大統領がいうところの"Racaille"（ゴロツキ）たち3人の、24時間のロード・ムービーがはじまる。

シャープでテンポ良い本作で丁寧な説明は省略されるが、細部から読みとれるのは、おそらくヴィンスはユダヤ系の欧州移民の2世、サイードの両親は第2次大戦後にマグレブから呼びこまれたアラブ系移民。ほぼ同じ時期、サハラ以南から渡仏したアフリカ移民がユベールの両親ということだ。

あまりの「とり揃えの良さ」に違和感も覚えるが、彼らは、「戦後フランス復興史」の裏面を時系列かつ地域的に示している。端的にいえばフランスは、同じ肌の色をもち同じ宗教を信仰する欧州人を皮切りに人間の「輸入」をはじめ、次第に肌の色や宗教の違う植民地出身者へと対象を移行させていった。逆にオイル・ショック後の不況で新規受け入れを停止、帰国奨励策を実施したとき、政府が「追い出し」を目論んだのは「アフリカ、アラブ系」移民だった（実際に制度を利用して帰国したのは欧州移民ばかりだったという）。

そして映画を流れる時間は1990年代中盤だ。大統領は左翼のミッテランだったが、直前の選挙で左派は敗北、首相や議会の多数は右派・保守派だった。「新たな社会問題」と見なされた郊外住民

〔写真協力　公益財団法人川喜多記念映画文化財団〕

たちへのまなざしは厳しくなり、パスクワ法（1993年）と呼ばれる移民法改定や国籍法改定で、従来は18歳で自動的に付与されていたフランス国籍は本人申請制になった。[*4] 登場人物たちはそれを迫られはじめた世代、フランスで生まれ育ちながら「あなたは移民かフランス人か」と問われはじめた世代にあたる。制度化された「よそ者」扱い、「社会不安」としてのまなざし、そして「人権の祖国」の欺瞞を突きつけられたのである。「共和主義」の価値観を身に着けた者ほど、そのショックは大きかっただろう。

その後も「移民法」は改悪されていく。本作公開翌年の96年にはより厳しい在留管理とＥＵ圏以外の外国人に指紋押捺の義務を課すなどした「ドゥブレ法」が成立した。２０００年代にはいって移民抑圧法制はますます激しくなり、強まる一方のレイシズムは、みずからもハンガリー移民２世であるニコラ・サルコジが権力の座を上りつめていく過程で底がぬけていく。

ちなみにフランスの公的カテゴリーに移民2世や3世などの括りは存在しない。[*5] 生地主義を採用しているため、建前上フランスでは、2世は「フランス国民」であって「移民」ではない。国民ならば法の下に平等なので、それを云々すること自体がおかしい、これが公式見解だ。

公式統計で国民にエスニシティを問うことも「差別の助長」として、個人情報保護法で禁止されてもいるという徹底ぶりだ。だから例えば米国が1980年代に実施した属性別のヘイト・クライムによる被害の実態調査などは、フランスでは極めて困難である。肌の色は「ない」こと、「見ないこと」にされているのだ。だが実際には「カラー」による「国民」の識別は、入居や就職、警察の職務質問対象に至るまでまかり通っている。国民としての平等を大前提とすることが、現実にある差別の数々を公論化しないという矛盾をもたらしている。加えてHLMの住民という社会階層が「人種化」し、そこに生きる者たちに対する「フランス社会」のまなざしを曇らせているのだ。

祖国が具体的に思い描ける父母、あるいは祖父母と違って、ルーツと出生地が異なり（それもみずからの選択に依らず）、前世代と違いフランス語を母語にし、フランスの教育制度のなかで育ちながらも、フランスでは未だ「国民」としての扱いを受けていない。そんな彼・彼女らが抱くであろう「私は何者なのか」との問いを本作はダイレクトには描かないが、私はそこに在日外国人の姿を重ねる。植民地支配に起因して日本に暮らす在日朝鮮人2世、3世たち。そして「血」を基準にした「労働力輸入」で渡日したブラジル人やペルー人を親に、日本で生まれた2世、3世たち。彼・彼女らのアイデンティティをめぐる「問い」は、フランスのマグレブ移民2世たちとどう重なり、異なるのだろうか。

作品では彼らのただ漫然と流れる時間が描かれる。カラーで撮った素材を白黒フィルムに焼きつけたというシャープな映像は、「暴動翌日」の殺伐とした空気や、若者たちの倦怠感にとどまらず、尿や生ごみの饐《す》えた匂いすらも写しこむ。

落書きだらけの団地をつるんで歩きまわる。パトロールの警官に怯えつつも、仲間内では乏しい語彙でたがいを罵倒しあう。「ユダヤちゃん」、「クソ野郎」、「カマ野郎」、「マス掻き野郎」、「ケツの穴野郎」、「ホモ野郎」……。まるで犬があちこちで小便を放るように、彼らは悪罵の数々を吐き散らし続ける。

使用済みの注射器が何本も転がる公園で、どこまで行ってもオチのないテレビ番組のことや、嘘八百の自慢話をただ延々と続けていく。そんな3人を見下ろす道路に、TVクルーの車が停まる。彼らは車中からぶしつけに聞く。「昨日の暴動に参加しましたか」。ユベールがいう。「トワリーじゃないんですから降りて話をすればどうですか?」

トワリーとは車に乗ったまま移動するサファリ・パークのことである。カメラはすでにまわっている。まもられた場所から一方的にまなざし、「危ないヤツらが徘徊する場所」という郊外を写しとり、映像ならではの強度で日々のネタにする。

現象としてあらわれた若者たちの「荒み」を歴史的、構造的な問題から切り離し、「いつまで経ってもフランスの価値を拒む野卑な連中」、「社会的上昇の契機がないのは本人の努力不足」など、マジョリティに「安心」を与え、「他人事化」する形で「商品」にしていくのだ。典型的な現代的レイシズムの表出がここにもある。それは多数者による消費にとどまらず、得てしてそこに暮らす者たちの内面に「多数者」からのまなざしを植えつけてしまう。

ヴィンスがやたらと「多数派の認識」通りの「野卑で無教養な若者」としてふるまい、「なにか大きなことをしでかしてやる」とイキがるのもその表れに見える。そしてメディアのイメージが生じさせるさらに深刻な問題は、そこに生きる、とりわけ幼い子どもの自尊感情を傷つけ、そこで生まれ育った自分を嫌悪させてしまうことだろう。朝鮮人集落に住んでいた少なからぬ2世たちが、肉親や地域、そして自分自身の民族性を蔑み、ひたすら日本人になることを望んだように。

彼らを日々の食いぶちとして利用するみずからの浅ましさに無自覚な者たち。その傲慢さに、最初は丁寧な口を利いていた3人はついに怒り出す。「トワリーじゃねえんだぞ」と叫び、ヴィンスは車に石を投げる。だがメディア記者たちはちゃっかりとその「怒り」を写しとって逃げ去る。おそらくは車中で「ヤバかった」、「やっぱりどうしようもないヤツらだ」などと語らいながら彼らは社に戻り、映像素材を「国民」の目で編集し、流すのだ。「怒り」すらもぎとられるのである。

ちなみにヴィンスは、みずから怒鳴った「トワリー」の意味を知らない。労働力輸入政策と「追い出し」の結果として郊外にできた「サファリ」にいる自分を、彼自身がことばとして対象化できない。あまりに切ない現実である。

彼らのようなグループは団地のいたるところにいる。引き潮でとり残された潮溜まり、あるいは満潮でできた孤島のような団地にとり残され、警察からは潜在的犯罪者とされ、政治家や「国民」からは諸悪の根源のように見なされる。彼らは昼間から団地の屋上に屯し、そこを出ることもできない要塞の上から団地を監視しながら、金も仕事もない日常をだらだらと過ごす。

3人もそこに合流する。彼らが要塞の「解放区」で楽しむのはカフェオレでもクロワッサンでもワインでも、アコーディオンの調べに乗ったシャンソンでもない。ビール缶を並べ、ラジカセをガンガン鳴らし、もちこんだコンロで焼いたメルゲーズ（マグレブのソーセージ）を貪《むさぼ》る。会話に出てくるスターはフランスの俳優ではなく、シルベスター・スタローンやメル・ギブソン。そしてフランス出身だがハリウッドに進出していたジャン・クロード・ヴァンダムら肉体派のアクション・スターたち。口を衝く映画のタイトルは『リーサル・ウェポン』、『ジュラシック・パーク』や『バットマン』。ザ・ハリウッド映画だ。

政治にも関心があるとは思えないし、投票に行くとも思えない。動物がじゃれあうように汚いことばで罵りあい、殴りあい寸前の微妙な小競りあいを「楽しむ」。政治家の視察に同行してきた官憲たちが屋上にやってきて、若者たちに即刻の退去を命じるが、拒否する彼らは警官たちと小競りあいとなる。彼らに退去を求める私服をヴィンスが侮辱する。「そのことばしか学校で習わなかったのかよ、ケツの穴野郎！」。私服はヴィンスに暴発寸前の、実に不吉なまなざしを向ける。彼らもまた、社会的に恵まれた者たちではないのかもしれない。乱闘寸前になった場面をその場のリーダーが収め、若者たちは散り散りになる。

彼らを狂言まわしにして、フランス「郊外」の若者文化が描きこまれていく。生まれ育った国で、フランス人か外国人かを問われ続ける者たち。「おまえはよそ者」と国家から宣言された彼・彼女らの生活の一部となるのは、米国黒人たちの文化「ヒップホップ」である。かつてアフリカやカリブ海域からアメリカに強制連行された黒人奴隷の末裔らが、1970年代、ニューヨークのスラム街で生み出した音楽やグラフィティ、ダンスの総称である。

「郊外」の至る所には、あの独特の字体で書かれたスプレー文字やイラストが目につく。団地のホールに集まった若者たちが、入れ替わり立ち替わりブレイクダンスの腕前を披露しあう姿や、おそらくはヒップホップMCの男性住民が、若者たちが屯する中庭に向いた窓に巨大なスピーカーを動かし、大音量で音楽を流してターンテーブルを操るさまは、本作でもっとも美しい場面だ。

フランスにラップがはいったのは本作の約10年前、1980年代中盤以降である。まず郊外の若者に受け入れられ、90年代には音楽業界内でも一定の地位を確立した。その映画デビュー作が本作だったともいえる。

クランク・インの前、監督から渡された本作の台本に触発されたラッパーたちが書き下ろした曲を集めた（1曲だけは既発表）オムニバス・アルバム『LA HAINE MUSIQUES INSPIREES DU FILM』も制作されている。彼らは物語に、郊外に生きる若者の「真実」を見たのかもしれない。断っておくがあくまで「真実」であり、「現実」ではない。前述したように3人の組みあわせも実際は不自然だ。作品として描く「真実」は、リアルな「現実」とは必ずしも一致しない。

フランスの矛盾をあけすけなことばでまき散らし、階級社会の下層にあがく日常を過激なことばで歌詞化／可視化するラップ・フランセ。当然、フランス政府や権力の末端たる警察官への怒りを過激につづった作品も少なくない。アルバムでイントロに続く曲のタイトルは「SACRIFICE DE POULETS（鶏を生贄に）」[*6]（ミニステール・アメール）。この曲でアメールは警察の職員組合から訴えられて25万フランの罰金を支払う羽目になったという。「行政への公的侮辱」、「暴動教唆」などによるラッパーの訴追の皮切りといえる。

米国からフランスのスラムへとリレーされた表現は体制側からの「憎しみ」の的となっていく。ラップが国家を脅し、凌辱し（女性名詞であるフランスを「ヤル」と歌う詞が少なくない）、白人や警官への憎悪を掻き立て、暴力を煽ると主張する者たちは、その過激な現象面を批判するだけで、生活の場からつむがれた若者の思いを無視し、向きあうべき「なぜ」にフタをする。リリックに込められたのは、「フランスの理念」から遠い現実への失望、世代を重ねても移民をまともに扱わないフランスに対する「捨てられた」、「裏切られた」との感覚である。

見たくないものを見せられる、突きつけられることへの支配階級の拒絶反応は、本作から10年後の２００５年、「郊外反乱」の際に噴出した。保守系の国会議員が、ラップが若者を暴力行為に煽り立てるとして、ミュージシャンの訴追を求めたのだ。トンチンカンな議員はどこにでもいるが、驚くべきはその議員に呼応し、２００人を超える国会議員が、すでに解散していたグループも含め７組のラップ・グループの訴追を法務大臣に請願、実際に起訴されたのだ。

議員らの責任転嫁はこの「蜂起」を「移民暴動」、「ムスリム暴動」などと名づけて、移民たちの宗教や文化の特殊性、統合努力の欠如に問題をすり替える発想とも同根である。ちなみに、ラップをことのほか目の敵にした政治家のひとりが、この騒乱事態を移民問題にすり替え、責任を彼らに転嫁し、強硬策をアピールしてみずからの人気とりに利用したサルコジだった。

煤《すす》けた団地、数フランに汲々とする生活、警察の監視・管理、「中心」からのまなざし……「展望がない」ことは人間を恐ろしいまでに荒ませてしまう。

「アブデルが死ねばデカを殺す」——やり場のない怒りを権力への「復讐」に仮託し、シテのトラヴィスであるヴィンスは物騒な決意をくり返す。敵を討つといいつつも、彼らはアブデルとは一面識もない。同じ地域で生きていながら、唯一知るのはテレビで流れている彼の写真だけ。同じ方向を向いて石を投げ、逃げても実際のつながりはない。サイードもユベールもいつものハッタリととりあわなかったが、事態はヴィンスがふたりに打ち明けた秘密で急速に動き出す。

実は昨夜の拳銃を拾ったのはヴィンスだった。近代国家は暴力の独占ではじまる。その突端は軍隊と警察だ。絶対的な力関係で一方的に暴力を振るう警察の力の象徴が、ぶちのめされるために生まれてきたような者たちの側に渡ったのである。いかなる化学反応が起こるのか、物語は一気に緊張感を増していく。

みずからの置かれた状況を歴史的、あるいは構造的に考えることはおそらくなく——考えても無意味と学んだのかもしれないが——焦燥感や、日常への怒りを抱えつつ、ゴロツキ仲間とただ団地内を徘徊するヴィンスの「憎しみ」は、拾った拳銃によって具体的イメージを獲得していく。

ターゲットは「デカ」であり、「落とし前」をつけることで自分はシテにくすぶる若者たちの中心になれる、方向をつくれると思っている。「サツとの戦争だ」、「ヤツらを追い出すんだ」、「俺は仲間がやられれば黙っちゃいねえ」――。フランスの『タクシードライバー』が描くのもまた、「犯意の醸成」である。ただこちらはトラヴィスと違い、メディア情報で怒りをたぎらせ、カメラの前で過激化していく。まるで『ゆきゆきて、神軍』（原一男監督、1987年）の奥崎謙三である。

メディアで増幅された自分たちの「憎しみ」に「実感」を与えたいのか、彼らはアブデルに会おうと思い立って病院に押しかける。だが、警察の「落ち度」による事件である。当然ながら病院には警備の警察官が配置され、街のゴロツキである彼らを拒む。いきり立つヴィンスは悶着を起こし、待機しているマス・メディアの記者たちに「ネタ」を提供する。焚かれるフラッシュのなかでヴィンスは「クソハジキで撃ってみろ！」と怒鳴り散らし、そこにみずからを投影して「復讐譚」を夢想する。

「リーダー」として拘束され、署に連行されたサイードの身柄をひきとるため、ヴィンスとユベールは顔見知りの古参刑事が運転する車に乗って署に向かう。そこで彼らは昨夜の「暴動」の結果を知るのだ。まるで台風が通り過ぎたかのように破壊された署内。顔のあちこちに絆創膏を貼り、倦怠感丸出しに部屋を片づけ、廊下を掃除する警官たち。部屋のロッカーは倒され、壁にはスプレーがこれでもかと吹きつけてある。警察官たちの、敵意を宿した視線が彼らに突き刺さる。

カメラがふたりの目線となって、狭い署内を360度舐めるという、まるで観る者に神経戦を挑むような長まわしでとらえた署内と、視界に飛びこむ警察官たちの鋭い目つき、得も言われぬ静けさが次の暴力に向けた緊張感を際立たせる。カットを極力割らずに情報を詰めこむ監督のテイストが生かされたシーンだ。

毒づきながら留置場から出てきたサイードを迎えたふたりをその古参刑事が団地まで送る。若者の抱く警察への不信や、社会階層や人種が入り混じった緊張関係は、「おれたちを人間として扱う」とサイードが評する古参刑事と主人公たちのやりとりのなかに凝縮されている。車中で刑事はサイードを叱る。

「いい加減にしろ、クソアラブ野郎」、「俺はまだいい、ヤツら（暴れる若者たちのこと）を知ってるから。だが若い新参デカは警察署で1カ月以上もたない」

するとサイードはこう返すのだ。

「逮捕されたアラブ人は警察署で1時間以上もたねえ」

「アブデルをやったクソ野郎は捕まる。約束する。昨日のクソ騒ぎに加えてまだなにかやる気か？ヤツらはただ仕事をしてるだけだ。病院のデカはアブデルとその家族をまもるためにいる」

「ただの仕事か？」。こう返したヴィンスに刑事はいまいましげにいう。

「チクショー、いつもおまえが事態をぶち壊しにくる。バカ野郎。おまえは全部ごちゃまぜだ。街のデカの大半は市民をまもるためにいる」

すると窓の外に目を向けて黙っていたユベールがはき捨てる。

「じゃあ、誰があんたらからおれたちをまもる？」

やたらと殺気立つヴィンスをその都度抑える寡黙で理知的な人物ユベールも、表面張力の限度に達した水のような、あふれ出す寸前のいら立ちを抱えている。

先の刑事に、焼き討ちされたジム再建の後押しを申し出られた彼はいう。「もういい、ここのヤツらは他人を殴ることに夢中だ」

とはいえ彼にも越境の契機はない。黙って銃を忍ばせて歩いていたヴィンスの殉教者気どりの態度に怒り、口論のすえ自室に戻るのだが、家にいた妹に「見て」と請われた宿題を理解できない。学歴もなければ仕事もない。やっと手に入れたジムも焼け落ちた。結局はチョコレート（大麻）の売買で小銭を稼ぐしかない。兄弟は刑務所にはいっているらしい。現実から逃れるようにみずからの部屋に閉じこもり、ムーディーなブラック・ミュージックを流して大麻を吸う。

彼の背後には、ザ・グレイテスト、モハメド・アリのポスターがある。ボクシング選手だから当然といえば当然である。だがその横に張りつけられた1枚の写真が、ユベールがアリに抱く、単なるスポーツを超えた尊敬の念を物語る。

その写真は1968年のメキシコシティ五輪、男子200メートル競争表彰式の場面である。米国代表として出場し、表彰台に上ったふたりのアフリカ系米国人、トミー・スミス（金メダル）とジョン・カーロス（銅メダル）が、人種差別を続ける国の旗「星条旗」から目をそらして下を向き、分かちあった左右の黒手袋をはめ、拳を高々と突き上げている場面だ。

それは黒人差別に対する抗議の表明、いわゆる「ブラックパワー・サリュート」である。当時、その行為はオリンピック精神に反すると非難を浴び、ふたりは五輪の選手村を追放され、長く不遇をかこつことになったが、いまでは人種差別に反対する伝説的なパフォーマンスとして語りつがれている。

ユベールがどこまで学校に通えたかはわからない。しかし彼にはおそらく、学校で聞いたフランスの理念「自由、平等、博愛」に目を輝かせた幼少時代があったのだ。人間は等しく尊厳をもつ存在であると学んだからこそ、彼は郊外の移民2世で、黒人である自分をとりまく現実との乖離、フランスの欺瞞に傷ついたのではないか。義務教育段階で日本国憲法を学んだ在日朝鮮人2世たちが、その理念とはほど遠い日本のグロテスクなありように気づいたように。だからこそ彼は、世界王座とライセンスの剝奪、収監、オリンピックの選手村追放などのリスクを冒しながらも、平等や自由、人間の解放のために身を賭して戦った先人たちへの敬意と憧れをもっているのだろう。それゆえに、メディアが振りまくイメージに沿って行動するヴィンスに怒るのだ。

そんな彼が、「掃きだめ」と見なされる場所での生活にどれほどの屈辱を感じているか。別の世界への契機のなさにいかほどのいら立ちを抱えているか。なにかあれば「暴徒」と化し、警察官と対峙し、石を投げ、火をつけ、あげくは仲間の店や車まで破壊しつくす同世代の者たちにどれほど落胆しているか。

「理念」や「理想」は自己超越の資源だが、展望が見えぬ現実を強いられる者にとっては失望や自他へのいら立ち、底知れぬ怒りを醸成してしまう側面もあるのだ。理知的だからこそ傷つく。そんな彼の思いは母との会話に垣間見える。

ドラッグで稼いだ金を生活費として渡し、彼は問わず語りで母にぶちまける。

「団地は飽き飽きだ。ここから出ていきたいぜ、クソ！」

「前はこんなんじゃなかった」。

「ヴィンスは火をつけたヤツらの仲間だ。マックスみてえに狂いはじめてる」

「ここを出ないと、俺はここを出ないとダメだ、チクショー！」

だが母は意に介さずピシャリという。「あっそう。じゃあ帰りに八百屋があったらレタスを1個頼むよ」。これがユベールの世界だった。「サファリ」にいる自分を対象化できないヴィンスが、頻繁に小爆発を起こしてその実はガスをぬく一方で、彼を制するユベールのなかでは、置かれた状況を歴史的、構造的に認識できる者ゆえの「憎しみ」がどんどんふくらんでいく。

喧嘩しても結局はつるむしかない3人は、パリに住む知りあいに貸した金をとり立てに行くというサイードとパリへと向かう。「第3世界」から宗主国への越境である。車窓から見えた広告に記された「世界はあなたのもの」の文字が白じらしい。思い切り目をつぶったユベールが目を開けるとそこはパリだ。

道を尋ねた警察官が自分たちに敬語で答えたことに驚く「お上りさん」たちは、債務者がいる高級メゾンに向かう。なんとか部屋をつきとめ、ひと悶着のすえに「イカレタ」男からたかだか500フランをとり立てて引き揚げるのだが、怪しんだ住民に通報され、入り口には刑事が待機していた。最初に出たサイードとユベールがとり囲まれる。身体検査をすればドラッグが出てくる。ヒマをもて余す刑事たちにとっては格好の憂さ晴らしのカモである。

一方で、ひと呼吸おいて玄関を出たヴィンスにも刑事が近寄るが、彼は「叔母に会いにきた」と嘘をつき、一瞬のすきをついてパリの街へ逃げ出すのだ。先に出たふたりを制圧していた官憲の手薄をついたのだが、これは、「肌の色で人を峻別しない（＝肌の色は関係ない）」と標榜しつつ、実際には欧州移民とアラブ、アフリカ移民との間に存在する「肌の色による差別」を象徴しているように思う。高級メゾンから出てきたサイードとユベールには、その「ウソ」は使えないのだ。職務質問にしても、警察はヴィンスにはやや丁寧である。外見上、彼は「国民」と変わらないことが官憲の「構え」をゆるくしたのではないか。

捕まったユベールとサイードは後ろ手で椅子に縛りつけられ、新入り警官にリンチのやり方を教えるための実験台にされる。

いたぶり方はレイシズムとセクシズムそのものだ。ユベールの所持品を床に放り投げ、「拾えよ、おまえの国じゃ足で拾うんだろ」と侮辱し、サイードに「おまえ、フランス人なのか？」と嘲る。「ホモ野郎！」、「カマ野郎！」、「フェラチオ女！」。銃弾のように罵声を投げつけた後は、背後からふたりの首を絞め上げ、ビンタを張る。押収薬物は自分たちで楽しむようだ。まさに彼らが敵視する「犯罪者」そのものだが、こんな連中が警察手帳と銃をもった権力の突端なのである。

法的には「フランス国民」にエスニシティを訊くことは「差別の助長」として禁じられているはずなのに、その法で縛られている行政機関の警察が、率先して彼らを肌の色で選り分け、監視し、職務質問と称する嫌がらせを加え、「首尾よくいけば」密室に拘束して暴力を振るう。二重基準もいいところである。

上司のサディステックな行為に嫌悪感を浮かべ、目を背ける若手刑事に「ゴロツキ」たちの自尊心の潰し方を教えながら、かつてその若手のように上役を見ていたかもしれない先輩刑事がいう。「大事なのはやめるタイミングだ。やりたいことを全部できるわけじゃない」、「『手落ち』（失敗）をするわけにはいかない」。

軍隊的な上意下達が貫く警察組織で、相手を疑うことが基本の「捜査」を重ねるなかで、この若い刑事も彼らのようなサディストに「変身」していくのだろうか。それにしてもかなり刺激的かつ挑発的なシーンである。後述するが本作の契機は、このような密室での取り調べ中に起きた少年射殺事件なのだ。

警察の虐待は徹底している。あえて終電間際のタイミングで釈放されたふたりは電車を逃してしまう。駅で途方に暮れるふたりに、街をさまよっていたヴィンスが合流する。3人はたまたま出くわした「芸術家」のパーティーにもぐりこむが、そこにいるのは、「なくても生きられる」芸術――実際、人を食ったような作品を集めているのだ――を夜中に楽しみ、グラスでシャンペンやワインを嗜む「パリ人」である、話すほどに彼らのいら立ちは増幅し、「郊外のチンピラ」である彼らをそれと知りつつ接する「パリ人」に対する攻撃性が増していく。結局はひと悶着起こして退場である。実はそこでいちばん攻撃的になり、暴れ、毒づいたのは、ユベールなのである。路上駐車の車を盗もうとした3人は警察に追われ、ビルの屋上でまたマリファナを吸う。夜間消灯になるエッフェル塔に向けて「消えろ」と唱えるシーンは、なにひとつままならない彼らの境遇を示して切ない。路上を徘徊するスキンヘッド（＝極右）に罵声を浴びせた彼らは商業施設のモニターでアブデルの死亡を知る。いつの間にか消えたヴィンス、いよいよ決行かと思いきや、彼は警邏の警官に向け、朝、鏡の前でやったように、指でつくった銃を撃つのだった。

ユベールは心配のあまりヴィンスと口論、反対方向に歩いたユベールとサイードは、先ほどの極右集団に暴行されるが、銃をかざしたヴィンスが駆けつける。ひとり逃げ遅れた坊主頭を廃屋に拉致し、殴打して銃口を額に押し当てる。だが売春宿でヤクザを皆殺しにしたトラヴィスと違い、彼は結局、引き金はひけない。自分たちをなぶり者にする警察官のような真似は、彼にはできなかった。

始発で郊外に戻り、ヴィンスは憑き物が落ちたかのような表情で拳銃をユベールに渡し、ヴィンスとサイードはたがいの家に向け踵を返す。夜明けの空気のように澄んだ一瞬、何度も目をつぶった彼らの光景は変わらなかったが、ひと眠りすれば、もしかすると昨日の延長ではない一日がはじまるかもしれない。50階から転落していく彼らに着地点が見つかるかもしれない、なにかが変わるかもしれない、そう思った彼らを警察が見つける。暴力の象徴を手放したかに見えた彼らを国家の暴力装置がまたしてもその汚泥に叩きこむ。ヴィンスとサイードを数人がかりで袋だたきにする警官のひとりは、屋上でヴィンスに侮辱された刑事だった。力の象徴である拳銃をヴィンスの額に押し当て、力を誇示した刑事は、あのときに浴びせられた罵声を返して満足げに笑う。そのときである、銃が暴発するのだ。

駆けつけたユベールは、こめかみから血を流して事切れたヴィンスを呆然と見つめ、ヴィンスから預かった銃口を刑事に向ける。再び目を固くつぶったサイードの耳に銃声が聞こえる。暴発寸前の「憎しみ」はまさにユベールのなかにこそ溜まっていた。

本作を作る直接の契機は、映画公開2年前の1993年、当時17歳だったザイール出身のマコメ少年が警察官に拘束され、縛り上げられて暴行された揚句、至近距離で射殺された事件——本作のラストのように、警察官が脅しで口に入れた銃が暴発したともいわれるが、警察側は「正当防衛」を主張した——を契機に、およそ250人がパリ18区で起こした「暴動」である。制作から10年後、2005年秋に起きた「フランス暴動」を予言したと評される本作だが、実は警察官による「手落ち」と抗議デモはくり返されていた。しかし現実に固く目をつむる者たちにとって、郊外の反乱は別世界の出来事。世代を経てもフランス社会を拒む「厄介者」のワガママにすぎなかった。

制作の原動力は、そんな現実への怒りである。「若者たちの声を映画で伝える必要があったんだ」。制作から10年目のインタビューにマチュー・カソヴィッツ監督は答えている[*7]。ロケのリサーチには1年かけたという。唯一撮影が許可された団地に役者やキャストらはパリ中心部から越境し、マットレスと冷蔵庫だけの部屋に数か月間、住みこんで対象に近づこうとした。本作に漂う一期一会の空気感は、その賜物だ。白黒映像で、彼らの倦んだ日常がつづられる。

「フランス映画では個人的な作品が大半で、社会問題を真正面からとり上げる監督はまれです」とカソヴィッツは語る。いうなればフランス映画の枠をも越境した異色作はカンヌ国際映画祭にフランス代表として出品され、「らしからぬ作品」として話題をさらったばかりか、監督賞に輝いた（ちなみに当時の『キネマ旬報』掲載の「カンヌレポート（上）（下）」では、本作は一行も触れられていない）。

一方で、映画祭ではこんなハプニングもあった。表彰式を終え、スタッフ・キャスト一同が会場を出る際、通行警備にあたっていた警察官が一斉に彼らに背中を向けたのだ。郊外における警官の横暴を描いた「とされる」本作への拒絶の意思表示だった。プレス向け試写と映画祭でしか上映されていない段階で、警察官が作品を観たとは考えにくい。彼らは「風評」で「反警察映画」に憤りをたぎらせたのだろう。本作は単純な警察批判映画ではないし（その分、官憲の暴力が警察機構の必然として生み出されている構造を暴いてしまっているが）、そもそも悪いのは映画ではなく現実の警官の所業である。筋違いの反発だった。

サルトルが「第3世界は郊外にはじまる」と喝破してから4半世紀後に世に出された本作は、マジョリティが見たくない、他人事としてすませてきた問題をえぐり、「円満な国民たち」に突きつけた。だがそこで描かれた構造的な問題はその後も無視され、フランス政府は真逆の対応をした。「同化と排除」の強化である。

２００４年には、「宗教シンボル禁止法」が制定され、フランスの公立学校に通うアラブ・ムスリム系移民の少女たちが、みずからのアイデンティティであるスカーフをはずすか退学するかの選択を法的に迫られる事態が起きた。その翌年2月には、フランスによる植民地支配の「肯定的側面」を学校教育で教えるべきとの条項が盛り込まれた法が成立した。*8 そして前述した「フランス暴動」翌年の06年には、「統合」ではなく「有用性」を条件にした移民受け入れや「不法滞在者」の正規化措置廃止、さらには国籍取得者に式典参加を義務づけた改悪移民法、いわゆる「サルコジ法」が成立した。レイシズムの代表的な表出形態「同化」と「排除」を次々と法規範化していくのである。「人権の祖国」の頽落はとめどがない。

映画はサイードのモノローグで締めくくられる。「これは崩壊した社会の物語だ。社会は崩壊しながら少しずつ、絶え間なくメッセージを投げかける。『ここまでは大丈夫だ。ここまでは大丈夫だ。だが問題は落下ではなく着地なのだ』」。

社会の神経ともいうべき郊外が発信し続ける「痛み」を無視し、レイシズムという病に蝕まれていくフランス社会。社会の病根に向きあおうとせず、その責任を流入者や社会的少数者に帰し、マジョリティの価値観ですべてを「平定」することを「解決」と考える。そこで踏み潰されるマイノリティの権利が顧みられることはない。その「同化と排除」のツケは2015年、陰惨な無差別殺人事件としてひとつの噴出を見る。風刺漫画雑誌『シャルリー・エブド』襲撃事件である。

優れた芸術作品とはひとつの予言である。20代のスタッフ、キャストの、おそらくはその場限りのエネルギーが「たまたま」出会った地点で生み出された、このまさに「唯一無二」の映画は、次の爆発をも予告し続けている。

註

＊1　本稿執筆は2013年2月から4月。

＊2　実際、1990年の都市反乱（第22次暴動）は、地元西成警察署の刑事が、やはり釜ケ崎を縄張りとする（＝日雇い労働者を食い物にしている）ヤクザから賄賂をもらって捜査情報を漏洩していたことがひとつの契機となった。

*3　これら都市反乱を受け、大阪府警、大阪府、大阪市はこのエリアを「あいりん地区」と名づけ、マス・メディアにもこの呼称を使うよう要請、各社も従った。ほかでもない行政機構がここを「愛隣」と呼ぶこと自体が欺瞞であり、メディアの追従はことばを放棄した「堕落」というほかない。

*4　98年のギグー法で、再び18歳段階で自動付与になった。

*5　森千香子『排除と抵抗の郊外　フランス〈移民〉集住地域の形成と変容』（東京大学出版会、２０１６年）など参照。

*6　「鶏」は警察官を指す隠語である。日本で発売された本作のサウンド・トラック盤でこの曲のタイトルは、「ポリ公を生贄に」と訳されている。

*7　日本語版ＤＶＤに収録されている。

*8　「フランス人引揚者に対する国民の感謝および国民の負担に関する２００５年2月23日の法律」4条2項のこと。国内の反対運動もあり、翌年にこの部分は削除された。

最終章

『11'09"01／セプテンバー11』

「他者の痛み」への共感　〔2019.2・書き下ろし〕

監督：サミラ・マフマルバフ、クロード・ルルーシュ、ユーセフ・シャヒーン、ダニス・タノヴィッチ、イドリッサ・ウエドラオゴ、ケン・ローチ、アレハンドロ・ゴンザレス・イニャリトゥ、アモス・ギタイ、ミラ・ナイール、ショーン・ペン、今村昌平
原題：11'09"01 - September 11
製作年：2002年
製作国：フランス

芸術は、人を他者の痛みに共感するよう促すことはできる。すべてはそこからはじまる。他者の痛みへの想像力こそがあらゆる芸術、倫理の出発点なのです。

――イ・チャンドン

２００１年9月11日、米国による世界支配の象徴たる世界貿易センタービル（ＷＴＣ）とペンタゴン（アメリカ国防総省）に、ハイジャックされてミサイルと化した旅客機が激突、乗客を含む２０００名以上が命を奪われた。いわゆる「9・11」である。事態を受けたジョージ・Ｗ・ブッシュ大統領は同月20日、ワシントンでの演説で、「すべての地域のすべての国がいま、下さなければならない決

断がある。われわれの側につくか、テロリストの側につくかだ」と世界を恫喝、「対テロ戦争」と銘打った報復攻撃にのりだしたのだった。

翌年の9・11を私はレバノンで迎えた。その20年前に起きた「サブラ・シャティーラ虐殺事件」の取材のためだ。1982年9月、ベイルートのサブラとシャティーラ両パレスチナ難民キャンプに、レバノンのキリスト教徒派民兵組織「ファランジスト」のメンバーらがなだれこみ、斧やナイフなどの「白い武器」を手に、3日間にわたって殺戮行為をほしいままにした。判明しただけでおよそ2千人が惨殺され、いまも約千人が行方不明のままという。いわばもうひとつの9月の悲劇、「9・11」である。

事件当時、ベイルートはイスラエルに制圧されていた。占領地で民間人の安全を保障するのは国際法上の義務だが、当時、現場を指揮していたイスラエルのアリエル・シャロン国防相は、イスラエル軍に「(民兵を)妨害するな、自由裁量と援助を民兵組織に与えよ」と命令、軍はPLO(パレスチナ解放機構)が撤退した後の、子どもや女性、高齢者ばかりが残ったキャンプにファランジスト民兵たちを導き入れ、夜には子どもが真昼と見紛うほどの照明弾を打ち上げて民兵の蛮行を支援した。

シャロンは事件の責任を問われて国防大臣を辞任したが、ただそれだけだった。彼はその後も政界で力を伸ばしてついには首相の座に上りつめ、違法入植とパレスチナ人への民族浄化を激化させたあげく、「天寿」をまっとうした。彼のみならず、いまに至るまで、この虐殺事件の下手人は誰も相応の責任をとらされていない。

20年後、シャティーラで開かれた証言集会では、登壇した高齢女性が「私の娘が殺されたようにシャロンを殺してくれ!」と叫んで卒倒した。なにひとつ贖われていない事件の痛みは、まさに現在進行形でその傷口を広げ続けていた。証言者がときに制御できなくなる「あのとき」の記憶を聴きとりながら私が思ったのは「米国9・11」との落差だった。1年前の出来事が[*1]、マス・メディアを通じて「世界の悲劇」とされる一方で、20年経ってもなにひとつ贖われず、いまも遺された者に苦しみと悲しみを与え続けているこのパレスチナ人たちの苦難はいかほど「世界のもの」とされ、その痛みはどれほど「分かちもたれた」のか。なぜ米国「9・11」の追悼式典は世界のニュースでとり上げられ、犠牲者は一人ひとりの名を読み上げられて悼まれるのに、「サブラ・シャティーラ」の死者たちは名前どころか、数ですら語られないのか？ 命、人生の重みがなぜここまで違うのか。そこに私は、事件後に流れた時間の長短だけでは説明できぬものを感じざるを得なかった。

それは、2015年の1月と11月にフランスで起きた「テロ」にも通じる。事件の際は、この日本を含む世界の人びとが素早く反応、ワン・ワールド・トレード・センター（WTC跡地に建てられた高層ビル）やドイツのブランデンブルク門、エジプトのピラミッドや東京タワーなど、世界各地がフランス国旗の3色にライトアップされ、Facebook のプロフィール写真にまでトリコロールがあふれた。

2度の惨劇を受けて[*2]、フランソワ・オランド大統領は国民に対して、「テロとの戦い」を呼びかけた。2001年の「9・11」を受けたアメリカ大統領が、みずからのことばに酔いしれるような表情で同じ文言を口にしたように。それは14年を経てくり返された、まさに「三文芝居」だった。考えてほしい。それ以前からフランスは、リビアやマリなどイスラーム圏の国々に軍事介入をくり返し、空爆で数ですら語られぬ犠牲者を増やし続けていたのだ。フランスはれっきとした加害者であり、戦争当事国だった。その事実、加害性はフランスで、そして「世界」でどれだけ認識されていたのか。自国で死者が出なければどうでもいいのか。「私たちの世界」の外での死は、「人の死」ではないのか。

シャティーラ・キャンプで聴きとりをする一方で、私はレバノン各地に点在する、パレスチナ難民キャンプへの訪問を重ねた。

レバノンのパレスチナ難民政策は「定住阻止」だ。人間が生きる上で保障されるべき権利の数々を認めず、「ここで生きる」前提を潰し続ける。[*3] まず職業である。当時は医者や法律家、エンジニアなど専門職を中心に70以上の職からパレスチナ人は法的に排除されていた（その後、複数職種の法的禁止は撤廃されて許可制になったが、現実にはその許可が出ないという）。[*4] 生存権を支える社会保障も適用されない。そんな政治を変える基盤（参政権）もなければ、難民がレバノンでの市民権をとることもかなわない。私が訪問する直前には、それまで認められていた不動産の所有や相続も禁じられた。

苛烈な抑圧にさらされながらも難民たちは、パレスチナ解放の実現と故郷への帰還に望みを託してきたが、イスラエルはパレスチナ人に祖国をあきらめさせるためのあらゆる手段を採り、国際社会は「和平」の名の下、パレスチナ人に際限ない妥協を強いてくる。敗北と後退の連続はパレスチナ解放への道筋をめぐる同胞間の混乱と対立をも生む。それは人びと、とくに青年層の間に倦怠やあきらめをもたらし、ドラッグやギャング化などの問題となって顕在化していた。

そんな状況下で、青年層に展望を与えたいと尽力する人びとに会った。そのひとりは、当時レバノンでもっとも治安が悪いといわれたアイネルヘルウェ難民キャンプで活動する難民2世、バハー・タイヤール（1957年生）だった。劣悪住宅が密集し、険しい目をした青年たちがあちこちに屯するキャンプ内を歩き、彼女の活動拠点である文化センターに向かう。2メートル以上はある鉄扉に残った銃撃痕は、ここでの厳しい日常を想像させるに十分だったが、インターホンを押して少し後、内側から開けられた扉をくぐると、灰色の風景は一変した。

鉄の塀で囲まれた庭には咲き誇る花を思わせる赤や黄色の遊具が並び、室内のいたるところには風景や子どもたちの写真、そして絵画が飾ってある。並んだ壺にも鮮やかな刺繍を施したカバーがかぶせてあり、暖かい雰囲気が醸し出されていた。「子どもたちの多くは、家では寝るのも食事も同じ場所、外に出れば殺伐としたスラム。くつろぐ場所が必要なのです」とタイヤールはいった。

センターの活動はキャンプ内の貧困家庭支援や各種課外活動が柱である。そのなかでもとくに彼女が重視しているのが音楽や絵画、芸術による子どもたち自身の表現活動だった。銃や武器、ドラッグを手にするのではなく、楽器や絵筆、カメラを通してみずからを表現し、それを通じて世界とつながってほしいのだという。

彼女はセンター内に飾っている子どもたちの絵画作品を解説してくれた。パレスチナや人、動物、青い鳥が檻の中から羽ばたく絵もあった。鳥は子どもたち自身である。レバノン政府によるキャンプへの囲いこみや、難民の帰還を認めず、違法入植を続けるイスラエルと、それを最大限に支援する「唯一の超大国」米国の姿勢、貧しい生活と展望のなさ、そこからくる「難民だから」、「仕方ない」といった諦念や境遇に対する憎しみや怒り――。これらみずからを囲ういく重もの檻から飛び立ち、自由を獲得するのである。

文化活動では海外からきたボランティアとの交流にもとり組んでいる。実は彼女が私に紹介してくれた絵も、キャンプにやってきて、子どもたちに絵を教えていた日本人との共同作業だった。その意義を訊くと彼女は「情操教育はもちろん大事ですが、でもなによりも大事なことがあります」と前置きして続けた。「それは身銭を切って、私たちの苦境に遥かかなたから駆けつけてくれる人がいることを子どもに教えることなのです。アラブ人でなくとも、ムスリムでなくとも、私たちの境遇に共感してきてくれる人はいる。人間とは、他人の境遇を想像し、その痛みに共感できる存在であるということ、私が子どもにもっとも伝えたいのはそのことなのです」。パンドラの箱が開いた地で最後に残った「希望」とは、「他者の痛みへの想像力」、いまとは違う「別の世界」を開くカギは、「共感性」だった。

私がレバノンにいた同じ時期、1本のオムニバス映画が公表された。「世界」を変えた、2001年9月11日、米国での出来事をテーマに、世界の映画監督11人が各人11分9秒0・1の尺で撮った短編を集めた『11'09"01／セプテンバー11』である。11人が同じ題を与えられ、異なる視点で「主観的自由にもとづく完全なる表現の自由」で作品を撮る。現実に対するアーティストとしての感性、批判的意思の強度が否応なく、ときに残酷なまでにあらわれる。

そこに参加したひとりが、イギリスの名匠ケン・ローチである。彼がテーマにしたのもまた「もうひとつの9・11」である。1973年9月11日、中南米で初めて誕生したサルバトール・アジェンデを大統領とする社会主義政権に対し、米国の全面支援を受けたアウグスト・ピノチェト将軍がクーデターを起こし、モネダ宮殿（大統領官邸）に籠って抗戦したアジェンデと彼の同志たちを殺し、政権を転覆させた出来事だ。語り部は、ピノチェト独裁政権に逮捕され「テロリスト」として裁判もなしに5年間投獄された後、仲間の安全をまもるためイギリス・ロンドンに逃れた難民（亡命者）、パブロである。演じるのはウラジミール・ヴェガ、脚本も彼が書き上げた。実は彼自身、ピノチェト時代に裁判もなく5年間投獄され、拷問を受けた経験をもつ。釈放後に亡命したイギリスでローチの目にとまり、彼の代表作のひとつ『レディバード・レディバード』（1994年、英）の主人公ホルへ役に抜擢され、俳優としてのキャリアをスタートしたのである。

おそらくはピノチェトのクーデター直後に逝った詩人、パブロ・ネルーダの名を冠した主人公の口を衝くのは、ヴェガ自身の祈りにほかならない。パブロは静かに語りかける。「9月11日にニューヨークで肉親や友人を亡くした方がたへ。私はロンドン在住のチリ人で、あなた方と共通点をもっています」。

彼の手紙を通して「もうひとつの9・11」が語られていく。東西対立を背景に、共産主義政権の誕生に恐怖するアメリカや、彼らと連携するチリ国内の反共勢力による二人三脚の妨害を凌《しの》ぎ切り、1970年11月、民主的な選挙によって、中南米で初めての社会主義政権が誕生する。

「私たちは勝ったのです」

路上に出てからだ全体で喜びを表す人びと、そして子どもたちの笑顔……。白黒のニュース映像には勝利の歓喜が刻まれている。「子どもにはミルクと教育を、貧しい農民には土地を。炭鉱や鉱山など主要産業はすべて国民が所有しました。人びとは初めて尊厳を得たのです」。

だが米国にとって「中南米」は裏庭であり、みずからの豊かさを支える搾取の対象である。米国務長官のキッシンジャーは「共産主義は黙認できない」と発言、ニクソンはチリへの経済制裁を宣告し、米諜報機関が軍部を焚きつけ、資金援助を受けた親米右翼たちが国のインフラを破壊した。米国がかつて、そしていまも陰に日なたに続けている他国への不当な介入である。民主政権に暗雲が立ちこめたが、「アジェンデをまもる」と叫ぶ民衆たちはその策動を跳ね返し、地方選挙で逆にアジェンデは支持者を増やした。

そこで画面は突如、ブッシュに切り変わるのである。「テロとの戦争」を宣言し、世界に向けて例の恫喝をするあの姿だ。そこに、パブロの語りがかぶさる。「9月11日、自由の敵はわれわれに戦争をしかけた。夜には世界が一変し、自由そのものが攻撃されることになった！」。

映像は73年9月11日早朝のチリに戻る。人びとの抵抗に手を焼いたピノチェトと彼を支えるアメリカCIAは本格的な武力行使に出た。「自由の敵」たちが戦車と戦闘機で官邸に攻めこみ、砲撃し、ミサイルを撃ち込む――

「彼らが武力でわれわれを支配しても、社会の進歩は決してとどまらない。犯罪や武力に屈することはない」、「歴史はわれわれ人民によって築かれる。チリよ、人民と労働者よ、永遠なれ」。これがアジェンデ最期のことばだった。

国内反共主義者たちの謀略や、アメリカCIAの転覆工作に打ち勝って実現した「私たちの政府」をまもり、虐殺されていく者たちの姿は、エルヴィオ・ソトー監督『サンチャゴに雨が降る』（75年、仏・ブルガリア）に刻みつけられている。「人間であること」を手放した者たちが振るう圧倒的な暴力を前に、それでも人びとが闘いを放棄しなかったのはなぜか。抑圧と隷属を拒む数多の抵抗者たちがそうであるように、彼・彼女らは奪われてきたからこそ知っていたのだ。自由や平等の価値を。それは命を賭けるに値する価値なのだと。それは命とひき換えにしても惜しくない価値なのだと。人は人である限り尊厳を求めるのである。

人民たちの政権が潰されて以降、帝国主義者たちの意向を忠実に実現したピノチェト政権の元には、米ドルが大量に流れこんだ。一方でピノチェトは国内で徹底した恐怖政治を敷いた。それを主導したのは、米国で訓練を受けた軍人たちである。社会主義者やアジェンデ支持層、政権に批判的な知識人……軍人たちは政権維持の不安要素と見なした者たちを次々と収容所に連行し、拷問をくり返し、考えうる限りの惨たらしい方法で処刑した。家族の前で身体を切り裂き、ヘリコプターで上空に運んだ反体制活動家を家族が見上げる地面目がけて突き落とす。拷問も陰惨の極みだった。ペニスに電流を流し、ヴァギナにネズミを詰めこみ、軍用犬に女性をレイプさせた。あまりにひどい残虐行為の数々に、ピノチェトの「後見人」、キッシンジャーに思わず意見したチリ駐箚《ちゅうさつ》米国大使に対し、キッシンジャーは言い放った。「説教はやめろ！」。

パブロはいう。「あなた方の指導者が破壊を指示したのです」。

「自由の敵」の司令塔は米国である。「民主主義」と「自由」を標榜する国が、チリの人びとがやっとのことで手にした「希望」を圧倒的な暴力で踏みにじったのだ。「9・11」の後、言語学者、N・チョムスキーは皮肉を込めていった。「9・11は恐ろしい出来事でしたが、珍しい出来事ではありませんでした。あのような出来事はいくらでもあります。それが米国以外で起きていただけです」――

自国の利益のためならば「世界の外」でなにが起ころうが、どれだけの人が死のうがかまわない。そんな米国の一貫した政策の発露がチリでの「9・11」であり、その帰結のひとつが、米本土に舞い戻ってきた「9・11」という暴力だった。「国民的人気」を誇ったJ・F・ケネディが暗殺された際、マルコムXがメディアに語った「朝、鶏舎から連れ出された鶏は、夜になればちゃんと小屋に帰る。悪魔の鶏も自分の小屋に戻る」の因果応報がくり返されたのだ。*5 蒔いた暴力は、やがてみずからのもとに帰ってくるのである。

17年続いたピノチェト時代、4000名以上ともいわれる者たちが殺され、数十万人が拷問を受けたという。その実態は、顔や名前どころか数ですら正確には語られていない。アウシュヴィッツ、デイル・ヤーシーン、カティン、済州島、アチェ、ソンミ村、光州、ハラブジャ、ジェニン、ガザのように、サンチアゴは、延々と積み重ねられていく破局の象徴となった。*6

「ほかにも数多くの9・11が存在していること、世界にはほかにも多くの悲劇があることをアメリカはわかってほしい」。米国の事件が起きた直後、アルゼンチン生まれで、米国とチリを行き来しながら創作活動を続ける劇作家、アリエル・ドルフマンはこう語った。米国史上初めての大規模な本土攻撃は、これまでおびただしい犠牲者を世界中に生み出してきた米国が、その多くにみずからが責任をもつ他者の痛みへと想像力を開く契機になりえたはずだった。

だがそれは「米国の悲劇」に横領され「血と暴力の国」の歴史にさらなる1頁を加えることを正当化し、事件後ほどなく、大国の対立に翻弄され、数百万人が餓死線上にあった世界最貧国、アフガニスタンへの空爆がはじまった。メディアでは軍隊のスラング「デイジー・カッター」*7 が当たり前に連呼され、将来に渡って禍根を残す「クラスター爆弾」*8 が子どもたちのいる大地に降り注いだ。「対テロ」戦争の前線とされたアフガンはその実、最新兵器の実験場だった。翌年の一般教書演説でブッシュは「イラン、イラク、北朝鮮」を「悪の枢軸」と名指し、次の標的としてイラクが浮上した。一方、もうひとつの「9・11」の下手人ピノチェトは、1990年の失脚後、病気療養で入国したイギリス（ウラジミール・ヴェガとケン・ローチの居住国である）で98年に逮捕され、帰国後には在任中の誘拐と殺人罪でチリの司法当局から起訴されたが、裁判は元独裁者の健康状態を理由に停滞していた。[*9]

ローチが本作を制作したのはそのただ中だった。彼はあまりに非対称な2つの「9・11」をみずからの作品世界で交錯させ、米国の世界戦略の犠牲者たち、遺された者たちに真実を語る死者たちを召喚してみせたのである。出来事を伝えるテレビが、その映像メディアとしてのインパクトゆえに出来事の背景と歴史性を消し去り、画面に大写しになったブッシュが世界を「敵」と「味方」に分断するとき、ローチは位相の違う映像メディアである「映画」を通じて、観る者に「問い」を投げかけ、「他者の痛みへの共感」で人と人をつなごうとしたのだ。報道と映画、消費されるメディア情報と、人の内面を耕す芸術との違いはここにある。

2002年9月、レバノンから私が帰国したとき、すでに新聞紙面は数日後の日朝首脳会談と、そこで議題となるであろう「拉致事件」についての記事であふれていた。その一方で、日本国がその歴史的責任において生み出した「慰安婦」や「被爆者」、さらには「徴用工」の贖われぬ痛みに向き合った記事はまるでなかった。そして9月17日が訪れ、拉致問題が発覚した。

それは、かつて日本が与え、「戦後」70年経ってもなにひとつ贖《あがな》われることのない他者の痛みに日本人たちが思考を開き、朝鮮の被害者たちとたがいの境遇を交換しあう共感の回路となり得たはずだった。だが現実は真逆だった。日本人拉致事件は「国民の悲劇」に仕立て上げられ、他者に与えた歴史的な痛みを押し流し、「拉致」は「日本人」のありもしない倫理的優位性を担保し、みずからの被害者意識と朝鮮人への不信と憎悪を煽る「魔法の杖」になった。金正日が日本人拉致を認めた同じその時に平壌で、日本側が「過去の植民地支配によって、朝鮮の人びとに多大の損害と苦痛を与えたという歴史の事実を謙虚に受け止め、痛切な反省と心からのお詫びの気もちを表明した」という、日朝平壌宣言が署名されたことなどまるでなかったかのように。「9・17」は、この日本社会のマジョリティたちのとめどない頽落のエンジンでもあった。

その後に日本で起きた自民党から民主党への政権交代も、この流れをなんら変えることはなかった。選挙目当ての寄りあい所帯に過ぎなかった民主党政権は、なにひとつ「自由」や「平等」、「人権」面における歴史的成果を刻めないまま無残に自壊し、第2次安倍政権誕生の「露払い」を務めた。そして日本の憲政史上初めて、レイシズムとリビジョニズムを資源に首相に返り咲いた安倍晋三率いる自公極右カルト政権の初仕事は、朝鮮高級学校の高校無償化からの完全排除だった。彼らが振りまく近隣諸国や在日朝鮮人への攻撃性、歴史改ざんは、第一次安倍政権に後押しされたかのように登場した「在特会」に代表される、平場のレイシストたちとの間で循環増幅を続け、ついにはこの国の人倫の底をぬいてしまった。「他者」を鏡にしてみずからの姿を認識し、よりよい未来のためにそこに映ったゆがみを正す、その営為に日本社会は完全に失敗した。あるのはただ「嘘と開き直り」、それは芸術や倫理とは対極のグロテスクな姿である。

そして「9・11」後の「世界」も劣化の一途をたどる。欧州では、歴史的に彼ら自身が蹂躙してきた中東・アフリカ諸国からの難民流入を契機に排外主義が勢いを増し、オーストリアとイタリアでは極右政党が政権にはいる事態が起きている。[*10] そして米国ではセクシストでレイシスト、金満家のドナルド・トランプが大統領に就任した。ブッシュの「対テロ戦争」を継続させた[*11]バラク・オバマなど私はまったく評価しないが、それでも一応の「反差別規範」があった[*12]アメリカで、弁護士でもあるオバマの次にトランプが当選した事実は、限度を超えた衝撃的出来事だった。「唯一の超大国」のこの「一線超え」は、世界中の「ゴロツキ」たちをエンパワーし、「世界の倫理的劣化」に拍車をかける。その典型は、とどまることを知らないイスラエル、ネタニヤフ政権の専横だ。この国は2018年7月、自国を「ユダヤ人のみが主権をもつ」と基本法に定めた。総人口の2割がパレスチナ人であるにもかかわらず、その建国宣言において、「建前」としては存在していた「民主主義国家」の言葉をなげうち、21世紀のいま、「アパルトヘイト国家」を宣言したのである。さらに、それに先立つ同年3月には、ガザの人びとがパレスチナへの帰還を求める抗議行動〝Great March Of Return〟(帰還大行進)をはじめ、イスラエル軍による陰惨な攻撃でおびただしい犠牲者が出ている。[*13] そして、米国大使館のエルサレム移転を認めるという暴挙に出たトランプは、一方で「不法移民を阻止する」として、米国とメキシコの国境にアパルトヘイト・ウォールを築くことに狂奔している。

世界はまさに反芸術の極みにある。それでもその世界でローチはなお「変革」を夢見る。刺繍家でもあるバハー・タイヤールがみずからに言い聞かせたように、彼もまた信じているのだろう。「人は人の痛みに共感することができる」、そして「芸術は他者への痛みの共感を促すことができる」と。短いフィルムのラスト、パブロは奪われた祖国への愛を述べた後、アジェンデがかつて演説に引用した聖アウグスティヌスの言葉を孫引きし、米国で起きた「9・11」の遺族にこう語りかける。「希望にはふたりの娘がいる。『怒り』と『勇気』です。現状への怒りと、変わろうとする勇気です」。「瓦礫の山」のただ中から、それでもつむがれる「希望」、それを芸術と呼ぶのだと思う。言いかえればそれは、不正に満ちた世界への順応に抗い、「人間である」とはいかなることかを問い続けることだろう。ここで私が振り返るのは、サン・テグジュペリが自作『人間の土地』に記した次の言葉である。

人間であるということは、とりもなおさず責任をもつということだ。人間であるということは、自分には関係がないと思われるような不幸な出来事に対して忸怩《じくじ》たることだ。人間であるということは、自分の僚友が勝ち得た勝利を誇りとすることだ。人間であるということは、自分の石をそこに据えながら、世界の建設に加担していると感じることだ。

いまはそうではないが、ありうる、実現しなければいけない世界を夢見ること。それは、ささやかではあるが、しかし、根源的な抵抗である。

註

＊1 私は「9・11は米国の自作自演」などといった「陰謀論」には与しないが、米国は特殊部隊を投入し、ウサーマ・ビン・ラーディン容疑者らを射殺、事件の真相はもちろん、なぜ事件が起こったか、なぜ米国が攻撃されたのかという根本的な、そしてこのような悲劇をくり返さないためには不可欠な「問い」をも葬り去った。それを同時中継で「鑑賞」し、歓声を上げたともいわれるのがバラク・オバマやヒラリー・クリントンらだった。彼・彼女らは単に自国民を無差別に殺した「憎きテロリスト」の「最期」を寿いだのか？　私には、みずからの犯罪を隠蔽できた安堵のように思えてならない。

＊2 抗議や提訴をくり返しても、「表現の自由」の名のもとにイスラームへの侮辱をくり返し、それをネタに商業的利益を上げ続けてきた戯画週刊紙への攻撃だった前者「シャルリー・エブド事件」と、ＩＳ系組織メンバーによる文字通りの無差別殺人「フランス同時多発攻撃事件」は同列に扱えないと私は考えるが、ここではその問題は置く。

＊3 一方、ヨルダンにおけるパレスチナ難民政策は〝Jordan First（まず、ヨルダンを！）〟を掲げた「国民化」の促進である。それが意味するのは「パレスチナ人」としての歴史や権利をあきらめ、「ヨルダン人として生きよ」ということだ。

＊4 「難民」の生を強いられ続ける彼・彼女らの日常の一端は、やはりベイルートで育ったパレスチナ人映画監督メイ・マスリのドキュメンタリー作品『夢と恐怖のはざまで』（２００１年）や『シャティーラキャンプの子どもたち』（２００９年）に記録されている。

＊5 マルコムXの発言については第3章『ソルジャー・ブルー』を参照。２０１９年4月、ジョージアで催された宗教式典に出席した元米国大統領（１９７７—81）、ジミー・カーター氏が「アメリカは建国から現在までの２４２年間、そのうち16年間を除き常に戦争していた」と語ったように、米国の歴史は戦争の歴史であ

る。キューバ危機の回避などで評価されるJ・F・ケネディも例外ではなく、キューバの政権転覆を目論んだピッグス湾事件や、ベトナム戦争など海外での軍事力行使に政治的責任を負っている。

*6 それでもあきらめなかった人びとの闘いはパブロ・ラライン監督『NO』（2012年、チリ・米・メキシコ）で描かれている。選挙は反ピノチェト派が勝利、軍政を終結させた。

*7 地表すれすれで爆発し、周辺の構築物や木々を薙ぎ払う大型爆弾のこと。

*8 朝鮮戦争で使用された「親子爆弾」（原子爆弾と同様に、アジア人を使って人体実験されたのだ）の後継兵器である。親爆弾から無数の子爆弾が飛び散り、広範囲に被害を与える上、少なからぬ子爆弾が不発弾として残されてしまう。

*9 アリエル・ドルフマン著『ピノチェト将軍の信じがたく終わりなき裁判』（現代企画室、2006年）参照。チリ最高裁は2005年9月、「認知症」を理由にピノチェト裁判中止を決定、彼は2006年、なんら裁きを受けることもなく死亡した。

*10 極右政党が一角を占めた両国の連立政権は、本稿執筆後、ともに崩壊した。とはいえ欧州における極右勢力の伸張状況は変わっていない。

*11 アフガニスターンとパキスタン国境地帯の空爆はオバマ政権になって激化、民間人犠牲者も彼の政権になって増加した。

*12 属性や文化の違う者が集まる「移民の国」ゆえ、自由や平等といった普遍的理念を必要とする側面があるのだろう。それが公民権法やヘイト・クライム法などの法制度として結実している。大戦中の日系人への弾圧についてもみずから総括してきた。

*13 日本のメディアはアメリカ大使館のエルサレム移転の観点からのみ、この「行進」をわずかばかり報じていたが、行進で掲げられているのは「帰還の実現」であり、10年以上続く「完全封鎖の解除」である。あたかも大使館移転という暴挙に端を発したトランプ問題のように伝えるのは問題の矮小化であり、「他人事化」である。問われているのは、70年経っても彼らの帰還を達成できない、人間としての尊厳を実現できない私

たちである。本稿執筆段階もデモは続いている。２０１９年5月25日現在、イスラエル軍の発砲による死者は２００人を超え、2万人以上が負傷しているという。http://palestine-heiwa.org/note2/201905250011.htm。さらにネタニヤフ政権は、軍事占領を続けるゴラン高原（シリア領）でも、１９９０年代以降途絶えていた入植地建設再開を発表。あろうことかそこを「トランプ高原」と名づけた。

あとがき

新聞記者時代に文化担当となり、映画評を書くようになって10年が過ぎた。この間、多くの映画監督にインタビューする機会を得た。作家と会い、創作の動機や製作上の困難、作品で取り組んだ社会問題についての見解、そして作品が描いた人間存在の根幹に関わるテーマについて訊き、ときに議論する。この喜びは何度経験しても摩滅しない。

そのなかでいく度も同じ質問をした。「現実社会が想像力を超えて劣化していくこの世界において、映画になにができるのか？」。終章冒頭に記したイ・チャンドン監督の言葉もその回答である。人数の分だけ印象深い言葉をいただいた。「力がすべての現実に対する抵抗」（ハニ・アブ・アスアド〔『パラダイス・ナウ』、『オマールの壁』監督〕）、「美をもって魂に語りかける」、「より良いものを示す」（モフセン・マフマルバフ〔『サイクリスト』、『パンと植木鉢』監督〕）、「会話を生み出す」（ファティ・アキン〔『そして、私たちは愛に帰る』、『女は二度、決断する』監督〕）――

言いまわしはさまざまだが、彼らに共通したのは、映画は観る者に「別のあり様を提示できる」ということ。優れた芸術には、「このようなすべてが起こらないこと」（ガッサーン・カナファーニ）としての「もうひとつの世界」への希求を呼び起こす力があるとの確信だった。

私にとって映画を観ることも「もうひとつの世界」を希求することにほかならない。現実の反映である虚構世界に想像力をもって参入し、作品世界の住民たちの喜怒哀楽を「体験」する。それは社会と時代に規定された存在である彼・彼女らの人生を翻弄し、苦難を強いている歴史的、構造的な問題を自分の身にひきつけ、根源的に考えることである。

本著の元となり、現在も続いている月刊『ヒューマン・ライツ』の連載「映画を通して考える『もう一つの世界』」は、その一助となることを企図してはじまった。日本社会との対比をくり返した大きな理由もそこにある。「映画を題材にした人権学習のテキスト」という当初の注文に沿い、作品はＤＶＤなどで比較的簡単にアクセスできるものを選んでいる。本書を読む前か後かにぜひ作品自体も観てほしい。

世界は頽廃の極みにある。奴隷制と植民地主義の責任を清算せず、その不正に接ぎ木することを「秩序」としてきたひとつの帰結だが、この時代は私自身が生きる「唯一の時代」である。息をしている限り「もうひとつの世界」を夢見て、語り続けたい。逃げ場がないまでにレイシズムがまん延した世界で、「夢」を思い描くこと自体が困難を伴うが、「人間は夢を見ることによってしか現実を変えることはできない」（池田浩士）のだから。

連載を提案くださった元『ヒューマン・ライツ』編集長の西村寿子さん、その後を引き継いだ片木真理子さん、これまでおかけした迷惑の数々にお詫びすると共に感謝申し上げます。菊池恵介さんにはフランス社会の植民地主義やレイシズムについて数々のご教示をいただきました。そして私の遅筆と膨大な直しに辛抱強く付き合い、本書を世に出してくださった影書房に、心より御礼申し上げます。

中村　一成

参考文献

アガンベン、ジョルジョ『ホモ・サケル　主権権力と剝き出しの生』高桑和巳訳、以文社、2003年
同右『人権の彼方に　政治哲学ノート』高桑和巳訳、以文社、2000年
阿部珠理『アメリカ先住民　民族再生にむけて』角川学芸出版、2005年
同右『メイキング・オブ・アメリカ　格差社会アメリカの成り立ち』彩流社、2016年
池田浩士『抵抗者たち　反ナチス運動の記録〔増補新版〕』共和国、2018年
石田勇治『過去の克服　ヒトラー後のドイツ』白水社、2002年
ヴィヴィオルカ、ミシェル『レイシズムの変貌　グローバル化がまねいた社会の人種化、文化の断片化』森千香子訳、明石書店、2007年
鵜飼哲『抵抗への招待』みすず書房、1997年
鵜飼哲、酒井直樹、テッサ・モーリス＝スズキ、李孝徳『レイシズム・スタディーズ序説』以文社、2012年
グラス、ギュンター『玉ねぎの皮をむきながら』依岡隆児訳、集英社、2008年
小井土彰宏編著『移民政策の国際比較』構造グローバル化する日本と移民問題第3巻、明石書店、2003年
徐京植『「民族」を読む　20世紀のアポリア』日本エディタースクール出版部、1994年
高史明『レイシズムを解剖する　在日コリアンへの偏見とインターネット』勁草書房、2015年

樽本英樹編著『排外主義の国際比較　先進諸国における外国人移民の実態』ミネルヴァ書房、2018年
中東現代文学研究会編『中東現代文学選2016』中東現代文学研究会（京都大学大学院人間環境学研究科　岡真理研究室）、2017年
ドルフマン、アリエル『ピノチェト将軍の信じがたく終わりなき裁判　もうひとつの9・11を凝視する』宮下嶺夫訳、現代企画室、2006年
中野裕二ほか編著『排外主義を問いなおす　フランスにおける排除・差別・参加』勁草書房、2015年
ハージ、ガッサン『ホワイト・ネイション　ネオ・ナショナリズム批判』塩原良和・保苅実訳、平凡社、2003年
パペ、イラン『パレスチナの民族浄化　イスラエル建国の暴力』田浪亜央江・早尾貴紀訳、法政大学出版局、2017年
ファノン、フランツ『地に呪われたる者〔新装版〕』鈴木道彦・浦野衣子訳、みすず書房、2015年
ブレイトマン、ジョージ編『いかなる手段をとろうとも　マルコムX』長田衛訳、現代書館、1971年
フレドリクソン、ジョージ・M『人種主義の歴史〔新装版〕』李孝徳訳、みすず書房、2018年
マルコムX（ヘイリー、アレックス執筆協力）『マルコムX自伝』浜本武雄訳、河出書房新社、1993年
メンミ、アルベール『人種差別』菊地昌実・白井成雄訳、法政大学出版局、1996年
梁英聖『日本型ヘイトスピーチとは何か　社会を破壊するレイシズムの登場』影書房、2016年
レーヴィ、プリーモ『アウシュヴィッツは終わらない　あるイタリア人生存者の考察』竹山博英訳、朝日新聞社、1980年

〈著者〉 中村 一成 なかむらいるそん

ジャーナリスト。1969年生まれ。毎日新聞記者を経てフリー。

【主な著書】

『声を刻む 在日無年金訴訟をめぐる人々』(インパクト出版会、2005年)、『なぜ、いまヘイト・スピーチなのか 差別、暴力、脅迫、迫害』(共著、前田朗編、三一書房、2013年)、『ルポ 京都朝鮮学校襲撃事件 〈ヘイトクライム〉に抗して』(岩波書店、2014年)、『ヘイト・スピーチの法的研究』(共著、金尚均編、法律文化社、2014年)、『死刑映画・乱反射』(共著、京都にんじんの会編、インパクト出版会、2016年)、『ひとびとの精神史 第9巻』(共著、栗原彬編、岩波書店、2016年)、『ルポ 思想としての朝鮮籍』(岩波書店、2017年)、『「共生」を求めて 在日とともに歩んだ半世紀』(編書、田中宏著、解放出版社、2019年)。

映画《えいが》でみる移民《いみん》／難民《なんみん》／レイシズム

２０１９年10月25日 初版第1刷

著者 中村《なかむら》 一成《いるそん》

装丁 桂川 潤

発行所 株式会社 影書房

〒170-0003 東京都豊島区駒込一―三―一五

電 話 ０３（６９０２）２６４５

ＦＡＸ ０３（６９０２）２６４６

Eメール kageshobo@ac.auone-net.jp

ＵＲＬ http://www.kageshobo.com

〒振替 ００１７０―４―８５０７８

印刷・製本 モリモト印刷

定価 ２、５００円＋税